Egbert Deekeling · Norbert Fiebig

Interne Kommunikation

EGBERT DEEKELING
NORBERT FIEBIG

INTERNE KOMMUNIKATION

ERFOLGSFAKTOR IM CORPORATE CHANGE

Frankfurter Allgemeine
ZEITUNG FÜR DEUTSCHLAND
GABLER

Die Deutsche Bibliothek – CIP – Einheitsaufnahme

Interne Kommunikation : Erfolgsfaktor im corporate change / Egbert Deekeling ; Norbert Fiebig. – Frankfurt am Main : Frankfurter Allg. Zeitung für Deutschland ; Wiesbaden : Gabler, 1999
ISBN 3-409-19321-9

Druck: Wilhelm & Adam, Heusenstamm
Buchbinderei: Osswald & Co., Neustadt/Weinstraße

Printed in Germany

ISBN 3-409-19321-9

Leitwort

von Professor Dr.-Ing. E.h. Gerhard Neipp,
Vorstandsvorsitzender der RAG Aktiengesellschaft

Die tiefgreifende Veränderung der Weltwirtschaft ist mit großen Herausforderungen verbunden: Mit der Liberalisierung des Welthandels, der Schaffung des Europäischen Binnenmarkts, der Entwicklung neuer Wirtschaftsregionen und der Revolutionierung von Kommunikationsmöglichkeiten ist eine globale Wettbewerbsarena entstanden, die den Unternehmen eine enorme Veränderungsbereitschaft abverlangt. Es gilt, sich in der Unternehmensstrategie und Informationspolitik auf diese veränderten Rahmenbedingungen einzustellen. Wer im globalen Wettlauf die Nase vorn haben will, muss hochmotivierte, leistungsbereite und vor allem gut informierte Mitarbeiter haben, die besser sind als die der Wettbewerber.

Als ehemals reines Bergbauunternehmen, das sich inzwischen zu einem zunehmend international tätigen Energie- und Technologiekonzern entwickelt hat, haben wir bei der RAG Aktiengesellschaft die Erfahrung gemacht, dass dieser Wandel nur in enger Kooperation mit allen Beteiligten gelingen kann – mit den Aktionären, der Mitbestimmungsseite, der Politik und nicht zuletzt den Mitarbeitern. Denn der Wille und die Fähigkeit zum Wandel sind nicht nur Sache des obersten Managements, das dabei Ziele und Strategien vorgibt und diese kommunizieren muss. Der Wille und die Fähigkeit zum Wandel muss fester Bestandteil des Selbstverständnisses aller Führungskräfte und Mitarbeiter werden, denn diese entscheiden letztlich über Erfolg oder Misserfolg eines Unternehmens.

Unternehmenswandel und die Art, wie er gehandhabt wird – also das, was man heute gerne als „Change-Management" bezeichnet –, setzen grundsätzlich hohe Flexibilität bei den Mitarbeitern aller Ebenen voraus sowie die Bereitschaft, sich von zum Teil eingefahrenen Verhaltensmustern zu trennen. Mitarbeiter müssen heute ein größeres Verständnis für das Ganze haben, müssen internationale Zusammenhänge schnell begreifen, müssen aufgeschlossen sein für Veränderungen der Märkte und der Arbeitsweisen und die tägliche

Flut von Informationen richtig einordnen können. Sie darauf gut vorzubereiten ist nicht nur eine wesentliche Aufgabe betrieblicher Weiterbildung, sondern auch der Internen Kommunikation. Es kommt entscheidend darauf an, Mitarbeiter mit in die unternehmerische Verantwortung zu nehmen und in die Entscheidungsprozesse einzubeziehen. Denn dass alle an einem Strang ziehen – noch dazu in die gleiche Richtung –, ergibt sich nicht von alleine.

Ein kooperativer Austausch mit den Mitarbeitern, die Weitergabe von Informationen und Erkenntnissen sowie der Freiraum zur Umsetzung von Ideen am einzelnen Arbeitsplatz sind unabdingbar, wenn Unternehmenswandel erfolgreich sein soll. Ein offener, kontinuierlicher Informationsaustausch auch über die Grenzen von Verantwortungsbereichen hinweg sowie die Berechenbarkeit und Transparenz von Entscheidungen – all dies gehört zu einer gut funktionierenden Kommunikation. Diese muss mehr sein als eine „bloße“ Mitarbeiterinformation. Sie muss zum „offenen Dialog“ zwischen Belegschaft und Management führen.

Die Instrumente, die uns heute zur Verfügung stehen, um Kommunikation wirksam zu gestalten, sind zahlreich und wohlbekannt. Doch es wäre ein Trugschluss zu meinen, dass ihre breite Anwendung allein schon Erfolg garantieren könnte. Im Gegenteil: Eine Überflutung mit Informationen kann gerade im Prozess des Unternehmenswandels das Gegenteil bewirken und einen tatsächlichen Dialog verhindern. Und auf diesen Dialog sind Management und Mitarbeiter ganz entscheidend angewiesen, will man in Zeiten des Umbruchs seinen eigenen Weg finden und gleichzeitig nachhaltige Wettbewerbsvorteile gegenüber den Konkurrenten erzielen.

Aus eigener Erfahrung weiß ich, dass das persönliche Gespräch vor Ort – auch wenn es zeitaufwendig ist – gerade in Phasen der Veränderung von hohem konsensstiftendem Wert ist. Seine Wirkung geht über das Tagesgeschäft hinaus, denn es schafft Vertrauen und trägt dazu bei, dass sich alle Beteiligten mit der gemeinsamen Sache identifizieren, sich voll einbringen und motiviert mitarbeiten.

Essen, im Herbst 1998 *Gerhard Neipp*

Inhalt

Leitwort 5
von Professor Dr.-Ing. E.h. Gerhard Neipp,
Vorstandsvorsitzender der RAG Aktiengesellschaft

Zur Sache 11
von Egbert Deekeling und Norbert Fiebig,
Deekeling Kommunikation GmbH

1. Kapitel
Erfolgsfaktor Interne Kommunikation 15

Das Zusammenspiel der Kommunikationsträger
in Change-Prozessen 17
von Egbert Deekeling,
Deekeling Kommunikation GmbH

Communicating Corporate Change –
Ratschläge für ein effizientes Vorgehen 29
von Bill Quirke, Synopsis Communication Consulting

2. Kapitel
Interne Kommunikation in Change-Prozessen 45

Internal Relations – Reengineering –
Learning Organization
Kritische Anmerkungen zum Kommunikations-
management der 90er Jahre 47
von Eberhard Schmitt M.A., STEAG AG

Dezentral und digital – Interne Kommunikation
und die Internationalisierung der Hoechst AG 73
von Dr. Friedmar Nusch und Carsten Tilger, Hoechst AG

Aus Beamten wurden Aktionäre
Interne Kommunikation im Rahmen
der Privatisierung der Deutschen Telekom AG 87
von Jürgen Kindervater, Deutsche Telekom AG

Die Fusion – ein Härtetest
Interne Kommunikation bei der Fusion von Bayerischer
Vereinsbank AG und Hypo-Bank AG 99
von Ulrike Dönitz, HypoVereinsbank AG

3. Kapitel:
Interne Kommunikation und Arbeitswelt 113

Die Grenzen der Gemeinsamkeit
Service-Mobilisierung bei der Allianz Versicherungs-AG
aus Sicht der Arbeitnehmervertretung 115
Ein Gespräch mit Karl Miller,
Frankfurter Versicherungs-AG/Allianz Versicherungs-AG

Das Ende eines Produktionsbetriebs
Ein Fallbeispiel: Mitarbeiterkommunikation im Krisenfall ... 133
von Dr. Beatrice Pirkham, Bauknecht Hausgeräte GmbH

Stranden und versanden oder weitersegeln?
Interne Kommunikation bei Personalabbau 143
von Dr. Cornelia Riechers, Dr. Riechers Personalberatung

Wanderer zwischen den Welten
Interne Kommunikation bei Zeitarbeitsfirmen 165
von Diethelm Bender, Manpower AG

4. Kapitel:
Interne Kommunikation und neue Instrumente 175

Faktor Mensch:
Neue Regeln für die digitale Kommunikation 177
von Richard Bloomfield, Alyson Lamb und Bill Quirke, Synopsis Communication Consulting

Im Brennpunkt des Geschehens
Der Einsatz von Business TV im Rahmen der Internen Kommunikation 209
von Dr. Ulrich Fieger und Johannes Dürr, SATCOM GEMINI GmbH

Feste feiern
Der Einsatz von Corporate Events im Rahmen der Internen Kommunikation 225
von Michael Kaschytza M.A., LIVING MEDIA Interact, Agentur für Eventmarketing GmbH, und Arnd Schäfer, LIVING MEDIA Motivation, Agentur für Seminare und Training GmbH

5. Kapitel:
Interne Kommunikation und Unternehmenskultur .. 241

Partnerschaftliche Unternehmenskultur und die Rolle von Information und Kommunikation
Forschungsergebnisse der Bertelsmann Stiftung und der Hans-Böckler-Stiftung 243
von Michael Stäbler, Bertelsmann Stiftung

Zur Person: Die Autorinnen und Autoren 265

Verzeichnis der Abbildungen 274

Zur Sache

von Egbert Deekeling und Norbert Fiebig,
Deekeling Kommunikation GmbH

Interne Kommunikation – kein neues Thema, so scheint es. Kaum ein mittelständisches Unternehmen, kaum ein Konzern, der nicht für sich in Anspruch nimmt, kontinuierliche Mitarbeiterkommunikation zu betreiben und damit einen Beitrag zum Unternehmenserfolg zu leisten.

Unternehmenswandel und Change-Management – ein immer wieder neues Thema. ‚Liberalisierung' und ‚Globalisierung' sind gängige Chiffren für Herausforderungen, auf die sich Unternehmen heute einzustellen haben, wollen sie im wachsenden Konkurrenzkampf ihre Wettbewerbsfähigkeit erhalten. Die Antworten darauf: Reengineering, Fusion, Internationalisierung, Privatisierung, Flexibilisierung, Outsourcing. Was früher eher die Ausnahme war, wird heute immer mehr zum unternehmerischen Alltag: Die Transformation von Unternehmen. Der gute alte Betrieb, geprägt durch klare, dauerhafte Strukturen und sichere, ‚lebenslange' Arbeitsplätze, ist Geschichte. Diese betriebliche Normalität existiert nicht mehr.

Corporate Change stellt auch die Praxis der Internen Kommunikation vor völlig neue Herausforderungen. Transformationsprozesse bedürfen des konstruktiven Engagements der Mitarbeiterschaft. Die Identifikation und das Engagement der Mitarbeiter ist entscheidend für den Erfolgsgrad des Unternehmenswandels – und damit für die Marktposition des jeweiligen Unternehmens. Das Commitment der Mitarbeiter wird zum Wettbewerbsfaktor von höchster Bedeutung. Mit demotivierten und frustrierten Mitarbeitern lassen sich keine neuen Märkte erobern, kann keine Wachstumsoffensive angegangen werden. Die Identifikation und das Engagement der Mitarbeiter wird im Corporate Change zum ‚harten Faktor', zu einem Eckpfeiler der Business-Strategie.

Demgegenüber orientiert sich die Praxis der Internen Kommunikation noch immer am ‚alten' hierarchischen und fest korporierten

Unternehmensmodell. Top-Down-Information bei wichtigen Ereignissen, die Mitarbeiterzeitung für die Jubilare, Betriebsfeiern zu Weihnachten. Das alles reicht nicht mehr aus.

Eine zeitgemäße Interne Kommunikation muss Mitarbeitern über die reine Informationsbereitstellung hinaus Einblick in den Kontext der Entscheidungs- und Veränderungsprozesse geben. Mehr noch: Die systematische Kommunikation zwischen Management und Mitarbeitern, innerhalb des Managements und innerhalb der Mitarbeiterschaft spielt eine entscheidende Rolle für den Transformationsprozess. Nur wenn die Mitarbeiter in ihrem Wirkungsbereich aktiv und mitgestaltend in den Unternehmenswandel einbezogen werden, kann dieser wirklich erfolgreich sein – und damit die Wettbewerbsfähigkeit des Unternehmens verbessern.

Die Interne Kommunikation steht vor einem Paradigmenwechsel. ‚Interne Kommunikation. Erfolgsfaktor im Corporate Change‘, das ist ein aktuelles und neues Thema.

Im deutschsprachigen Raum suchten wir vergeblich nach Publikationen und Verlautbarungen, die der Bedeutung und Aktualität des Themas entsprechen. Keine Diskussionen, kein Diskurs – nicht innerhalb der Kommunikationsbranche, nicht zwischen Praktikern und Experten auf Unternehmens- und Agenturseite, schon gar nicht zwischen Wissenschaft und Praxis.

Mit dem vorliegenden Band wollen wir einen Anfang setzen. Wir hoffen, damit den Erfahrungsaustausch zu beleben, die Diskussion über den (neuen) Stellenwert der Internen Kommunikation anzuregen und gleichzeitig einen praktischen Orientierungsrahmen anzubieten. Das Buch richtet sich – natürlich – an Kommunikationspraktiker in Unternehmen, Agenturen und Unternehmensberatungen. Aber auch Führungskräfte in Unternehmen, bei denen Interne Kommunikation in der Regel nicht ganz oben auf ihrer persönlichen Agenda steht, finden Anregungen für ihre Kommunikationsaufgaben im Corporate Change.

Die Beiträge des Buches decken ein breites Spektrum ab: Fallbeispiele aus der Praxis der Internen Kommunikation von Change-

Prozessen, Erörterung von Traditionen der Mitarbeiterkommunikation, Beschreibung der neuen Anforderungen und des neuen Rollenverständnisses der Akteure, Untersuchungen über Einsatz und Wirkungsweise neuer Kommunikationsinstrumente, schließlich empirisch gestützte Reflexionen über die Funktion von Interner Kommunikation in einer entwickelten Unternehmenskultur.

Die Autoren und Beiträger dieses Bandes sind erfahrene Praktiker, Experten und Beobachter der Internen Kommunikation in Unternehmen. Sie kommen aus namhaften Konzernen und Unternehmen oder aus Agenturen mit entsprechendem Beratungshintergrund.

Wir bedanken uns bei allen Autorinnen und Autoren für ihre Beiträge, ihre Diskussionsfreude, ihre Anregungen und ihre Ermutigungen. Insbesondere freuen wir uns, dass sich der Vorstandsvorsitzende der RAG Aktiengesellschaft, Professor Dr.-Ing. E.h. Gerhard Neipp, bereit gefunden hat, in einem Leitwort die Bedeutung des Themas hervorzuheben. Die RAG Aktiengesellschaft ist seit ihrer Gründung 1969 wie kaum ein anderer Konzern in Deutschland mit einem Prozess der permanenten Umstrukturierung befasst. Die Entwicklung vom Bergbau- zum Energie- und Technologiekonzern verlangte und verlangt zwischen Gestaltungsträgern im Management und den betroffenen Mitarbeitern ein Höchstmaß an Konsens in Bezug auf die Ziele und Konsequenzen von Corporate Change – lange bevor dieser Begriff zu einem Synonym für Wandel und Modernisierung wurde.

Unser besonderer Dank gilt unserer Kollegin Dr. Bärbel Götz-Barghop für ihr Engagement bei der Konzeption und Realisierung des Buchprojekts und unserem Kollegen Dr. Dirk Barghop, mit dem zusammen wir Idee und Konzeption des Buches entwickelten.

1. Kapitel

Erfolgsfaktor Interne Kommunikation

Die Transformation von Unternehmen, ihren Strukturen und Organisationsformen führt zu einem Funktionswandel der Internen Kommunikation. Ihre eminent wichtige Bedeutung für den Erfolg von Change-Prozessen in Unternehmen erfordert ein neues Selbstverständnis der Kommunikationsträger. Sie müssen ihre Rollen im Prozess der Internen Kommunikation neu finden und definieren. Voraussetzung dafür sind ein geschärftes Bewusstsein für die mentalen Befindlichkeiten in der Mitarbeiterschaft sowie genaue Kenntnisse der tatsächlichen Gestaltungsmöglichkeiten und Wirkungszusammenhänge.

Das Zusammenspiel der Kommunikationsträger in Change-Prozessen

von Egbert Deekeling, Deekeling Kommunikation GmbH

Interne Kommunikation und Corporate Change: Von der Information zum Commitment der Mitarbeiter

Transformations- und Mobilisierungsprozesse bedürfen des konstruktiven Engagements von Seiten der Führungskräfte auf den mittleren Ebenen und von Seiten der Mitarbeiterschaft. Ihre Identifikation mit dem Unternehmen und ihre Bereitschaft zur aktiven Gestaltung sind entscheidend für eine konsequente Umsetzung des Change-Prozesses und damit für den Erfolg des Unternehmens. Mit anderen Worten: Das Commitment der Mitarbeiter wird zum Wettbewerbsfaktor.

Für die Initiatoren und Planer des Change-Prozesses, also für das Top-Management, heißt das: Der Aufbau, die Entwicklung und Unterstützung dieses Commitments vor und in der Phase der Umsetzung sind Aufgaben von höchster Priorität.

Die Aufgabenstellung erfordert insbesondere ein neues Verständnis für die Möglichkeiten von Interner Kommunikation und die Erweiterung von Gestaltungsraum und Wirkungskreis: Interne Kommunikation bildet Transformation nicht ab, sondern wird zu einer Determinanten des Change-Prozesses. Dieser Bedeutungszuwachs hat erhebliche Konsequenzen für die Praxis von Interner Kommunikation und das Selbstverständnis ihrer Akteure.

Interne Kommunikation kann sich nicht allein auf Informationsvermittlung und -bereitstellung konzentrieren, wie dies bisher häufig der Fall war. Transparenz und Zugang zu Informationen sind nach wie vor wichtig, aber keinesfalls mehr ausreichend. Um Commitment zu erreichen muss die Kommunikation von und zwischen Top-Management, Führungskräften und Mitarbeitern aktiv gestaltet werden. Die bewusste und planmäßige Gestaltung dieser Kommunikation im Dienste der Veränderung von Unternehmensstrukturen und Unternehmenskultur funktioniert nur dann erfolgreich, wenn auf Seiten der Akteure im Unternehmen Bereitschaft und Fähigkeit vorhanden sind, ihre Rolle und ihre Aufgaben im Rahmen der Internen Kommunikation auszufüllen. Die Aufgaben- und Rollenverteilung dieser Akteure und die gezielte Einbindung und Inanspruchnahme von externen Beratungs- und Dienstleistungsressourcen als Unterstützung sind deshalb wichtigste Voraussetzungen für die erfolgreiche Gestaltung der Kommunikation im Change-Prozess. Innerhalb des Unternehmens besteht der Kreis der Akteure aus den Initiatoren des Change-Prozesses, dem Top-Management, den sogenannten Prozessträgern, dem mittleren Management und den Kommunikationsfachleuten, die externe Unterstützung setzt sich zusammen aus Unternehmensberatern, Change Consultants und Kommunikationsberatern.

Die Aufgabe des Top-Managements: Reflexion und aktive Gestaltung des Managementstils

Die Initiatoren des Corporate Change konzentrieren ihre Kräfte in der Regel auf den Konzeptions- und Planungsprozess. Ihr Blickwinkel schließt Kommunikation mit ein, bezieht sich aber im Wesentlichen auf die operativen Erfordernisse: Was müssen die Mitarbeiter lernen und wissen, damit sie die Veränderungen kennen und ihren neuen Job vernünftig ausfüllen können? Prozessbegleitende Kommunikation ist allenfalls in der Auftaktphase gefragt, wenn Aufbruchstimmung erzeugt werden muss, wenn die „mitreißende Rede“ des Vorstandsvorsitzenden via Intranet, Mitarbeiterzeitschrift oder Business TV die Kolleginnen und Kollegen „begeistern“ soll.

Im Corporate-Change-Prozess aber muss die prozessbegleitende Kommunikation, die Darstellung der Hintergründe und Zusammenhänge, die Thematisierung von Kontext, die Demonstration des eigenen Commitments, der eigenen Verantwortlichkeit ein kontinuierliches Programm sein. Ein Programm, das vor allem während der Umsetzungsphase wichtig ist, dann, wenn Führungskräfte und Mitarbeiter den Change-Prozess erleben.

Die Bedeutung dieser Kommunikation ist um so wichtiger, als Struktur- und Kulturwandel von Mitarbeitern auf allen Unternehmensebenen intuitiv und subjektiv als existenzielle Bedrohung empfunden werden und keineswegs als „die große Chance für uns alle". Größtmögliche Transparenz bei der Darstellung von Zielen, Verfahren, Bedingungen und Konsequenzen des Change-Prozesses erfüllt nur eine Basisanforderung.

Das wird deutlich im Fall härtester Konsequenzen eines Corporate Change, beispielsweise im Rahmen einer Fusion oder Zusammenlegung von Unternehmensbereichen: Der drohenden oder tatsächlich erfolgenden Entlassung von Führungskräften und Mitarbeitern. Die zeitgleiche Aufforderung an die verbleibenden Kollegen zur vereinten zusätzlichen Kraftanstrengung, zur Identifikation, zur Aneignung neuer Verhaltensmuster stößt nur dann auf Verständnis, wenn die Führung Konfliktlage und Handlungsoptionen glaubhaft kommuniziert und die Mitarbeiter ihrer Redlichkeit vertrauen.

Die Glaubwürdigkeit des Top-Managements ist entscheidend für den Erfolg von Corporate Change. Glaubwürdigkeit vermittelt sich durch Verhalten. Verhalten äußert sich im Führungs- und Managementstil, dem Umgang innerhalb des Führungsgremiums und dem Umgang der Führung mit den Mitarbeitern.

Den Managementstil (oder die Führungskultur) kann man analysieren, interpretieren, neu definieren und gestalten, mit anderen Worten: Er ist Gegenstand einer planmäßigen Bearbeitung. Dieser Aufgabe muss sich zunächst das Top-Management widmen, will es den Erfolg von Change-Prozessen nicht bereits im Ansatz gefährden. Das beginnt mit der (selbstkritischen) Reflexion über die Bedeutung von Glaubwürdigkeit, Managementstil und Kommunikation in Bezug auf den projektierten Change-Prozess vor dem Hintergrund der „herrschenden" Unternehmenskultur.

Der wichtigste Schritt besteht dann in der Konsensfindung innerhalb des Managements in Bezug auf die Akzeptanz der Komplexität von Kommunikation und den damit verbundenen Anforderungen: Die Verfügbarkeit von Zeit sowie die Anerkennung der symbolischen und der politischen Erfordernisse. Dazu zählen: Die Bereitschaft zur Ein- und Ausübung von Sprachregelungen und zur Einbindung in eine Auftrittsdramaturgie, schließlich die planmäßige Pflege der Beziehungen zum mittleren Management und zur Mitarbeiterschaft, und zwar über die operative Kommunikationsnotwendigkeit hinaus. Auf der Grundlage dieser Erkenntnisse bestimmt das Top-Management den Stellenwert von Kommunikation für den Change-Prozess und macht sich bewusst zum Gegenstand von Kommunikationsmanagement.

Die Aufgabe des mittleren Managements: Kontextvermittlung und Moderation

Die Führungskräfte unterhalb des Top-Managements sind in Change-Prozessen Objekt und Subjekt zugleich. Ein Struktur- und Kulturwandel im Unternehmen verändert in der Regel ihren Kompetenzrahmen, führt zu neuen Aufgabenkonstellationen, betrifft zumeist ihre Position und ihr Rollenverständnis. Zugleich werden sie – in der Terminologie von Corporate Change – zu „Prozessverantwortlichen“, „Prozessträgern“ oder „Prozesseignern“, das heißt sie müssen die operative Umsetzung in ihren Bereichen und im Rahmen ihrer Kompetenzen gewährleisten und tragen dafür die Verantwortung. Dabei wird ihre klassische Kommunikationsfunktion vor allem in der Phase der Initiierung eines Struktur- und Kulturwandels außer Kraft gesetzt. Sind die Führungskräfte, insbesondere auf den unteren Managementebenen, die wichtigsten Ansprechpartner für ihre Mitarbeiter und damit – durch Face-to-Face-Kommunikation – die unmittelbare Informationsquelle, werden sie aufgrund des Informationsdrucks zu Rezipienten wie ihre Mitarbeiter. Das geschieht vor allem dann, wenn Interne Kommunikation unter höchstem Zeitdruck nach herkömmlichem Top-Down-Muster funktioniert. In diesem Fall werden alle Unternehmensmedien dazu genutzt, die Mitarbeiter „direkt“ zu informieren: Via Intranet, Newsletter, Business TV, MAZ-Aktuell, Email.

Die Führungskräfte verfügen in diesem Fall über den gleichen Wissensstand wie ihre Mitarbeiter. Sie stehen somit vor der schwierigen Aufgabe, ihre eigene Betroffenheit zu verarbeiten, dem Fragen- und Spekulationsdruck von Seiten ihrer Mitarbeiter standzuhalten und die Loyalität zum Top-Management und zum Prozess herzustellen oder aufrechtzuerhalten.

Die Interne Kommunikation im Change-Prozess muss die Führungskräfte auf diese Situation frühzeitig und prozessbegleitend einstimmen. Der inhaltliche Schwerpunkt liegt dabei in der Information über die Verfahrenslogik, über Zeitdimensionen, Handlungsoptionen und Hintergründe des Change-Prozesses. Idealerweise sollten diese Instruktionen in abgestuften Briefinggesprächen erfolgen, so dass ein kaskadenförmiger Informationsfluss ermöglicht wird. Spätestens jedoch im Rahmen von Umsetzungsworkshops, wenn der operative Ablauf einer Restrukturierung zu erarbeiten ist, sollten die Führungskräfte auf ihre veränderte Rolle vorbereitet werden. Sie sind nicht länger die erste Informationsquelle ihrer Mitarbeiter, sondern Kontextvermittler und Moderatoren. Als Kontextvermittler müssen sie die Zusammenhänge erklären können, die Zielsetzungen mit dem Ablauf des Corporate Change verbinden, mit dem Geschäftsalltag und den persönlichen Erfahrungen ihrer Mitarbeiter. Das beginnt mit der überhaupt nicht simplen „Übersetzungsarbeit“: Die Sprache des Top-Managements und der ihr zuarbeitenden Unternehmensberatungen hat mit der Sprache „vor Ort“ oftmals nichts zu tun. Durch eine „direkte“ Top-Down-Information werden die Mitarbeiter aber genau mit diesen für sie fremden Sprachcodes konfrontiert. Das provoziert Unverständnis und Ablehnung und reproduziert den schnell beschworenen Widerstand zwischen weltfernen Zentralisten und den Praktikern an der Geschäftsfront. Die Moderation dieser unterschiedlichen Perspektiven ist die wichigste Aufgabe der Führungskräfte auf den mittleren Managementebenen. Dafür brauchen sie Hintergrundinformationen, Sprachregelungen und Verfahrensleitlinien. Als wichtigste Feedback-Instanz zwischen Mitarbeitern und Planern auf der Top-Management-Ebene müssen ihnen Kommunikationskanäle eröffnet werden, die Zugriff auf zentrale Informationspersonen ermöglichen, sei es über den „Dienstweg" oder in direktem Kontakt mit den (dienstleistenden) Kräften der Zentrale, den Planungsstäben oder den Kollegen der Internen Kommunikation. Sie organisieren diese Prozesse im Rahmen des internen Kommunikationsmanagements, zum Beispiel durch die Einrichtung eines sogenannten „war rooms", einer Kommunikationszentrale, die speziell die Führungskräfte in ihrer Arbeit unterstützt, indem sie den schnellen Zugriff auf die Steuerungsgremien des Corporate Change sicherstellt.

Die Aufgaben der internen Kommunikationsfachleute: Kommunikationsmanagement

Wenige Unternehmen leisten sich eine eigene Stabsabteilung für Interne Kommunikation. Oftmals übernimmt die Leitung der Presse- und Öffentlichkeitsarbeit diese Aufgabe. In Konzernen existieren zudem oft arbeitsteilige Strukturen. Mitarbeiterinformation ist dabei eine Aufgabe der gewerkschaftlich organisierten Arbeitnehmervertretungen, während sich die Unternehmerseite auf die Information für die Führungskräfte oder auf Top-Down-Maßnahmen konzentriert: Die Mitarbeiterzeitschrift und die Informationsversorgung durch elektronische Medien.

Im Corporate Change reichen dieses Verständnis und die damit verbundene Organisation der Internen Kommunikation nicht mehr aus. Im Corporate Change erhalten die (internen) Kommunikationsfachleute eine zentrale Schnittstellenfunktion. Sie planen, koordinieren und kontrollieren die Kommunikation zwischen den Unternehmensebenen, den beteiligten Unternehmensbereichen, zwischen Projektteams und zwischen Management und Mitarbeitern.

Ihre Planung und Steuerung eines umfassenden internen Kommunikationsmanagements umfasst vier Aufgabenfelder: Research, Planung, Koordination und Coaching.

Research

Je nach Tragweite und Zielsetzung des Change-Prozesses sollten Kontextfaktoren ermittelt und vermittelt werden. Mitarbeiter, die zum dritten Mal in zwei Jahren ein Reengineering-Projekt mitmachen, ohne dass die Vorgänger-Projekte als Erfolg erlebt wurden, freuen sich gewiss nicht über neue Initiativen ihres Managements.

Research hat hier die Aufgabe, Konflikte, Fehlentwicklungen früherer Phasen, Widerstände, Verhaltensmuster und Wertorientierungen der Mitarbeiter zu objektivieren und Schlussfolgerungen abzuleiten, die für Management und Projektverantwortliche von hoher plausibler und operativer Relevanz sind. Es schafft Bewusstsein für die Bedeutung von Verhalten, Symbolen und Einstellungen, kurz: Die Komplexität und den Funktionszusammenhang von Transformation und Kommunikation.

Zu den Research-Instrumenten zählen Mitarbeiterbefragungen oder explorative Interviews, deren Design abhängig ist von Dringlichkeit und Dimensionen einer Umstrukturierung. Ergänzt werden diese durch soziometrische Analysen, die helfen, Multiplikatoren zu identifizieren.

Research umfasst aber auch Auswertung und Analyse von Daten und Material in Bezug auf Projektdokumentation, Personalwesen, Unternehmenskultur.

Nicht zuletzt die Auswertung von Erfahrungen anderer, vergleichbarer Unternehmen oder Branchen kann aufschlussreiche Hinweise liefern.

Planung

Die Einbeziehung der Internen Kommunikation in den Planungsprozess von Corporate Change geschieht höchst selten. In der Praxis werden die Kommunikationsverantwortlichen – wenn überhaupt – mit einem bereits fertig ausgearbeiteten Plan konfrontiert.

Die Verantwortlichen für die Interne Kommunikation gehören jedoch in den Planungsstab. Gestützt auf die Research-Resultate organisieren sie den Planungs-Input in Bezug auf die Kommunikation innerhalb des Projekts und über das Projekt.

Das umfasst die Festlegung von Botschaften und Sprachregelungen sowie den Einsatz projektadäquater Publikations- und Veranstaltungsformen. Das betrifft Vorschläge für die Einbindung und Betreuung von Multiplikatoren, die Auftrittsdramaturgie des Top-Managements in den wichtigsten Phasen einer Umstrukturierung und die Unterstützung der mittleren Managementebenen.

Abhängig von den Erfahrungen und Voraussetzungen innerhalb des Managements und den Kommunikationserfordernissen müssen die Zeitressourcen für Trainings- und Instruktionsmaßnahmen berücksichtigt werden.

Vor diesem Hintergrund sollte rechtzeitig (und zwar vor Veranlassung durch Planungsverantwortliche im Top-Management!) die Einbeziehung externer Unterstützung geplant werden: Sei es die Inanspruchnahme von Beratungs-Know-how oder Dienstleistungskapazität durch Kommunikationsberater und -agenturen, sei es die Einbindung von speziell auf Change-Prozesse zugeschnittenen Trainings- und Coaching-Anbietern.

Schließlich sollte frühzeitig bei Einbindung externer Kapazitäten die Budgetlage geklärt werden.

Koordination

Während der Umsetzung besteht die wichtigste Aufgabe der Internen Kommunikation in der Orchestrierung von Informations-Maßnahmen und Management-Kommunikation. Die Bedeutung dieser Aufgabe für den erfolgreichen Projektverlauf verlangt weitreichende Entscheidungskompetenzen.

Die Kommunikationsverantwortlichen müssen die Koordination mit dem Projektverlauf sicherstellen und gegebenenfalls vom Standpunkt der Kommunikation her intervenieren und in Prozesse eingreifen. Solche Interventionen werden natürlich nur akzeptiert bei Anerkennung der Supervisionsrolle. Vor allem in diesem Bereich kann die Interne Kommunikation durch Einsatz des empirischen Instrumentariums ihre Koordinationskompetenz unterstreichen. Teilnehmende Beobachtung, Befragungen (zum Beispiel in

Fokusgruppen), Interviews, Feedback-Sessions, gegebenenfalls mit Einbezichung des projektleitenden Managements, ermöglichen eine Reflexion, die die Bedeutung von Kommunikation für alle Beteiligten erlebbar macht. Die Koordination von Kommunikation wird damit folgerichtig zum Taktgeber eines Projektverlaufs – und nicht wie üblich und scheinbar zwangsläufig der Projektverlauf zum Taktgeber der Kommunikation.

Coaching

Selbstverständlich sind alle Manager zugleich auch Kommunikatoren, die durch Geburt und Sozialisation ihre Leadership-Kompetenz erworben haben. In seltenen Glücksfällen wissen Manager um ihre Grenzen und begrüßen ein Coaching in Bezug auf ihren Einsatz und ihre Rolle als Kommunikator.

Der Coaching-Bedarf wird im Rahmen von Corporate Change zunehmen. Insbesondere unter dem Druck knapper Zeitressourcen und des Erfolgszwangs werden Manager zunehmend auf die Regieleistung ihrer Kommunikationsexperten vertrauen und sich Feedback-Prozessen stellen müssen.

Die Coaching-Kompetenz beruht dabei unter anderem auf einer Kernkompetenz der internen Kommunikationsfachleute: Dem Wissen über die Kommunikationskultur innerhalb eines Unternehmens und der Handhabung der Research-Instrumente zwecks Objektivierung von Wirkungszusammenhängen. Der Coaching-Bedarf auf allen Managementebenen führt per Definition zu einer erheblichen Aufwertung der Internen Kommunikation.

Die Aufgabe der Unternehmensberater: Projektierung des Kommunikationsbedarfs

Kommunikation zählt nicht zu den Kompetenzfeldern klassischer Unternehmensberatungen – Interne Kommunikation noch weniger. Es wäre viel verlangt, das zu fordern. Es ist allerdings nicht zuviel verlangt, ein Verständnis für die Bedeutung und Rolle der Internen Kommunikation im Corporate Change zu erwarten.

Unternehmensberater sind in der Regel mit den unternehmensstrategischen, betriebswirtschaftlichen und organisatorischen Aspekten eines Change-Prozesses beschäftigt. Sie arbeiten direkt und eng dem Top-Management oder den von ihm eingesetzten Planungsstäben zu. In dieser Funktion und Position nehmen sie maßgeblich Einfluss auf die Projektplanung und den Projektverlauf. Aufgrund dieser Schlüsselfunktion tragen sie ein hohes Maß an Verantwortung für den Erfolg der von ihnen initiierten und begleiteten Projekte. Selbst wenn ihre Rolle auf die Lösung bestimmter oder eingegrenzter Aufgaben beschränkt wird, sollte diese außerordentliche Verantwortung eine Verpflichtung sein, den Prozess ganzheitlich zu betrachten und diese ganzheitliche Sicht ihren Auftraggebern zu vermitteln. Ihr wichtigster Beitrag im Rahmen der Internen Kommunikation besteht dann idealerweise in der Projektierung von Kommunikation als elementarem prozessbegleitendem Faktor für eine erfolgreiche Planung und Umsetzung. Die enge Verbindung von Unternehmensberatern und Top-Management bedingt einen enormen Einblick in die Funktionsweise eines Unternehmens. Unternehmensberater kennen oder bestimmen die Agenden des Wandels, sie wissen – meistens – um die „hidden agenda" (so diese existiert). Vor diesem Hintergrund können sie sehr genau die Komplexität eines Change-Prozesses, die Zeitdimensionen und Kontextfaktoren einschätzen. Das gibt ihnen die Möglichkeit, den Bedarfsrahmen von prozessbegleitender Kommunikation deutlich zu machen und den Ressourcenbedarf zumindest zu thematisieren. Dieser Beitrag ist um so wichtiger, als das Top-Management seine Prozess-Sicht gerne auf die unternehmensstrategischen und betriebswirtschaftlichen Perspektiven und Erfordernisse konzentriert. Dabei wird der Kommunikation sehr schnell und unwillkürlich zweitrangige Bedeutung beigemessen.

Sichtbarster Ausdruck einer solchen Perspektivverengung sind Top-Down-Verlautbarungen via Print- oder Digital-Medien, deren Inhalte in den Sprachcodes des Managements verfasst sind.

Unternehmensberater sind keine Linguisten, aber sie sollten wissen, dass es solche Menschen gibt und deren Unterstützung elementar wichtig ist für den Erfolg von Corporate Change.

Die Aufgabe von Change Consultants: Einstimmung des mittleren Managements

Change Consultants sind Experten für die mentale oder psychologische Mobilisierung von Führungskräften und Mitarbeitern in Change-Prozessen. Ihre Kernzielgruppe sind die Angehörigen des mittleren Managements. Ihre Aufgabe: Die Begleitung und Vorbereitung der Zielgruppe auf ihre Rolle als „Prozessträger des Wandels" und in diesem Zusammenhang auf ihre Funktion als Kommunikatoren. Ihr Ziel heißt: „Involvement und Commitment" schaffen.

In Workshops, Trainings und/oder Motivationsveranstaltungen werden die sachlichen, prozess- und kommunikationsrelevanten Probleme und Aufgaben thematisiert und durch die Moderation der Change-Experten geordnet und gemeinsam (auf)gelöst. Der eminent wichtige Beitrag von Change Consultants im Rahmen der Internen Kommunikation besteht darin, die Kompetenz der Führungskräfte im Bereich der personalen Kommunikation auszubilden. Die Angehörigen des mittleren Managements sind aufgrund ihrer Vorgesetztenrolle die wichtigsten Multiplikatoren für die Mitarbeiterschaft. Von ihrer Fähigkeit zur strukturierten Face-to-Face-Kommunikation, zur Organisation und Kontrolle von Briefing- und Feedback-Prozessen hängt der Umsetzungserfolg ab. Ihr Verständnis und ihre Bereitschaft zur Übernahme einer aktiven Kommunikationsrolle im Dienste des unternehmerischen Wandels schaffen die Voraussetzung dafür, dass die mediale Information und die symbolischen Kommunikationsakte des Top-Managements verstanden werden.

Die Einbindung von Change Consultants in die Konzeption und Realisation von Interner Kommunikation ergibt sich zudem aus ihrer Rolle als „Meldegänger": Ihre Erfahrungen und die aktuelle intensive Beobachtung und Auseinandersetzung mit den Problemen der Führungskräfte auf den mittleren Managementebenen ermöglicht einen wertvollen Input für die taktische Steuerung der internen Kommunikationsmaßnahmen.

Die Aufgabe der externen Kommunikationsberatung: Masterplanning, Coaching, Monitoring

Der Bedarf an externen Beratungs- und Dienstleistungsressourcen im Change-Prozess wird erfahrungsgemäß zunächst unterschätzt. Spätestens, wenn Management und interne Kommunikationskräfte aufgrund ihrer Einbindung bei der hochintensiven taktischen Kommunikationsarbeit, vor allem in den Ankündigungsphasen von Change-Prozessen (herausragend: Fusionen), an die Grenzen ihrer Kapazität gelangen, erfolgt der Ruf nach Unterstützung. Die Verantwortlichen für Interne Kommunikation müssen entscheiden. Von ihrer spezifischen Belastung, von ihrer Position, ihrem „Standing" innerhalb des Unternehmens und – noch entscheidender – von ihrer persönlichen Souveränität hängt ab, wie und wo dieser Einsatz stattfindet und wie die Zusammenarbeit gestaltet wird. Wenn Team- und persönliche Kapazitäten vollständig durch taktische Informations- und Kommunikationsmaßnahmen absorbiert werden, sollten externe Kräfte in einen parallel geschalteten Planungsprozess eingebunden werden. Mit ihrem spezifischen Erfahrungswissen, ihrem Prozess-Know-how und auf der Grundlage einer intensiven Instruktion von Seiten des Unternehmens kann dann die strategische Kommunikation konzipiert, in Form eines Masterplans operativ gefasst und mit den taktischen Erfordernissen in Einklang gebracht werden. Ein entscheidender Mehrwert der Verlagerung dieser Arbeit auf Berater außerhalb des Unternehmens resultiert aus der Organisierung der Außensicht.

In der Verlängerung der konzeptionellen Arbeit und in der Begleitung der Umsetzung fordert der Auftraggeber den beraterischen Input aufgrund der Distanz externer Kommunikationsberater und ihrer Unabhängigkeit von den Strukturen und Prozessen. Dieses Reflexions- und Supervisionspotential aufgrund der simplen Innen-und-Außen-Konstellation erhöht die Steuerungsfähigkeit von Change-Prozessen ganz erheblich, wenn es in Form von Monitoring- und Coaching-Maßnahmen eingesetzt wird. Das ist die Aufgabe eines auf Change-Erfolg ausgerichteten internen Kommunikationsmanagements.

Communicating Corporate Change – Ratschläge für ein effizientes Vorgehen

von Bill Quirke, Synopsis Communication Consulting

Interne Kommunikation in Change-Prozessen

Es gibt heute kaum noch Unternehmen, in denen nicht an zahlreichen Change-Prozessen gearbeitet wird – Reengineering, TQM, neue Kundendienstprogramme. All das erfordert kostbare Zeit, will sorgfältig vorbereitet sein und besitzt vordringliche Priorität. Unterdessen beklagen sich die Mitarbeiter über eine zu große Neuerungslast, sehnen sich eine Atempause bei der Umsetzung von Change-Prozessen herbei und wünschen sich eine Zeit der Konsolidierung.

Umstrukturierungen haben sich zur Hauptaufgabe des oberen Managements entwickelt. Inzwischen hat sich in den Unternehmen aber durch wiederholte Fehlschläge eine gewisse Ernüchterung eingestellt. Heute versucht das obere Management, die in der Vergangenheit erkanntermaßen unzureichende Kommunikation von Change-Prozessen zu optimieren.

Die Kommunikation in den Unternehmen muss wesentlich umfangreicher und qualitativ besser werden. Die entsprechenden Ansätze sind jedoch in der Regel veraltet – vor allem im Hinblick auf die Mitarbeiter, die einem Unternehmenswandel verhalten oder ablehnend gegenüberstehen.

Widerstände

Viele Mitarbeiter setzen einem Unternehmenswandel Widerstände entgegen. Die mentale Einstellung der meisten Menschen lässt sich so formulieren: „Wir müssen uns nicht ändern – wir leisten bereits gute Arbeit. Wenn sich überhaupt jemand ändern muss, dann die anderen, nicht ich.“

Wir neigen dazu, unsere Widerstände gegen Change-Prozesse zu rationalisieren. Doch: Nicht Unternehmen ändern sich, sondern

Menschen. Der Wandel findet in den Personen statt, in einer nach der anderen, und man kann diesen Personen nicht vorschreiben, dass sie sich ändern sollen, sie ändern sich von selbst.

Der „Cocooning"-Effekt bei Mitarbeitern

Manche haben auf die zunehmend schwierigere wirtschaftliche Lage und die steigende Komplexität der Außenwelt mit dem sogenannten „Cocooning" reagiert – sie „igeln sich ein". Da es in einer sich ständig ändernden Umgebung immer weniger Menschen gibt, die einem helfen oder von denen man Unterstützung erwarten kann, rücken die Menschen näher zusammen. Sie identifizieren sich mit ihrem unmittelbaren Team, ihrem eigenen Job, der Sicherheit des Jobs und grenzen andere dadurch aus.

Vertrauen

Das Vertrauen des Einzelnen in die Führungskräfte der übernächsten Ebene ist meist gering, Führungskräfte in noch höheren Positionen werden kaum noch wahrgenommen. Das größte Vertrauen genießen die unmittelbaren Kollegen und der direkte Vorgesetzte, wenn dieses Verhältnis nicht bereits durch einen möglichen Stellenverlust gestört wird. Durch die damit verbundene Beschränkung des Horizonts wird für den Einzelnen das Überleben sehr viel wichtiger als die eigene Selbstverwirklichung.

Horizonte erweitern

Gleichzeitig versuchen Unternehmen, ihren Angestellten eine Horizonterweiterung zu ermöglichen und ihnen die größeren Unternehmenszusammenhänge nahezubringen. Diese beiden Entwicklungen verlaufen bisher aber entgegengesetzt.

Das Ausmaß der Veränderungen hat die Skepsis der Mitarbeiter wachsen und die Glaubwürdigkeit der Führungsetage in ihren Augen sinken lassen. Der vom Marktforschungsinstitut MORI ermittelte Durchschnittswert für die Glaubwürdigkeit des Managements beträgt unter normalen, stabilen Bedingungen 66 Prozent. Bei Unternehmen, die im Wandel begriffen sind, fällt dieser Wert auf 49 Prozent. Ähnliche Zahlen wurden für das Verständnis der Unternehmensziele errechnet – im Normalfall 48 Prozent, in Zeiten des Wandels jedoch nur 34 Prozent.

In Zeiten des Wandels müssen Unternehmen ihre Interne Kommunikation verstärken und dürfen nicht untätig abwarten.

Mit der Aussage „Ich habe keine Gelegenheit, meine Ansichten zu äußern" bewerten im Normalfall durchschnittlich 59 Prozent ihr Unternehmen, in Change-Prozessen steigt der Prozentsatz jedoch auf beängstigende 75 Prozent. Eine Transparenz des oberen Managements wünschen sich in einem stabilen Unternehmen durchschnittlich 40 Prozent, in Zeiten des Wandels wünschen sich über 60 Prozent einen direkten Austausch mit dem oberen Management.

Die Auswirkungen der immer schwierigeren wirtschaftlichen Lage sind also eine gesteigerte Skepsis der Angestellten und eine verminderte Glaubwürdigkeit des Managements.

Mangelndes Verständnis für die Notwendigkeit des Wandels

In einer Untersuchung unter leitenden Angestellten war der häufigste Grund für die stockende Umsetzung von Change-Prozessen das fehlende Verständnis für eine solche Veränderung. Erschreckenderweise schien auch kaum Interesse vorhanden, ein solches Verständnis zu erlangen, und man warf dem Management schlichte Panikmache vor.

Das Klima des Vertrauens und der Solidarität innerhalb eines Unternehmens hat immensen Einfluss auf die Kommunikation. Dort, wo Mangel an Vertrauen herrscht, suchen die Menschen nach der „wahren" Tagesordnung und der „wirklichen" Bedeutung der angestrebten Veränderungen. Hierfür greifen sie auf ihre früheren Erfahrungen zurück und interpretieren Zeichen und Signale in einem Zusammenhang, der ihnen vertraut ist.

Angestellte, die jegliche Veränderung ablehnen, sehen sich mitunter als eine Art Widerstandsbewegung oder als loyale Opposition und stellen mitgeteilte Daten sowie deren Interpretation in Frage. Sie bremsen den Fortschritt, verteidigen die Unternehmenstradition und die Werte, die sie damit verbinden und die sich mit dem angestrebten Wandel vermeintlich nicht vertragen. Sie leisten in dem Sinne keinen Widerstand, sondern nehmen die Rolle von Beschützern ein.

Unternehmen, die einen Wandel ins Auge gefasst haben, machen sich in der Regel daran, ihren Angestellten diesen Wandel zu „verkaufen“, zeigen sich jedoch frustriert, wenn ihre Mitarbeiter das angepriesene Produkt nicht kaufen wollen.

Daraus lässt sich schließen, dass häufig erst die Art, in der ein beabsichtigter Wandel vermittelt wird, die befürchteten Apathien und Widerstände weckt. Das Leiden der Manager unter feindseligen Reaktionen ist häufig selbstverschuldet und von ihrem Vermittlungsansatz verursacht worden.

Der Blickwinkel ist zu eng

Das obere Management beschränkt seine Wahrnehmung meist auf das, was seiner Meinung nach für die Angestellten bei der Erfüllung ihrer Aufgaben von Bedeutung ist, statt ihnen zu helfen, Verständnis zu entwickeln und sich als Teil des Unternehmens zu fühlen. Am deutlichsten zeigt sich diese Diskrepanz in den unteren Unternehmensebenen, in die kaum Details über geplante Veränderungen vordringen. Je niedriger jemand in der Unternehmenshierarchie angesiedelt ist, um so weniger Hintergrundwissen besitzt er, um so weniger erkennt er die Gesamtzusammenhänge, um so weniger versteht er die Beweggründe und um so weniger Sinn ergeben die einzelnen Entscheidungen für ihn.

Man kann nur verkaufen, was man besitzt

Engagement resultiert aus einem Sinn für Eigentum, und Eigentum kommt von Teilnahme. Die Menschen müssen aktiv an der Diskussion über die Strategie in ihrem Bereich beteiligt werden. Je weniger sie daran beteiligt werden, desto geringer wird ihr Engagement sein.

Die Menschen wollen nicht einfach vor vollendete Tatsachen gestellt werden. Selbst dort, wo sie einem Ergebnis vielleicht zugestimmt haben, könnten sie den Ausschluss von der Diskussion und die dadurch verhinderte Mitwirkung am Entscheidungsprozess als Negierung ihres Werts für das Unternehmen verstehen.

Kommunikation auf Kollisionskurs

Normalerweise hat der Unternehmensvorstand zu Beginn des Wandels den Denkprozess schon hinter sich und Gelegenheit gehabt, sich mit den geplanten Änderungen vertraut zu machen, Alternativen abzuwägen und zur Einsicht zu gelangen, dass die Änderungen sinnvoll sind. Der Vorstand verfügt über die meisten Informationen und übt wahrscheinlich auch die größte Vorsicht hinsichtlich ihrer Konsequenzen.

Mitarbeitern der untergeordneten Ebenen muss jedoch ebenfalls die Möglichkeit gegeben werden, einen ähnlichen Prozess zu durchlaufen. Um zu Akzeptanz und Kooperation zu kommen, müssen sie am Denkprozess teilhaben können. Das bloße Verkünden von Entscheidungen beraubt sie der Chance, die Überlegungen nachzuvollziehen oder den Zusammenhang zu verstehen – es ist so, als wollte man ein Auto im vierten Gang starten.

Je länger man damit wartet, die Mitarbeiter einzubeziehen, desto schwieriger wird es. Rücken die tatsächlichen Änderungen näher, wollen die Menschen verständlicherweise Antworten auf ihre ganz speziellen Fragen. Sie sind nicht an dem „großen Bild“ interessiert, sondern an dem „kleinen Bild“, im Detail.

Wenn die Angestellten jedoch nur noch ihr persönliches Umfeld im Auge haben und unweigerlich andere Prioritäten setzen als das Unternehmen, ist es zu spät für den Versuch, ihnen die Leitgedanken des Unternehmens zu erklären.

Ohne den übergeordneten Zusammenhang bleiben Informationen ohne Sinn und verfehlen den beabsichtigten Effekt: Die Mitarbeiter werden – ausgehend von ihrer eigenen Position – die Kommunikation dechiffrieren und filtern und davon ausgehen, dass das Unternehmen sie übervorteilen will.

Der Weg ist damit frei für eine Kollision der Interessen und eine Kommunikation, die scheinbar die Unternehmensinteressen auf Kosten der unmittelbaren Sorgen der Mitarbeiter propagiert. Wenn Manager neue Zukunftswege verkünden, gehen den Mitarbeitern viel unmittelbarere und persönlichere Fragen über ihre eigene Zukunft durch den Kopf, wodurch ihre Aufnahmebereitschaft für andere Überlegungen sinkt.

Was bei der Kommunikation von Change-Prozessen beachtet werden muss:

- Zusammenhang kommunizieren;
- am Denkprozess beteiligen, nicht nur Entscheidungen mitteilen;
- Bewusstsein für die Dringlichkeit schaffen;
- man kann nur verkaufen, was man auch besitzt;
- Kommunikation muss kontinuierlich sein;
- die Möglichkeit geben, über Probleme zu sprechen, und eine vertrauensvolle Atmosphäre schaffen;
- Konflikte erkennen;
- eigene Schwächen in der Kommunikation abschätzen;
- interne Widerstände identifizieren und Möglichkeit zum Feedback geben;
- die Führungskräfte schulen;

- Kommunikationswege den angestrebten Zielen anpassen;
- den Mitarbeitern Priorität geben;
- Umfragen durchführen, die Ergebnisse sammeln und veröffentlichen.

Unternehmen arbeiten verstärkt an der Pflege sozialer Kontakte unter ihren Mitarbeitern, um so das soziale Fundament wiederherzustellen. Marks and Spencer, Großbritanniens führendes Einzelhandelsunternehmen, hat mit seinen „parties with a purpose“ Zusammenkünfte für die Mitarbeiter ins Leben gerufen, die Arbeit und Vergnügen verbinden und zwanglose Kontakte unter den Angestellten ermöglichen.

Am Denkprozess beteiligen

Die Kommunikation sollte den Denkprozess widerspiegeln, der im Unternehmen bereits im Gange ist. Überraschend häufig sind die Antworten auf Fragen von Mitarbeitern bereits von dem Team erörtert worden, das sich als erstes mit den Veränderungen auseinandergesetzt hat. Die Einbeziehung in den Denkprozess ist gefragt, nicht das bloße Verkünden von Entscheidungen.

Es ist zu begrüßen, dass in den Unternehmen vermehrt Besprechungen stattfinden, in denen das eigene Unternehmen beleuchtet, die Entwicklung an der Strategie gemessen wird sowie die Konkurrenz und die Branchentrends erörtert werden. Außenstehende geben Einblicke in die Situation der Kunden und Zulieferer, und Mitarbeiter legen aktuelle Informationen über die verschiedenen Bereiche vor.

Kontinuierliche Kommunikation

Durchschnittlich wissen weniger als die Hälfte der Angestellten eines Unternehmens, in welche Richtung das Unternehmen steuert, und nur wiederum die Hälfte bekommt Feedback über den Fortschritt. Mittlerweile etabliert sich ein Trend zu Zusammenkünften, die regelmäßig, zu festen Zeiten und in zwangloser Umgebung stattfinden.

Unternehmen beginnen, ihre Mitarbeiter über den aktuellen Stand zu informieren, und halten monatliche Teamsitzungen, vierteljährliche Versammlungen zur aktuellen Unternehmenslage und jährliche Konferenzen ab, und zwar für alle Mitarbeiter, nicht nur für das Management.

Kommunikation braucht Zeit

Das persönliche Informationsgespräch zwischen Vorgesetztem und Mitarbeiter ist das wichtigste Kommunikationsinstrument überhaupt, weil es einen echten Dialog ermöglicht und den Vorgesetzten oder Manager zum primären Kommunikationsmittler des Unternehmens macht.

Deshalb planen erfolgreiche Unternehmen die Kommunikation mit ein – in Produktionsplänen, Budgetzuteilungen und Arbeitszetteln. Doch unter dem hohen Zeitdruck versäumen die Manager mitunter, die Logik oder die Absicht, die hinter bestimmten Veränderungen steht, zu erklären und die Meinung ihrer Mitarbeiter einzuholen, die sich ihrerseits unter Druck gesetzt fühlen.

Im Ergebnis fühlen sich die Angehörigen des mittleren Managements nach eigener Aussage wie in einer Zwickmühle. Ihre Vorgesetzten sagen ihnen, sie sollen mehr kommunizieren, aber ihnen fehlt die Zeit, um dies angemessen umzusetzen.

Den Weg dem Ziel anpassen

Zwischen dem, was von den Menschen gefordert wird, und den Wegen, die zur Umsetzung beschritten werden, herrscht eine Diskrepanz. Eine Untersuchung der am häufigsten genutzten Kommunikationskanäle in Unternehmen zeigt, dass diese überwiegend für die Weiterleitung von Mitteilungen gedacht sind und nicht für die Weiterbildung oder Bewusstseinsänderung von Angestellten.

Rundschreiben und Videos sind zwar geeignet, um ein Bewusstsein für bestimmte Themen zu schaffen, die Vermittlung eines Unternehmenswandels erfordert jedoch Zeit und eine direkte persönliche Ansprache.

Zwar erhalten verschiedene Mitarbeitergruppen normalerweise Mitteilungen je nach ihrem Status in der Hierarchie, aber das „Recht" der Mitarbeiter auf Mitteilungen sollte sich nach ihrer Bedeutung für die Erfüllung der Unternehmensstrategie richten.

Den Wandel effektiv kommunizieren

1. Keine Zeit verlieren. Sieht man sich einer Situation ausgesetzt, deren Ausgang man nicht abschätzen kann, ist man sehr leicht verleitet, gar nichts zu sagen, bis man sich seiner Sache sicher ist. Erfolglose Kommunikation basiert auf der Annahme, dass Kommunikation vom Management kontrolliert und nach Belieben ein- oder ausgeschaltet werden kann – ein Irrglaube. Kommunikation ist kontinuierlich und lässt dem Manager lediglich die Entscheidung darüber, wie Bewusstsein und Wissensstand der Mitarbeiter am besten gelenkt werden können. Gerüchte füllen dabei die freigelassenen Lücken. Aus diesem Grund sollte man vorgreifend aktiv sein und die Kommunikation selbst steuern, anstatt auf die neuesten Gerüchte reagieren zu müssen. Es wird selbst in den unsichersten Situationen immer etwas geben, das sich kommunizieren lässt.

2. Möglichkeiten und Szenarien aufzeigen. Man kann die Zukunft nicht vorhersagen, aber man kann erläutern, was passieren könnte: Ein Unternehmen stellte sich zum Verkauf. Wer der Käufer sein würde, war ungewiss, also sprach man mit den Mitarbeitern über die verschiedenen Unternehmen, die zum möglichen Käufer hätten werden können. Spekuliert hätten die Mitarbeiter ohnehin. Aber durch die vorgreifende Initiative konnte das Management-Team die Ungewissheit besser in den Griff bekommen, auf abwegige Mutmaßungen reagieren und die Arbeitsmoral aufrecht erhalten.

Um mögliche Entwicklungen zu diskutieren und persönliche Szenarien aufzuzeigen sollten formlose offene Runden oder Management-Sitzungen einberufen werden. In dieser zwanglosen Atmosphäre wird man besser vermitteln können, dass man spekuliert und nicht etwa verkündet, was passieren wird.

3. Zeiträume abstecken. In der Regel kennt man den Zeitplan für das Vorhaben. Man kann den Mitarbeitern also sagen, wann über Details gesprochen werden kann. Die Bekanntgabe eines Zeitrahmens erlaubt es, über ein Thema zu sprechen, während man gleichzeitig die weitere Entwicklung analysiert und diskutiert. Es sollten nur Zeiträume bekannt gegeben werden, die auch eingehalten werden können. Wer seine selbst gesteckten Fristen nicht einhält, wird erheblich an Glaubwürdigkeit verlieren.

   Diese Verfahrensweise hat zwei Vorteile:

   - Manager können bestimmte Fragen hinsichtlich der Durchführung anstehender Änderungen von der Gesamtstrategie des Unternehmens abkoppeln und separat behandeln beziehungsweise beantworten.

   - Mitarbeiter wissen, wann sie bestimmte Fragen stellen und Antworten darauf erwarten können.

4. Die direkte persönliche Kommunikation zum primären Kommunikationsinstrument machen. Untersuchungen belegen, dass Angestellte vorzugsweise von ihrem direkten Vorgesetzten über Änderungen informiert werden wollen, und zwar persönlich – weil Menschen die jeweilige Information aus einer vertrauenswürdigen Quelle erhalten wollen, damit sie auch Fragen stellen und die Richtigkeit der Nachricht einschätzen können. Wenn Sie auf diese Weise kommunizieren, können Sie besser beurteilen, welche Sorgen die Menschen haben. Sie können falsche Wahrnehmungen korrigieren, erhalten Feedback für künftige Kommunikation und minimieren die Wahrscheinlichkeit, dass heikle Einzelheiten durchsickern.

Das persönliche Gespräch ermöglicht außerdem, Nuancen zu kommunizieren und klarzustellen, dass bestimmte Dinge weiterhin ungewiss bleiben.

5. Manager müssen etwas zu sagen haben – sonst erfinden sie es. Das mittlere Management steht an vorderster Front, wenn es darum geht, sich mit Unsicherheiten auseinanderzusetzen. Von Mitarbeitern nach ihrem Kenntnisstand befragt werden sich diese Manager mitunter in Situationen wiederfinden, in denen sie selbst auch nicht mehr als ihre Leute wissen. Ihnen wird jedoch unterstellt, dass sie über den aktuellen Stand der Dinge bestens informiert sind. Manager der mittleren Ebene möchten manchmal den Eindruck erwecken, dass sie mehr als ihre Untergebenen wissen, oder sie möchten sich offen geben und beteiligen sich an den Spekulationen ihrer Mitarbeiter. In beiden Fällen kommunizieren sie auf unkontrollierte Weise und setzen zwangsläufig alle möglichen Gerüchte und Unwahrheiten in die Welt. Damit es dazu nicht kommt, sollte ihnen etwas gegeben werden, was kommuniziert werden kann, damit sie das Vakuum füllen können. Anregungen hierfür könnten die Punkte 2. und 3. bieten.

6. Manager zum Feedback anhalten. Kommunikation in Zeiten der Ungewissheit erfordert Flexibilität und die Fähigkeit, Mitteilungen dem Stand der Entwicklung anzupassen. Ein Schlüssel hierfür ist die Fähigkeit, das Feedback der Mitarbeiter zu sammeln und darauf einzugehen. Feedback kommt selten von allein zustande. Ein guter Ansatz wäre zum Beispiel, Manager die drei wichtigsten Themen/Fragen/Kommentare ihrer Mitarbeiter aus den üblichen Sitzungen festhalten und kommentieren zu lassen. Auf diese Weise können die Reaktionen der Mitarbeiter überprüft und Themen für die nächste Kommunikationsphase bestimmt werden. Außerdem kann dadurch auch sichergestellt werden, dass die Sitzungen überhaupt stattfinden.

7. Schaffung einer Feedback-Schleife. Man sollte sich nicht ausschließlich auf das Feedback aus den Management-Sitzungen verlassen, sondern auch Hotlines, Email-Adressen oder elektro-

nische Foren einrichten, um den Menschen die Möglichkeit zu geben, Fragen zu stellen und Feedback zu leisten. Dies hilft, am Puls des Geschehens zu bleiben und auf wechselnde Kommunikationsströmungen schnell zu reagieren. Man sollte darauf achten, dass die Feedback-Schleife auch das obere Management erreicht, da viele der aufgeworfenen Fragen nur von diesem beantwortet werden können.

8. Undichte Stellen voraussetzen. Es ist ratsam, davon auszugehen, dass alles Geschriebene an irgend einer Stelle auch nach außen dringt (deswegen auch die starke Gewichtung der direkten, persönlichen Kommunikation). Man sollte im Voraus planen, wie man auf undichte Stellen reagiert; Interne und Externe Kommunikation müssen aufeinander abgestimmt sein. Man sollte auf das Schlimmste gefasst sein – siehe Punkt 9.

9. Auf Krisen vorbereitet sein. Bei jedem Wandel, der in der Regel so komplex wie umfangreich ist, sollte man als Vorsichtsmaßnahme auf den schlimmsten Fall vorbereitet sein und über entsprechende Notfallpläne verfügen, um einer Krise begegnen zu können. Da jede Krise anders ist, muss ein ganzes Bündel von Vorgehensweisen geplant werden, die effektives Handeln ermöglichen. Schnelle und präzise Kommunikation ist dabei unabdingbar, da sich Krisensituationen mitunter sehr rasch der Kontrolle des Routine-Managements entziehen. Es empfiehlt sich die Ausarbeitung eines Plans für die Überwachung und Handhabung möglicher Krisen sowie die Entwicklung verschiedener möglicher Krisen-Szenarien.

10. Wörter und Zahlen müssen in Einklang stehen. Die Glaubwürdigkeit Ihres Managements hängt davon ab, ob Sie tun, was Sie gesagt haben. Planen Sie nicht eine Sache, um dann etwas anderes mitzuteilen. Die Menschen würden früher oder später merken, dass Sie sie angelogen haben. In jedem Fall würde dadurch Ihre Glaubwürdigkeit zerstört und Sie hätten eine Belegschaft zu führen, die Sie verachtet.

Durch den Druck des Wandels sind Unternehmen dazu gezwungen worden, ihre Kommunikation zu überprüfen und zu verbessern. In der Welt von heute gibt es viele verschiedene Kommunikationsregeln, und erfolgreiche Unternehmen müssen diese Regeln erlernen.

11. Einfache Sprache statt Managerjargon verwenden. Normalerweise sind Unternehmenspläne im Managerjargon abgefasst, wobei die Vorzüge der vorgeschlagenen Veränderungen als Gewinn für das Unternehmen dargestellt werden. Damit soll das unternehmensinterne Management überzeugt werden. Dieselbe Information wird anschließend häufig in derselben Form verwendet, um den Mitarbeitern den Wandel zu verkaufen. Ohne das Hintergrundwissen der Vorstandsmitglieder über die Unternehmensstrategie und denselben Zugang zu Markt- und Unternehmensdaten können die Mitarbeiter den Plänen oft nur schwer folgen und finden sie einseitig oder schlichtweg verwirrend.

    Bei der Präsentation eines Wandels muss die Kommunikation in einer einfachen, eindeutigen Sprache erfolgen, nicht in der Managersprache.

12. Die Frage „Was bedeutet das für mich?“ beantworten. Häufig werden Mitarbeiter zuerst fragen, inwieweit der Wandel sie persönlich betrifft. Die Konsequenzen, die so ein Wandel für jeden mit sich bringt, sollte die Führungsetage vor seiner Ankündigung bedacht haben. Es ist zwar unwahrscheinlich, dass man die Fragen der Mitarbeiter gleich von Anfang an wird beantworten können, wohl aber wird man in der Lage sein, den Ablauf und den Zeitrahmen für den Entscheidungsprozess zu erläutern. Die Unsicherheit der Mitarbeiter kann so begrenzt werden.

13. Ängste der Mitarbeiter ernst nehmen. Für die Menschen ist es wichtig zu verstehen, warum ein Wandel notwendig ist, daher sollte man ihnen Themen wie Markt- und Branchenzwänge und steigende Kundenansprüche näherbringen.

    Gleichermaßen wichtig ist es, die Bedürfnisse und Anliegen der Mitarbeiter zu berücksichtigen – wie zum Beispiel Sicherheit des Arbeitsplatzes, Motivation und Stolz auf ihren Arbeitgeber. Das bedeutet nicht, dass eine Garantie für den Arbeitsplatz ausgesprochen werden muss, wohl aber, dass man die eigenen Überlegungen begreiflich macht und erklärt, warum Stellenstreichungen der einzig vernünftige Weg in die Zukunft sind.

14. Den Wandel objektiv darstellen. Die Menschen sind nicht dumm und werden schwierige Fragen stellen. Wer gar zu sparsam über die Tatsachen informiert, wird schnell entlarvt werden und teuer für den Täuschungsversuch bezahlen müssen. Über die betreffenden Veränderungen muss daher offen und glaubwürdig gesprochen werden; geschieht dies nicht, wird das entweder als Inkompetenz oder als Unaufrichtigkeit ausgelegt werden.

15. Die Präsentation des Wandels einem Crash-Test unterziehen. Die Geschlossenheit und das Verständnis des oberen Managements lässt sich gut im Rahmen einer praktisch durchexerzierten Präsentation überprüfen – dadurch werden Missverständnisse beseitigt, Fehlinterpretationen vermieden und ein etwaiger Mangel an Zustimmung bezüglich einzelner Details aus dem Weg geräumt. Im Rollenspiel spielt jemand einen Gewerkschafter oder einen zynischen Mitarbeiter (tun Sie sich keinen Zwang an und versuchen Sie, sich einfach vorzustellen, wie Sie sich fühlen würden); versuchen Sie herauszufinden, wie Sie reagieren würden.

16. Ideen schriftlich festhalten. Manager besitzen unterschiedliche Philosophien und Wertesysteme und verbinden unterschiedliche Hoffnungen und Erwartungen mit einem Wandel. Die Anfertigung eines knappen, zusammenfassenden Dokuments, das den Angestellten zum Zwecke der Information zur Verfügung gestellt wird, beseitigt möglicherweise unausgesprochene Unstimmigkeiten und stellt eine solide, in sich geschlossene Vorlage dar, der alle zustimmen können. Dieser Prozess dauert allerdings erheblich länger, als man annimmt.

17. Weg- und richtungsweisende Anhaltspunkte geben. Bei jeder Präsentation vor Angestellten muss diesen gleich zu Anfang ein

Programm gegeben werden – wieviel Zeit wird der Erörterung des Zusammenhangs eingeräumt, wieviel für die Veränderungen und die Konsequenzen, wieviel Zeit steht für Fragen und Antworten zur Verfügung – sonst schweifen ihre Gedanken ab, sie werden den leidenschaftlichen Vortrag des Redners über die schwerwiegenden Veränderungen in ihrem Bereich ignorieren und sich fragen, „was die ganze Aufregung überhaupt soll".

18. Zuerst Prinzipien, dann Details vermitteln. Wer einen Strukturwandel anschaulich darstellen möchte, sollte zunächst ein Diagramm mit leeren Kästen ohne die Namen einzelner Personen verwenden und anschließend die Umstrukturierung anhand farblicher Hervorhebungen verdeutlichen. Andernfalls werden die Angestellten den Überblick verlieren und nur darauf bedacht sein herauszufinden, wer auf- oder absteigt und wer bleibt oder geht.

19. Vor- und Nachteile zusammenfassen. Man sollte darauf achten, dass sowohl die positiven als auch die negativen Auswirkungen des Wandels in einem zusammenfassenden Schaubild festgehalten werden – die positiven Aspekte eines Wandels werden ja für gewöhnlich vergessen, während sich die Aufmerksamkeit auf die negativen Seiten und Nachteile konzentriert. Erst später kehren die Vorteile wieder ins Bewusstsein der Mitarbeiter zurück.

20. Schon jetzt auf den nächsten Wandel vorbereiten. Wann steht das eigene Unternehmen vor dem nächsten großen Wandel? Mit ziemlicher Sicherheit wird man diese Frage nicht beantworten können. Der Wandel, das weiß man genau, wird jedoch kommen, und man sollte daher schon jetzt damit beginnen, seine Leute darauf vorzubereiten. Erörtern Sie Veränderungen am Markt, in der Branche und bei den Kunden. Helfen Sie den Menschen verstehen, dass Stabilität der Vergangenheit angehört, und vermitteln Sie ihnen die Dynamik Ihrer unternehmerischen Umgebung. Sie können dadurch den Weg für die nächste große Veränderung ebnen, weil die Mitarbeiter Ihre Beweggründe dann kennen.

Fazit

Durch den Zwang zum Wandel sind Unternehmen heute gezwungen, ihre Kommunikation zu überprüfen und zu verbessern. In der Welt von heute gibt es viele verschiedene Kommunikationsregeln. Erfolgreiche Unternehmen müssen sich diese aneignen.

2. Kapitel

Interne Kommunikation in Change-Prozessen

Ob Reengineering, Internationalisierung, Privatisierung oder Fusion: Change-Prozesse erfordern eine genau abgestimmte Interne Kommunikation. Wie lassen sich die Medien der Internen Kommunikation als strategische Management-Instrumente nutzen? Welche Bedeutung hat die Presse- und Öffentlichkeitsarbeit für die Interne Kommunikation? Welche kommunikativen Pflichten hat das Management, welche die Mitarbeiterschaft? Entscheidend hierfür sind die Besonderheiten und strategischen Zielsetzungen des jeweiligen Change-Prozesses.

Internal Relations – Reengineering – Learning Organization

Kritische Anmerkungen zum Kommunikationsmanagement der 90er Jahre

von Eberhard Schmitt M.A., STEAG AG

„Die Probleme, die es in dieser Welt gibt, können nicht mit den gleichen Denkweisen gelöst werden, die sie erzeugt haben."

Albert Einstein

Einführung

Neue Denkweisen anzuwenden ist ein „Programm für Fortgeschrittene" – eine Idee ist noch lange keine Innovation. Dieser Beitrag befasst sich mit den Entwicklungen innerhalb des Kommunikationsmanagements, einem neuen und theoretisch fundierten Verständnis von Internal Relations und der Schlüsselrolle von Internal Relations als immanentem Teil von Veränderungsprozessen in Unternehmen. Dazu gehören neue Denkweisen, dazu gehört verändertes Verhalten.

Ein Fazit vorab: Der Zusammenhang von Internal Relations und Reengineering offenbart, wie sehr der Erfolg von Unternehmen von einem modernen Verstehen von Kommunikation abhängig ist.

Es ist das Reengineering von Unternehmen, das in seinen zigfachen Ausführungsmodellen die westliche Managementliteratur, in Deutschland besonders in den 80er und 90er Jahren, beherrscht hat. Sozusagen überschwappend mit den amerikanischen Managementmodellen und der durch Internationalisierung entstehenden neuen Anforderungen an die hiesige Industrie entstand auch die Hinwendung und Hingabe an externe Beratungsinstitutionen. Diese wiederum erzeugten die erforderlichen „Glaubensbekenntnisse": Zeitmanagement, Prozessabläufe, Teamarbeit und Projektmanagement, schlanke Organisation und flache Hierarchie. Wer kennt sie nicht zur Genüge, diese immer wiederkehrenden, teilweise neu zusammengesetzten Erfolgsrezepte für die Reanimation von Unternehmen? Wer diese Prozesse aufmerksam miterlebt und mitgestaltet hat, wird erfahren haben, dass diese Rezepturen oft scheiterten an immer wieder den gleichen Schwierigkeiten und Hindernissen. Die gleichen Fehler wurden immer wieder gemacht. Ein Unternehmen nach dem anderen bezahlte sein „Reengineering-Lehrgeld".

Spätestens die Implementierung neuer Strukturen setzte neues Denken voraus, und dieses erforderte eine andere Kommunikation. Hier waren die Organisatoren der Prozesse überfordert, denn ihnen fehlte in der Regel das organisationstheoretische, das psychologische und das kommunikationswissenschaftliche Verstehen. Meist ging es dann ans Reparieren, in der Regel teuer und ineffektiv. Die Beobachtung vieler dieser Prozesse in deutschen Unternehmen hat mich in Erstaunen versetzt ob der „Gewissheit" tatsächlicher Veränderungen. Beim näheren Hinschauen wurde meist deutlich, dass Reengineering lediglich zum Entwurf eines Images beitrug, und nicht nur die PR-Wissenschaft weiß, dass Fiktives in der Lage ist, eine authentische Wirkung zu erzielen (Derieth 1995, Seite 106).

Ich werde versuchen, im folgenden Beitrag notwendig Theoretisches zu dieser Thematik abzubilden, einen kurzen Erfahrungsbericht zu geben und einige Perspektiven zu eröffnen. Das alles, soweit es im Rahmen dieses Beitrags möglich ist. Grundlagenhinweise werden daher nur sporadisch gegeben, aber: Dieser Beitrag ist ein Plädoyer für ein qualifizierteres Umgehen mit Kommunikationsmanagement. Dazu reichen „Pragmatismus" und reine „Praktikerliteratur" nicht mehr aus.

Veränderungsdruck und Managementmodelle

Reengineering und „Intelligenz" von Unternehmen

Die meisten deutschen Unternehmen unterliegen heute Veränderungsprozessen, die besondere und teilweise völlig neue Anforderungen an das Management stellen.

Das Wort „unterliegen“ ist bewusst gewählt. Die Fremdbestimmung der Unternehmen hat ein Ausmaß erreicht, das zeigt, wie wenig geistige Offenheit und intellektuelles Vermögen in den Unternehmen gelebt werden. Die Kommunikationsmanager sind mitverantwortlich, dass die Preisgabe eigener Identität und Entwicklungsmöglichkeit weiter zunimmt. Frühwarnsysteme in der PR und Szenariotechniken im Kommunikationsmanagement sind inzwischen bei vielen Unternehmen etabliert (übrigens noch längst nicht bei allen). Brillante Modelle teilweise, die aber weder das Denken noch das Handeln der Betroffenen geändert haben.

Die Konstanten unternehmerischer Orientierung nehmen generell ab, Komplexität, Chancen und Risiken zu. Eine verrückte Welt für viele.

Deutlich feststellbar: Die Aufgaben des Managements – auch und gerade des Kommunikationsmanagements – erreichen eine neue Anforderungsebene, die nicht mehr ausreichend definiert ist, um sie lehrbuchartig „festschreiben“ zu können.

Die Überlebensfähigkeit von Unternehmen wird in einer sich dramatisch verändernden Umgebung endgültig abhängig von ihrer „Intelligenz“.

Wenn wir Intelligenz definieren wollen, sind wir schnell beim Kriterium der Kommunikationsfähigkeit angelangt. Intelligenz heißt so im weiteren Sinne Lern- und Innovationsfähigkeit.

Diese Kommunikationsfähigkeit besitzt unter anderem auch die Fähigkeit der „capacity to close“ und vermeidet komplizierte oder wenig zielgerichtete Konstruktionen. Sie ist jederzeit „angemessen“. Hier liegen die Chancen des Kommunikationsmanagements, gerade im Zusammenhang mit Veränderungsprozessen von Unternehmen, oft sogenannten Reengineering-Prozessen.

Niklas Luhmann sagt, dass sich Systeme nicht durch rationale Planung und Beschlüsse entwickeln, erhalten oder verändern, sondern durch Evolution (Luhmann 1984).

Die Naturwissenschaften belegen, dass sich alle komplexen, dynamischen Systeme durch Rückkopplung entwickeln, durch Feedback, wie wir es nennen.

Die Biologen Maturana und Varela definieren überlebensfähige Systeme dadurch, dass sie zur Selbsterneuerung, Selbstorganisation und Selbsterzeugung fähig sind, was in erster Linie Lernen bedeutet. Ihr Modell der Autopoiese, der Selbsterneuerungsfähigkeit, ist Grundlage geworden für viele.

Die Frage ist heute aber nicht mehr nur die, ob eine Organisation lernen soll oder muss, sondern ob sie in der Lage ist, die Rahmenbedingungen zu schaffen, durch die sie rechtzeitig, schneller und besser lernt (Krebsbach-Gnath 1996, Seite 5). Das ist die eigentliche Aufgabe, mit der wir uns gerade bei sogenannten Reengineering-Prozessen auseinandersetzen müssen.

Reengineering hat es aber in den meisten Fällen nicht geschafft, diese Lernfähigkeit zu erzeugen, Veränderung dauerhaft zu installieren. Internal Relations war in diesem Zusammenhang meist nur Erfüllungsgehilfe, oft Alibi und manchmal der „Sündenbock" für ungenügende Veränderung.

Das „Lernende Unternehmen"

Das „Lernende Unternehmen" ist für mich ein vorläufiger Begriff für einen neuen Typus von Unternehmen, das mit der eigenen Intelligenz arbeitet, ein Typus, den es meines Erachtens als dauerhafte Kategorie aber nie geben kann. Ich werde diesen Begriff trotzdem benutzen.

Das „Lernende Unternehmen" definiert sich letztendlich selbst. Die Voraussetzungen und Fähigkeiten hierfür können beschrieben werden.

Ein Unternehmen, das sich als Wissensgesellschaft behaupten will, muß zunehmend die Fähigkeit entwickeln, aus sich selbst heraus, mit eigener Energie, Intelligenz und Einfallsreichtum und mit wachsender Leichtigkeit sich den Herausforderungen seines Umfelds zu stellen.

Das hat auch Auswirkungen auf das Bild des Managers, der Teil dieser Gesellschaft ist. Er muss mit diesen Erfahrungen umgehen als Gestalter von unternehmerischen Prozessen.

Stattdessen eilen heutzutage nicht nur Manager von Symposium zu Workshop. Oft Scheinwissen einholend. Selbst Scheinwissen produzierend. Im Bewusstsein, das Repertoire der „PR-Rastellis" (Absatzwirtschaft) noch nicht ausgeschöpft zu haben. Noch nie gab es eine so große Vielzahl von Managementsystemen und Pseudosystemen, Managementliteratur und Seminar- bzw. Beratungsangeboten.

Originäre und authentische Diskussionen finden in den Unternehmen immer seltener statt. Vieles dient – mehr oder weniger kunstvoll angelegt – vorgefertigten Antworten. Den weißen Raum als Synonym für geistige Offenheit finden Sie in kaum einem Unternehmen. Bei der japanischen KAO Corporation gibt es sogenannte „design spaces", Räume, in denen Mitarbeiter sich losgelöst vom Alltagsgeschäft mit Fragen der Unternehmensphilosophie beschäftigen können (Arnold 1997, Seite 263). In Deutschland finden Sie in jüngster Zeit vielmehr den „war room" (Projekträume für Reengineering-Teams), und den immer häufiger, eine Erfindung übrigens einer Unternehmensberatung. Für Selbstreflexion ist da keine Zeit und kein Mut.

Allein dieses generelle Klima erzeugt an vielen Stellen von Unternehmen starken „Handlungsdruck" bis hin zur Anwendung von als plausibel anerkannten Methoden, und nicht selten sind schon heute offen erkennbare Fehlentwicklungen die logischen Folgen vermeintlichen „Handlungsdrucks".

Eine Studie der Wissenschaftlichen Hochschule Vallendar/Koblenz (1996) attestiert, die unkritische Anwendung von angepriesenen Managementkonzepten werde die Probleme der Unternehmen nicht lösen, sondern langfristig verschlimmern.

Auch und gerade Kommunikationsagenturen als verlängerte Werkbank von Unternehmensberatern profitieren ja zur Zeit von dieser Unsicherheit der Unternehmen. Die Angebote dieser Agenturen vermitteln uns die „maßgeschneiderte konzeptionelle und integrierte ganzheitliche Dialog-Lösungsstrategie". Dies vor dem Hintergrund, dass PR-Kommunikatoren oft Kompetenz für die Lösung von Aufgaben reklamieren, die sie eigentlich gar nicht lösen können (vgl. Armbrecht 1992).

In den USA meint man inzwischen unverhohlen „Reparaturkultur", wenn man von der Zusammenarbeit zwischen Unternehmen, Unternehmensberatungen und Kommunikationsagenturen spricht. Die Unternehmensberater machen sich dabei zunehmend die nicht selten anzutreffende betriebswirtschaftliche Inkompetenz der Kommunikationsverantwortlichen zunutze und bieten den Unternehmen nun selbst Kommunikationsbegleitungen an. Letztere kaufen sich damit die kommunikative Kompetenz auf zumindest preislich höherem Niveau ein. Nicht immer mit Erfolg. So mancher neu gegründete Zweig „Reputation Management" ist noch nicht einmal aus den Startlöchern herausgekommen.

Der Aufwand für den entsprechenden „Methodeneinkauf" demonstriert generell aber nur die Unfähigkeit des Managements zur eigenständigen Lösungssuche und Lösungsfindung.

Die fehlende strukturierte Auseinandersetzung und mangelnde intellektuelle Kompetenz in den Unternehmen erzeugen logischerweise massiv „me-too"-Bewegungen und damit einhergehend Scheinwelten der Verbesserung.

Jetzt zeigt sich, wo ein starkes Management in der Lage ist, eigenständig zu definieren, warum und wie das Unternehmen zu ändern ist. Das setzt meines Erachtens strukturiertes Wahrnehmen und damit Lernen unbedingt voraus.

Informationsflut und Informationsmanagement

Wir alle stehen vor dem „Dilemma", jeden Tag mehr aufnehmen zu sollen, als wir können. Und wir leiden darunter.

Siemens-Vorstand Peter Pribilla: „Wir befinden uns in einer Spirale, die sich zunehmend schneller dreht" (manager magazin 1/1996). Und der amerikanische Kommunikationswissenschaftler Eli Noam von der New Yorker Columbia-Universität meint: Das brennende Thema der Zukunft sei es eben nicht, noch schneller zu kommunizieren. Fast jeder könne Informationen erzeugen. Viel schwieriger sei es, sie zu verringern (manager magazin 1/1996).

Schlussfolgerung: Es werden nur die Unternehmen von dieser Entwicklung profitieren, die Fähigkeiten und Strukturen entwickeln, mit denen sie die relevanten Informationen, Veränderungen und Signale erkennen und für eigene Veränderungen nutzen können. Wo und wann machen die Verantwortlichen in den Unternehmen dies zum Gegenstand ihrer Überlegungen?

Die Dominanz der Massenmedien in den vergangenen 40 Jahren – die sogenannte Massenkommunikation – wird abgelöst durch eine massenhafte Individualkommunikation. Die meisten Unternehmen nehmen diese Entwicklung aber noch nicht erkennbar auf, hierzu fehlen ihnen meist die adäquaten Strukturen.

Das belegen auch viele Motivationsforscher wie zum Beispiel Reinhard Sprenger, die Anreizsysteme in Unternehmen untersucht haben und vor Erwartungshaltungen warnen (Sprenger 1991). Wir können zum Beispiel die Informationskanäle in den Unternehmen so weit wie möglich aufdrehen – und dann wundern wir uns, dass die Wirkung ausbleibt. Das wird uns gerade bei der sogenannten Kommunikation von Veränderungsprogrammen, bei vielen Reengineering-Prozessen in Unternehmen immer und immer wieder bewusst. Wir sind enttäuscht und gekränkt, wenn unser kommunikatives Engagement von den Mitarbeitern nicht angenommen, nicht selten sogar abgelehnt wird.

Ein Grund hierfür: Das Thema Eigenverantwortung ist zum Beispiel von den Kommunikations-Fachleuten bisher nicht konzeptionell angegangen worden. Wir haben dies bei STEAG durch die Erfahrung mit Informations- und Kommunikationsmodellen im Reengineering spannend erleben können. Wir haben zum Beispiel die Informationsschuld umgedreht. Wir haben den Mitarbeitern Informationsverhalten abverlangt, ihnen durch Schaffung von Projekträumen, Sprechstunden und eine offene Atmosphäre gleichzeitig aber auch den Raum und die Möglichkeiten hierfür gegeben. Das führte anfangs zu erschreckenden und absurden Situationen. Das hatte mit dem Call-Center oder anderen Dialog-Einrichtungen nicht mehr viel zu tun, weil zunächst keine Reaktion erfolgte, sondern Irritation. Es setzt aber auf Dauer Nachdenken über kommunikative Ressourcen und tradiertes Rollenverhalten im Unternehmen frei.

Kommunikationsmanagement – Authentizität und Vertrauen

Die zunehmende Differenzierung von Unternehmen (Dezentralisierung, Projekte und so weiter) in immer mehr Teilsysteme sorgt darüber hinaus dafür, dass der Kommunikationsbedarf praktisch im Quadrat anwächst und der Bedarf nach Überblick und Metakommunikation zunimmt.

Differenzierung erzeugt außerdem die Notwendigkeit von Reintegration. Das Kommunikationsmanagement ist gerade wegen der Selektionsproblematik und der Immunisierung angesichts der Informationsfluten der Erfolgsfaktor gerade auch bei Veränderungsprozessen. Es übernimmt nun praktisch – wie die zentrale Hirnfunktion beim Menschen – den Ausgleich zwischen Differenzierung und Integration, zwischen Hierarchie und lateraler Vernetzung (Geiselhart 1995). „Die Information über das Ganze ist in jeder Zelle gespeichert, und über den Zustand der Teile wird das Ganze informiert, so dass Entwicklungen im Sinne des Ganzen geschehen" (Oesterwind 1996, Seite 119).

Die „Gestaltbarkeit" von Realität nimmt durch die technische Revolution der Manipulierbarkeit von Daten inklusive Bildern Einfluss auch auf unternehmerische Prozesse. Wir alle wissen: Wir werden in Zukunft nicht mehr das glauben, was wir sehen, sondern das sehen, was wir glauben (Merten 1994). Die Manipulation von Wirklichkeitsübermittlung, ein altes Phänomen, wird durch die moderne Technik perfektioniert und gleichzeitig evident.

Wie gehen wir als Kommunikationsmanager in der Konsequenz damit um, verantwortlich und innovativ? Wie reflektieren wir diese Entwicklung in den Unternehmen, in den Kommunikationsabteilungen? Sicherlich nicht substanziell, sonst würden wir neue Entwürfe des Umgangs hiermit entwickeln. Überhaupt zeigt sich, dass die modernen Kommunikationstheorien kaum Eingang gefunden haben in die Unternehmenspraxis.

Jedoch die Mechanismen sind in der Anwendung: Die Botschaft des Unternehmens nach innen (aber auch nach außen) wird in der Konsequenz zunehmend fiktionalisiert, und die Kunst der Fiktionalisierung wird zur neuen Könnerschaft dieses Managements, insbesondere des Kommunikationsmanagements.

In einer Zeit der Elegibilität, in einer Zeit, in der Wählbarkeit und Optionen – privat wie öffentlich – immer wichtiger werden, in einer Zeit, in der Bindungen sozusagen abrufbar werden, in einer Zeit der Beliebigkeit gibt es den Gegenstrom der Suche nach Bindung über Symbole, Marken und Systeme. All das sind aber (nicht immer leicht durchschaubar) Surrogate für wirkliche Bindungen, das wissen wir als Kommunikationsfachleute. Allein die Glaubwürdigkeit im Sinne der Meinung, dass etwas wahr ist beziehungsweise wahr sein sollte, entscheidet über die Akzeptanz einer Botschaft. Hierin liegt eine große Versuchung für interne und externe Kommunikatoren.

Aber stellen wir selbstkritisch auch die Frage nach Authentizität, nach Wahrhaftigkeit, den eigentlichen Fundamenten für Vertrauenssicherung. Die negativen Varianten können Sie tagtäglich Kommunikationskampagnen, internen Veränderungsprogrammen und Pressemeldungen entnehmen. Luhmann schreibt: „Vertrauen ist die Strategie mit der größeren Reichweite" (Luhmann 1984, Seite 180). Der St. Gallener Organisations-Guru Bleicher nennt die vertrauenschaffenden Faktoren: Ehrlichkeit, Offenheit, Toleranz, Humor, Partnerschaft, Würde, Sicherheit (Bleicher 1995, Seite 213).

Das erschlägt ein wenig, zeigt aber doch, dass die genannten Autoren hier „en passant" Erfolgsfaktoren einer modernen Kommunikation definieren. Und Watzlawick legt noch einen drauf: Aufrichtigkeit und Vertrauen seien nicht verbal und digital kommunizierbar (Watzlawick/Weakland/Fisch 1974, Seite 112). Soweit an dieser Stelle zu den Themen Vertrauen und Authentizität, den beiden

Schlüsselthemen des modernen Kommunikationsmanagements, den beiden Schlüsselthemen bei der Veränderung eines Unternehmens, die aber im sogenannten Change-Management oft endgültig liquidiert worden sind.

Oder schlimmer noch: Das Kommunikationsmanagement alter Prägung inszeniert sich und das Unternehmen lediglich in neuen Ritualen: „Kommunikationsprofis" pflegen und erneuern nun – allerdings mit dem gestärkten Selbstbewusstsein des Benötigtwerdens – den Glauben an Machbarkeit und Management, sei es in Unternehmen oder Medien. Die wirkliche Kommunikation mit der Innenwelt des Unternehmens, den Mitarbeitern, tritt dabei – wieder einmal – in den Hintergrund. Die asymmetrische Kommunikation erlebt eine Renaissance und wird mit Dialog und Zwei-Wege-Theorien verbrämt, sozusagen relauncht. Der PR-Mann hat mal wieder einen neuen Zaubertrickkasten zur Hand. Er vergisst, dass in der Zwischenzeit die Kommunikation über Zaubertricks ebenfalls fortgeschritten ist. Solange aber PR-Profis neue Ansätze wie Dialog-Kommunikation als raffinierte Instrumente zur weiteren asymmetrischen „Überzeugungsarbeit" instrumentalisieren, werden sich PR oder Internal Relations langfristig nicht zum verantwortungsvollen und innovativen Kommunikationsmanagement emanzipieren können. Wolfgang Armbrecht beschreibt dies – beinah sarkastisch – so:

- „Innerbetriebliche PR will zur Entwicklung von Organisation beitragen und meint damit die Stabilität bestehender Verhältnisse.
- Innerbetriebliche PR will ‚humanisieren' und meint damit die Steigerung individueller Leistung.
- Innerbetriebliche PR will Dialoge führen und meint damit die einseitig kanalisierte Repräsentation und Verlautbarung.
- Innerbetriebliche PR will plurale Interessen vermitteln und meint damit den Organisationsstandpunkt.
- Innerbetriebliche PR will Funktion des Kommunikationsmanagements einer Organisation sein und meint damit das ‚Managen' von Instrumenten.

- Innerbetriebliche PR will Wirklichkeiten darlegen und meint damit eine heile und konfliktfreie Welt." (Armbrecht 1992, Seite 333)

Nur wenige Unternehmen begreifen die Kommunikation ja im eigentlichen Sinne als communicare (= miteinander erarbeiten) und nicht als Instrument überkommener Machbarkeitsstrategien (Lukas 1980, Seite 143). Dieses communicare fängt zu Hause an, dann nämlich, wenn ich die Auftragssituation kritisch reflektieren müsste, ein Feedback geben müsste, dann, wenn es um menschliches Verhalten geht, wenn es um Beziehungsmanagement geht – nichts anderes ist der Schlüssel zu effizienten Internal Relations.

Erst wenn es gelingt, Unternehmenskommunikation im Sinne eines vernetzten Denkens, die Zusammenhänge und Verknüpfungen, mit denen das Unternehmen auch in der Realität konfrontiert ist, in die strategische Konzeption einzuarbeiten, kann diese erfolgreich sein. Die Vernetzung zwischen Menschen, Strategie und Struktur bleibt das Problem. Die entscheidende Frage ist dabei, wieviel Toleranz in einer Organisation aufgebracht wird oder aufgebracht werden kann für die unterschiedlichen Muster, die Umwelt wahrzunehmen oder die Wirklichkeit zu konstruieren (Berger/Luckmann 1980). Deshalb gehören zu dieser Vorgehensweise immer auch ein Stückchen Mut und Risikobereitschaft.

Ein kurzer Erfahrungsbericht aus der STEAG

Reengineering und Internal Relations am Beispiel TQM

Der als „Hardliner" bekannte Hoechst-Chef Jürgen Dormann drückt es so aus: „Was ich nicht kommunizieren kann, kann ich nicht realisieren". Eine Aussage, der sehr viel Sprengkraft innewohnt.

Als ich vor einigen Jahren zur STEAG kam, traf ich auf einen Vorstand, der vor sich eine große Herausforderung sah, nämlich die fast totale Veränderung der Ausrichtung eines Konzerns nach innen und nach außen. Für mich war das ein Glücksfall, da ich zum einen tätig wurde für so interessante Bereiche wie Führungskräfteentwicklung, Total Quality Management, Interne Kommunikation und PR, andererseits die Idee der Learning Organization erste Ansätze im Unternehmen STEAG gefunden hatte. Eine integrierte Unternehmenskommunikation wurde somit möglich und erforderlich, um die Komplexität der anstehenden Herausforderungen organisatorisch anzugehen. Eine theoretische und geistige Grundlagenarbeit wurde möglich und erforderlich, um einen langen Atem bei der Ausrichtung der Kommunikation zu bekommen. Eine Ausrichtung, die in der Lage sein musste, einen zeitlich begrenzten Reengineering-Prozess intern genauso gut zu führen wie eine Repositionierung des Konzerns im Meinungsbild der internationalen Öffentlichkeit.

Was war die Ausgangslage? Die Sicherung der Wettbewerbsfähigkeit der STEAG in einem fundamental veränderten Marktumfeld, es ging um das Überleben der STEAG in einem liberalisierten Markt. Nach 60 Jahren, in denen es der STEAG als Steinkohleverstromer recht gut gegangen war, musste sich das Unternehmen radikal verändern, um seine Position zu halten. Das wurde möglich auch durch den Eintritt in ein neues Geschäftsfeld, die Prozesstechnik im Reinraum. Auf diese erfolgreiche Story soll aber hier nicht eingegangen werden. In erster Linie ging es darum, im Energiegeschäft Kostenführer zu bleiben und die Internationalisierung vorzubereiten. Dazu bedurfte es massiver Kosteneinsparungen und völlig neuer Verhaltensweisen. Ein radikaler Kulturwandel war erforderlich. Somit eine klassische Plattform für Reengineering und mehr.

Die Hürden der Kulturveränderung waren mehr als hoch. Wir hatten schnell analysiert, worum es ging. Die Erfolgsfaktoren der Vergangenheit waren nicht mehr die Erfolgsfaktoren für die Zukunft. Produktqualität war jetzt nur noch eine Bedingung, ebenso wie Sicherheit oder Verfügbarkeit. Die Anforderungen stellte jetzt ausschließlich der Kunde – an Preis, an Flexibilität, an unsere Dienstleistung.

Es ging darum, die Erfolgsfaktoren für die Zukunft im Unternehmen zu verankern, und das war unsere Absicht, dauerhaft. Gleichzeitig wollten wir innerhalb eines begrenzten Zeitraums von rund drei Jahren unsere Kosten in einer Größenordnung von über 30 Prozent abbauen. Wie sollten wir es schaffen, einen kurzfristigen Kostenabbau zu realisieren und gleichzeitig einen dauerhaften Veränderungsprozess zu installieren?

Wir haben zunächst die Erfolgsfaktoren der Zukunft definiert: Neue Spielregeln im Unternehmen, Lernen als Prozess im Unternehmen, Selbstverantwortung übernehmen, Führen mit Zielen, um nur einige an dieser Stelle zu nennen.

Mit dieser Zielrichtung wurde auch die Zusammenarbeit mit der Unternehmensberatung Boston Consulting Group realisiert. Wir versuchten, uns von Beginn an die Reengineering-Methodik von BCG anzueignen und sie in unsere Zielsetzung, in unser Denken zu integrieren. Wir waren die aktiven Gestalter dieses Prozesses. Die Kooperation mit der Unternehmensberatung wurde zu einer Art Modell, zu einem erfolgreichen Modell, wie wir heute sagen können. Die Symbiose aus eigener Erfahrung, eigener Vision und externem Feedback und Wissen gelang. Die Neugestaltung der Internal Relations erhielt eine Schlüsselfunktion in diesem Kontext.

Kommunikation wird ja allzu oft mit Information gleichgesetzt. Neben der Wissensvermittlung waren jedoch Führung und Motivation zwei weitere wichtige Elemente mit starker kommunikativer Wirkung auf die Organisation (vgl. Oetinger 1993). Viele Instrumente mussten neu geschaffen werden. Ein Management-Forum erleichterte uns den Blick über den Tellerrand, hin zu Veränderungsprozessen ganz anderer Art. Führungskräfteworkshops wurden thematisch in den Dienst des Veränderungsprozesses gestellt. Mitarbeiterversammlungen wurden als Events gestaltet und mit neuen Kommunikationsmöglichkeiten versehen. Eine eigene Mitarbeiterzeitung für den Veränderungsprozess wurde geschaffen. Der entscheidende Schritt zu einer integrierten Internen Kommunikation gelang schließlich aber erst durch zwei wesentliche Grundlagen: Die Kombination weicher und harter Faktoren bei den Internal Relations sowie die theoretische Grundlagenerarbeitung der neuen STEAG.

Eine bereichsübergreifende Organisation des Themas Internal Relations war als eine wesentliche Voraussetzung, genauso wichtig wie die direkte Anbindung an die Konzernleitung. Die Verknüpfung von Instrumenten der Innenkommunikation berücksichtigte dabei insbesondere die Strategien, in denen die Ressource „Mitarbeiterin und Mitarbeiter“ zum eigentlichen Erfolgsfaktor für Innovation und Produktivität wurde. STEAG versuchte daher, in einem permanenten Prozess die jeweils neuesten Erkenntnisse in die Entwicklung der Internen Kommunikation einfließen zu lassen. Ziel war dabei die praktische Umsetzung bestmöglicher Internal Relations. Ein Beispiel hierfür war die interne Umsetzung des Total-Quality-Management-Prozesses (TQM). Daran beteiligt waren drei Gruppen:

1. Alle Mitarbeiterinnen und Mitarbeiter,

2. die im TQM-Prozess direkt beteiligten Beschäftigten und

3. das TQM-Projektteam.

Die erste Gruppe, also alle STEAG-Beschäftigten, erhielt regelmäßig die Info-Broschüre „TQM-Direkt“ und konnte TQM betreffende Beiträge in der neu positionierten Kunden-Zeitschrift „STEAG-REPORT“ sowie in der neuen Mitarbeiter-Info „STEAG-INTERN“ nachlesen. Außerdem war TQM ständiger Tagesordnungspunkt auf den zahlreichen, an allen Standorten stattfindenden Betriebsversammlungen.

Zusätzlich galt für die zweite Gruppe, also die direkt an der Umsetzung des TQM-Prozesses beteiligten Mitarbeiterinnen und Mitarbeiter: Regelmäßige Teilnahme an Info-Foren zur nächsten Stufe der Umsetzung des TQM-Prozesses, ständige mündliche wie schriftliche Zwischeninformationen über den jeweiligen Projektstand, Informationen durch Aushänge und Interviews sowie ständige Gesprächsbereitschaft der Teamleiter und der zuständigen Betriebsräte als Ansprechpartner bei Fragen zu TQM.

Das jeweilige Projektteam schließlich stellte die „Spielregeln“ für die Teamarbeit auf, unterstützte die einzelnen Teams bei Bedarf, veranstaltete Reflexionsrunden über die Teamarbeit, verschaffte den Teams Akzeptanz (unter anderem durch Darstellung der Teamleistungen) und pflegte die ständige Kommunikation und den Gedankenaustausch mit dem Vorstand in Lenkungsausschüssen.

So wurde die Umsetzung von TQM bei STEAG zu einem Teil der integrierten Internen Kommunikation, die sich als geschlossener Kreis darstellte. Wesentliche Eckpfeiler und Ziele dieses Kreises

e) **Kommunikationsfahrplan**

Dialogkommunikation ist ein wesentliches Erfolgskriterium der "TQM2-Kommunikation". Die nachfolgende Übersicht zum "Kommunikationsfahrplan TQM2" kann daher nur ein organisatorisches Hilfsmittel sein. Kommunikationsmaßnahmen sollten situativ und prozeßorientiert ausgerichtet sein. Veränderte Situationen werden neuen Kommunikationsbedarf erzeugen. Flexibilität und Schnelligkeit werden entscheidende Kriterien, um die Interaktion aller an TQM2 Beteiligten zu ermöglichen. Eine intensive Interaktion ist die Grundvoraussetzung für eine erfolgreiche Kommunikation von TQM2.

KOMMUNIKATIONSFAHRPLAN TQM 2

Lenkungsausschuß:	23. Februar 1995, 9.00 Uhr (Thema u. a.: Ergebnisse Interviews) 08. März 1995, 9.15 Uhr (Thema u. a.: Personalentwicklung) 28. März 1995, 16.30 Uhr (Thema u. a.: Vorbereitung Führungskräfte-Workshop erste Ergebnisse der Teams) und weitere Termine
Projektkoordination (TQM2-Team)	ständig erreichbar-jour fixe Freitage Uhr (UE und BCG zusammen)
Gesamtbetriebsrat:	direkt über Herrn Göddenhoff im Lenkungsausschuß sowie: 1. Donnerstag im Monat Betriebsausschußsitzung des GBR (über Herrn Dr. Rumpff)
Führungskräfte:	6. April 1995, ganztägig, Workshop mit allen Vorständen und dem GBR-Vorsitzenden zu den "erfolgskritischen Themen von TQM2"; Zwischenbilanz; und weiteren Termine
Führungkräfte/alle Mitarbeiter	06. Februar 1995: Außerordentliche Betriebsversammlung 28. Februar 1995: Bekanntgabe der Interviewergebnisse, 16.30 Uhr in der Kantine
	TQM2-Mitteilungen 20. Februar 1995 Ausgabe 1: Vortrag Dr. Melchior: "STEAG muß wettbewerbsfähiger werden" 15. März 1995 Ausgabe 2: "Themen-Begriffe-Kernprozesse" und weitere Ausgaben
	TQM2-Schaukasten und Monitor (aktuelle Hinweise zu Terminen und Infoveranstaltungen) TQM2-Tischkarte
	07. März 1995, 16.00 Uhr im Casino: Management-Forum "Der TQM-Prozeß bei Hewlett-Packard"

80014-00/IM/wj/14Feb95/Dus/1

Abbildung 6: Kommunikationsfahrplan

Jedes Kernprozeßteam kann grundsätzlich alle Kommunikationsinstrumente für seine Arbeit und Anliegen nutzen. Das TQM2-Team (Projektkoordination) steht als Mittler und Ansprechpartner hierfür zur Verfügung. Falls konkreter Bedarf entsteht, werden vom TQM2-Team entsprechende Angebote bereitgestellt (Informationsveranstaltungen o. ä.). Vorgeschlagen wird, daß sich jedes Kernprozeßteam aktiv seinem Umfeld, der Belegschaft, öffnet und z. B. eine Sprechstunde für Fragen und Hinweise aus der Belegschaft einrichtet. Anfragen aus dem Umfeld zu den Kernprozessen, d. h. der Arbeit der Teams, werden ebenfalls vom TQM2-Team bearbeitet.

Abbildung 1: „Kommunikationsfahrplan TQM 2"
(Auszug aus einer Projektmappe)

waren neben TQM die elektronischen Medien, verschiedene Veranstaltungen, das Unternehmensleitbild, Projektinformationen, Erfolgskontrolle und die Weiterentwicklung der Unternehmenskultur.

Ein individuell auf STEAG zugeschnittener Kommunikationsfahrplan und dessen frühzeitige Integration in das Tagesgeschäft aller Beschäftigten war ein Ansatz, um Veränderungsprozesse schneller, erfolgreicher und nachhaltiger als bisher zu realisieren.

Insgesamt wurden zwei Ziele erreicht: Erstens die Realisierung von massiven Kostenminderungen in kurzer Zeit durch Prozessverbesserungen und zweitens die Dynamisierung eines kontinuierlichen Verbesserungsprozesses.

Ausblick: Kommunikationsmanagement im Zentrum der Unternehmensgestaltung

Insbesondere die praktischen Erfahrungen haben gezeigt: Das Management neuer Prägung bestimmt in Zukunft das Zentrum unternehmerischer Überlegungen aus eigenem Wissen, dem Wissen der Organisation und ihrer Umgebung, denn alle strategischen Vorgehensweisen, auch in der Kommunikation, sollten immer das Bewusstsein der Bedingtheit voraussetzen.

Es ist das Bewusstsein des Vermutungswissens. Es ist die Atmosphäre, in der Fehler und Kritik zugelassen sind und gleichzeitig das Bestreben, darauf bedacht zu sein, die Vernetzung aller in dem jeweiligen Kontext möglichen Instrumente herbeizuführen.

Viele Instrumente des Kommunikationsmanagements sind ja durchaus erfolgversprechende Möglichkeiten, wenn sie zumindest etwas miteinander zu tun haben, wenn sie inhaltlich wie organisatorisch miteinander verknüpft sind, wenn sie hard economics mit soft economics verbinden, wenn sie schließlich reflektiert werden.

Dazu bedarf es geistiger Anstrengungen, dazu bedarf es der Menschen, die bereit sind, ihr Selbstverständnis immer wieder zu überprüfen, und letztendlich auch der Faktoren Zeit und Distanz.

Gerade die durch die Geschwindigkeit ermöglichte Komplexität verhindert ja, dass die Menschen ihre Arbeit effizienter verrichten können, und Schnelligkeit und Zeitmanagement bedürfen gerade vor diesem Hintergrund einer Überprüfung.

„Aus den bisherigen Ausführungen geht hervor, dass der Faktor Zeit bei Vertrauen eine wichtige Rolle spielt", so Arnold in seiner St. Gallener Dissertation von 1997, und weiter: „Zum anderen aber spart Vertrauen Zeit, wie das Bleicher mehrfach hervorhebt" (Arnold 1997, Seite 263).

Ein „Lernendes Unternehmen" wird jederzeit die Distanz und auch den zeitlichen Raum finden, um die Relativität seines Ansatzes zu reflektieren und zu kommunizieren und damit glaubwürdig, authentisch sein zu können. Damit kann es auch anderen Unternehmen in Fragen der Unternehmenskultur voraussein.

„Gerade unter Effektivitäts- und Effizienzgesichtspunkten bietet es sich an, neue Kommunikationsplattformen zu schaffen und damit auch neue Spielregeln durchzusetzen" (Zerfaß 1996, Seite 326). Reengineering hat in der Vergangenheit wenig Wert auf diese Faktoren gelegt, viele Beispiele gehörten längst ins Museum überkommener Managementmodelle. Effektivität und Effizienz werden heute anders geschrieben. In Abwandlung eines Zitats von James Grunig: „Internal Relations is to save money!"

Internal Relations und Reengineering brauchen Nähe zu ihren Bezugsgruppen. Nähe zu organisieren ist eine ihrer vordringlichsten und vornehmsten Aufgaben. Diese Form der Beziehungsgestaltung wäre eine neue Aufgabe von Internal Relations in einem „Lernenden Unternehmen", irgendwo zwischen Kooperation und Konkurrenz, Heterogenität und Homogenität, Sicherheit und Unsicherheit (Nachreiner 1992). Der „organisierte Perspektivenwechsel" (Berthoin Antal 1992, Seite 96) gehört ganz zentral zu dieser neuen Aufgabenstellung.

Dies ist ein Punkt, auf den ich an dieser Stelle nicht weiter eingehen kann. Aber dass Unternehmenskultur zunehmend auch zum externen Wettbewerbsfaktor wird, wissen wir inzwischen längst, jedoch zeigt die Praxis der geschriebenen Unternehmensleitbilder (der sogenannten „gelebten" Unternehmensleitbilder) ein jämmerlich gleichartiges Bild, nämlich weitestgehend ein Bild von Aufwendigkeit und Wirkungslosigkeit gleichermaßen.

Markus Kaiser schreibt hierzu: „Es besteht nicht der geringste Grund zur Annahme, dass von CI-Konzepten eine systematische Förderung der sozialen Kohäsion, Leistungsmotivierung der Mitarbeiter oder gar der Revitalisierung einer Unternehmung ausgeht. Erforderlich ist vielmehr eine Art soziokultureller Turnaround im Innern des Unternehmens, als dessen logische Konsequenz eine nicht manipulative, Reversibilität gewährleistende Öffentlichkeitsarbeit betrachtet werden kann" (Kaiser 1996, Seite 123). Und an anderer Stelle: „Der identitätsbildende Prozess der Selbstverständigung ist prinzipiell ergebnisoffen und verträgt daher keinerlei apriorische Funktionalisierung" (Kaiser 1996, Seite 127).

Wir sehen: An dieser Stelle kommen wir auch mit den Ansätzen sogenannter „Mixed-Motive-Modelle" nicht unbedingt weiter, die – vereinfacht gesagt – eine Kombination aus asymmetrischer und symmetrischer Kommunikation empfehlen. Die Offenheit der von mir angesprochenen Lösung ist meines Erachtens daher nicht im Sinne der internen Dialogkommunikation und verständnisorientierten Internal Relations zu verstehen, denn beide Ansätze verstehen sich in der Praxis oft als „Dealer" eigener vorgedachter Lösungsangebote (und zelebrieren ihre Lösungen), sondern als Chance für die potenziell bessere Lösung. Kommunikationsfachleute dürfen nicht weiterhin Kommunikation verhindern.

Ich möchte einige methodische Möglichkeiten zusammenfassen, die Internal Relations stärker angehen sollte.

Metakommunikation

Die eigene Kommunikationstätigkeit und deren Befindlichkeit zum Thema der Selbstreflexion machen. „Relevante Issues müssen identifiziert, inhaltlich ausgewertet, hinsichtlich ihrer Zusammenhänge untersucht und im Hinblick auf ihre zukünftige Entwicklung beurteilt werden" (Zerfaß 1996, Seite 334). Als kommunizierendes

Unternehmen muss ich meine relativen Stärken und Schwächen kennen. Erst dann ist auch ein Benchmarking mit der Kommunikationspraxis anderer Unternehmen möglich. So schwierig auch dieses Verfahren des Benchmarking für sich gesehen ist, erst dann ist es sinnvoll.

Lernschleifen

Das Erfahrene konsequent in die weitere Arbeit umsetzen (Erfahrungsberichte), eigene Sanktionierungsmuster (Verknüpfung von weichen und harten Instrumenten) entwerfen, die veränderte Arbeitsweise in erneuten Lernschleifen optimieren. Kontinuität und Konsequenz sind hier wesentliche Erfolgsattribute.

Laterale Vernetzungen

Wissen wird gemeinsam erschlossen, systematisch ausgetauscht und ständig weiterentwickelt; auch das höchstentwickelte Lernsystem Gehirn verfügt nicht über eine zentrale letzte Entscheidungsinstanz. Gerade Veränderungsprozesse müssen sich dieser Möglichkeiten der lateralen Organisation von Kommunikation bewusst werden.

Feedback

Zwischen den Bezugsgruppen, Mitarbeitern und Vorständen, Projektleitern, Betriebsräten finden organisierte kritische Gespräche statt. Reflexionen, die weh tun können.

Coaching

Die Fähigkeit zur Weiterentwicklung wird von Dritten, von Partnern gefördert. Der eigene Blickwinkel wird bewusst gemacht. Die Zielrichtung geschärft. Eigenmotivation bewusst gemacht.

Die wirklich verändernden Kräfte liegen in der Vielfalt des eigenen Unternehmens, das heißt allem (und nicht nur politischen Bewegungen gegenüber), was mit Absolutheitsanspruch auftritt, auch in Form neuer Organisationskonzepte, Reengineering-Kostensparprogrammen, Kunden-Lieferanten-Ideologien, keinen „Glauben“ zu schenken.

Kennzeichen des modernen Managements sollte „Pluralismus der Aufgaben, der Lösungsansätze und Leistungsträger“ (Professor Magyar, Colmar) sein.

Was sind nun zusammengefasst die generellen Anforderungen an ein Kommunikationsmanagement, an Internal Relations in einem „Lernenden Unternehmen“, sozusagen die Leitlinien? Es sind wohl in erster Linie die erwähnten intellektuellen Fähigkeiten:

- Ständige Reflexion und Erkennen der Relativität des eigenen Denkens und Wahrnehmens,
- systematische Integration der Außenweltphänomene in die Innenwelt des Unternehmens und umgekehrt,
- aktive Gestaltung durch offene Kommunikationsprozesse und nicht durch lineare „Ursache-Wirkung“-Strategien.

Wenn diese Fähigkeiten wirklich einige der erfolgskritischen Anforderungen an ein künftiges Management darstellen, kommen wir, glaube ich, recht schnell zu dem Ergebnis, dass die Konditionierung der heutigen Manager hierfür oft nicht ausreicht.

Diese Managementgeneration ist erzogen, ausgebildet und beruflich eingesetzt worden mit einer weitestgehend mechanistischen Sichtweise und einem Machbarkeits-Weltbild. Das gilt auch für die Kommunikationsmanager mit ihrem neuen Selbstbewusstsein. Ein Dilemma dieses Standes: Die Sucht nach schnellen Lösungen.

Erst über eine Veränderung in Ausbildung und Berufsbildern wird es langfristig zu einer entsprechenden Anpassung kommen können. Das ist für viele Unternehmen zu spät.

Der Ansatz des „Lernenden Unternehmens“ ist eine reale Chance, Internal Relations voranzubringen. Wichtig ist bei diesem Vorgehen die Fokussierung auf die Rolle und Bedeutung des Menschen, des Individuums.

Ein Lernunternehmen als solches lernt nicht, es ist keine übergeordnete Instanz, nicht das Ganze, das vor dem Teil kommt. Es kommt durch Kommunikation seiner Mitglieder zustande und besteht aus ihrem Wissen und Lernen, das zu gemeinsamen Denkmustern zusammenfließt und Entscheiden prägt. Durch sie kommt es zustande, oder es kommt nicht zustande (Geiselhart 1995).

Reines Zahlenmanagement hat ausgedient. Jack Welch unterstreicht dies: „Kollegen, Vorgesetzte und Mitarbeiter bewerten unsere Manager nach den Kriterien des grenzenlosen Managements. Wer hierbei schlechte Noten bekommt, der darf sich ziemlich

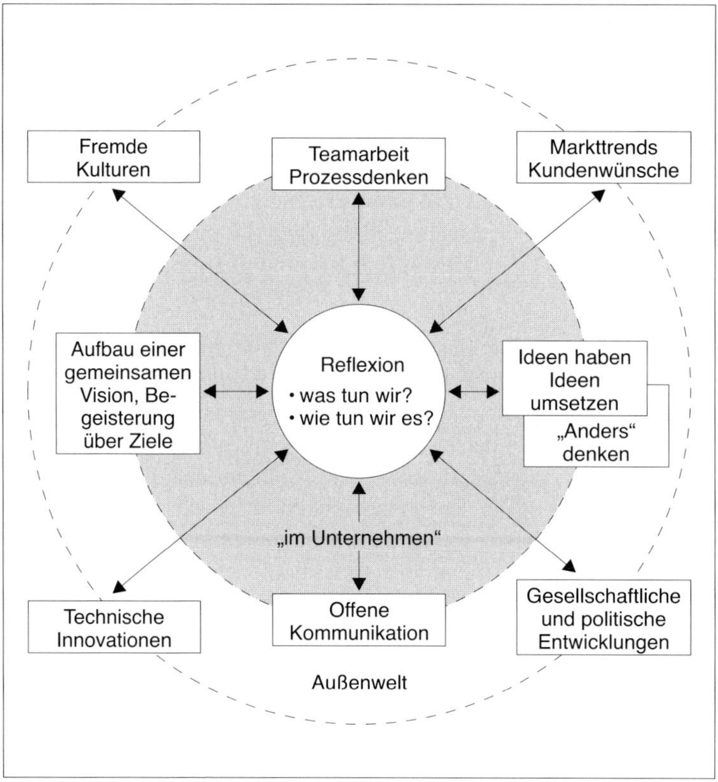

Abbildung 2: Lernquellen der Internal Relations

schnell nach einem neuen Arbeitgeber umsehen, und zwar unabhängig davon, ob seine Zahlen stimmen". Der Chef von GE sagt an anderer Stelle im Interview mit dem „manager magazin": „Kulturwandel ist ein sehr, sehr langer Weg. Wir haben aber gelernt, dass wir viel mehr erreichen, wenn wir über Werte statt über Quartalsergebnisse steuern" (manager magazin 8/1996).

„Reengineering ist ein Fass ohne Boden", war auf dem 1. Mannheimer Unternehmerforum 1995 zu hören.

Führen die Entwicklungen der letzten 20 Jahre vielleicht über Lean Management gar zu lean competence und lean brain (vgl. Lukas, Seite 216)? Eine Frage, die sich auch meine PR-Kollegen – gefragt oder ungefragt – in den Unternehmen stellen müssten.

Die Fehlentwicklungen und Zusammenbrüche von Unternehmen werden meines Erachtens irgendwann auf fehlende Lern- und Kommunikationsfähigkeit dieser Unternehmen zurückzuführen sein. Unternehmen mit Zukunft verwenden schon heute, inhaltsanalytisch betrachtet, zunehmend die Begriffe Intellekt und Emotion, Relativität, Persönlichkeit und Kommunikation in ihrem Vokabular.

Ich persönlich glaube, dass das Bild von Unternehmen und Management radikal verändert werden muss. Reengineering wird vor diesem Hintergrund ein Begriff des ausgehenden 20. Jahrhunderts bleiben. Ich darf an dieser Stelle den Philosophen Peter Sloterdijk zitieren: „Die Wirtschaft muss die Agenten der Kurzfristigkeit bekämpfen [...] in der Epochenperspektive würde das Investieren sich radikal verändern, es würde viel intelligenter, viel großzügiger als in der gegenwärtigen, fast unverhohlenen Endzeitwirtschaft. Darum brauchen wir ein Kartell der Nachhaltigkeit und mehr noch ein paar exemplarische Durchbrüche von Unternehmen des anderen, langfristigkeitsfähigen Typs" (manager magazin 6/1995).

Dieses Unternehmen des anderen Typs ist ein intelligentes, lernendes, das heißt kommunizierendes Unternehmen. Der amerikanische Soziologe Etzioni schreibt: „Erkennt man einmal die beschränkten Fähigkeiten des Menschen zu wissen an, verändert sich die Sichtweise der Welt entscheidend, besonders die des Entscheidungsprozesses. Daher müssen wir vorsichtig umgehen, jederzeit bereit, den Kurs zu ändern, jederzeit gewillt zu experimentieren" (Etzioni 1994, Seite 435).

Menschen arbeiten einfach besser zusammen, wenn sie sich ihrer Stärken gewiss und ihrer Schwächen bewusst sind. Ich weiß nicht, ob die Kommunikations-Branche dies zur Richtlinie ihres Handelns gemacht hat. Ich wünsche es ihr zumindest für die Zukunft.

„Die wohl wichtigste Erkenntnis liegt in der Feststellung, dass die dringend benötigten ‚organs of perception', die das Unternehmen braucht, um die Strömungen in der Gesellschaft zu verstehen und mitzugestalten, weniger in neuen Strukturen und Kommissionen zu finden sind als in den eigenen Mitarbeiterinnen und Mitarbeitern. Denn die vielen Menschen, die durch die Türen der Unternehmen tagtäglich ein- und ausströmen, sind keine eindimensionalen ‚Funktionsträger'. Sie haben Augen, Ohren und viele Kompetenzen, wenn ein Unternehmen in der Lage ist, Raum und Möglichkeiten zu schaffen, um ihnen zuzuhören." (Berthoin Antal 1992, Seite 100)

Der Manager eines modernen Unternehmens ist von dieser Art, und das Verständnis eines modernen Kommunikationsmanagements ist von dieser Art.

Literatur

Armbrecht, Wolfgang: Innerbetriebliche Public Relations, Opladen 1992.

Arnold, Alexander: Kommunikation und unternehmerischer Wandel, Wiesbaden 1997.

Bentele, Günter/Steinmann, Horst/Zerfaß, Ansgar: Dialogorientierte Unternehmenskommunikation: Grundlagen, Praxiserfahrung, Perspektiven, Berlin 1996.

Berger, Peter L./Luckmann, Thomas: Die gesellschaftliche Konstruktion der Wirklichkeit: eine Theorie der Wissenssoziologie, Frankfurt 1980.

Berthoin Antal, Ariane: Lerntransfer: Vom Individuum zur Organisation. Wie kann Organisationslernen gefördert werden?, in: Krebsbach-Gnath 1992, Seiten 85-102.

Bleicher, Knut: Normatives Management – Politik, Verfassung und Philosophie des Unternehmens, Frankfurt 1994.

Derieth, Anke: Unternehmenskommunikation: eine theoretische und empirische Analyse zur Kommunikationsqualität von Wirtschaftsorganisationen, Opladen 1995.

Etzioni, Amitai: Jenseits des Egoismus-Prinzips: ein neues Bild von Wirtschaft, Politik und Gesellschaft, Stuttgart 1994.

Geiselhart, Helmut: Wie Unternehmen sich selbst erneuern, Wiesbaden 1995.

Grunig, James E./Grunig, Larissa A./Dozier, David M.: Das situative Modell exzellenter Public Relations. Schlußfolgerungen aus einer internationalen Studie, in: Bentele u.a. 1996, Seiten 199-228.

Hahne, Anton: Kommunikation in der Organisation, Opladen 1998.

Hammer, Michael/Champy, James: Business Reengineering: die Radikalkur für das Unternehmen, Frankfurt 1995.

Kaiser, Markus: Kulturelle Kommunikationspraxen als Leitbild einer wirtschaftsethisch reflektierten Unternehmenskommunikation, in: Bentele u.a. 1996, Seiten 109-145.

Krebsbach-Gnath, Camilla (Hrsg.): Den Wandel in Unternehmen steuern: Faktoren für ein erfolgreiches Change-Management, Frankfurt 1992.

Krebsbach-Gnath, Camilla: Organisationslernen, Wiesbaden 1996.

Kückelhaus, Andrea: Public Relations: Die Konstruktion von Wirklichkeit, Opladen 1998.

Luhmann, Niklas: Soziale Systeme – Grundriß einer allgemeinen Theorie, Frankfurt 1984.

Lukas, Andreas: Abschied von der Reparaturkultur: Selbsterneuerung durch ein neues Miteinander, Frankfurt/Wiesbaden 1995.

manager magazin 6/1995, 1/1996, 8/1996.

Merten, Klaus u.a. (Hrsg.): Die Wirklichkeit der Medien: eine Einführung in die Kommunikationswissenschaft, Opladen 1994.

Mohr, Niko: Kommunikation und organisatorischer Wandel, Wiesbaden 1997.

Nachreiner, Brigitte: Balance braucht Weile. Faktoren der Führung in der lernfähigen Organisation, in: Krebsbach-Gnath 1992, Seiten 57-83.

Oetinger, Bolko von (Hrsg.): Das Boston-Consulting-Group-Strategie-Buch: die wichtigsten Managementkonzepte für den Praktiker, Düsseldorf 1993.

Oesterwind, Dieter/Pfaffenberger, Wolfgang/Hasse, Dirk: Energieversorgung für eine offene Gesellschaft, Essen 1996.

Popper, Karl: Auf der Suche nach der besseren Welt, München 1984.

Pribilla, Peter/Reichwald, Ralf/Goecke, Robert: Telekommunikation im Management, Stuttgart 1996.

Sattelberger, Thomas (Hrsg.): Die lernende Organisation: Konzepte für eine neue Qualität der Unternehmensentwicklung, Wiesbaden 1991.

Sprenger, Reinhard K., Mythos Motivation: Wege aus einer Sackgasse, Frankfurt 1992.

Watzlawick, Paul/Weakland, John H./Fisch, Richard: Lösungen: zur Theorie und Praxis menschlichen Wandels, Bern u.a.O. 1974.

Zerfaß, Ansgar: Unternehmensführung und Öffentlichkeitsarbeit: Grundlegung einer Theorie der Unternehmenskommunikation und Public Relations, Opladen 1996.

Dezentral und digital – Interne Kommunikation und die Internationalisierung der Hoechst AG

von Dr. Friedmar Nusch und Carsten Tilger, Hoechst AG

Hoechst – ein Unternehmen im Wandel

International – mit diesem Attribut schmücken sich viele Unternehmen gerne; schließlich vermittelt es offenes Denken, Flexibilität und globale Wettbewerbsfähigkeit. Doch wann ist ein Unternehmen wirklich „international"? Die betriebswirtschaftliche Literatur bietet dazu eine Fülle von Definitionen, hier soll ein pragmatischer Ansatz genügen:

- Wenn die Mehrzahl der Geschäfte im Ausland gemacht werden,
- wenn die meisten Beschäftigten im Ausland tätig sind,
- wenn das Management international besetzt ist
- und die Eigentümer international gestreut sind.

All dies trifft auf Hoechst im Grunde bereits seit vielen Jahre zu: Doch in den 90er Jahren hat dieser Prozess eine völlig neue Dynamik entfaltet. Der außerhalb von Deutschland erwirtschaftete Umsatzanteil stieg zwischen 1992 und 1997 von 75 auf 80 Prozent; in absoluten Zahlen ist das ein Zuwachs von rund acht Milliarden DM. Der Anteil der im Ausland beschäftigten Mitarbeiter erhöhte sich in der gleichen Zeit von 53 auf 68 Prozent. Die Forscher der Hoechst-Gruppe entwickeln weltweit neue Produkte; sie werden dabei unterstützt von modernen Kommunikationstechnologien, die eine enge Kooperation zwischen den Teams an verschiedenen internationalen Standorten ermöglichen. Auch die Investitionen in die Forschung und in neue Produktionsanlagen sind in der Hoechst-Gruppe international verteilt.

Diese Entwicklung ist auch eine Folge der internationalen Unternehmenskäufe, die Hoechst im Zuge seiner Ausrichtung auf die zukunftsträchtigen Arbeitsgebiete Gesundheit und Ernährung – die sogenannten Life Sciences – vorangetrieben hat: So hat Hoechst zum Beispiel 1995 den amerikanischen Pharmahersteller Marion Merell Dow erworben, 1996 kam das belgisch-niederländische Biotechnologieunternehmen Plant Genetic Systems hinzu, und 1997 kaufte Hoechst die ausstehenden Anteile an dem französischen Pharmaunternehmen Roussel Uclaf.

Begleitet und befördert wurde dieser Prozess durch eine grundlegende Neuordnung des Unternehmens: Das integrierte Chemie- und Pharmaunternehmen wurde seit 1994 schrittweise zu einer Gruppe von selbständigen Konzerngesellschaften umgebaut, die ihre weltweiten Geschäfte in den Arbeitsgebieten Gesundheit, Ernährung und Industrie eigenverantwortlich führen. Die Hoechst AG ist seit Juli 1997 rechtlich und organisatorisch eine Holdinggesellschaft mit rund 250 Mitarbeiterinnen und Mitarbeitern; sie steuert und gestaltet die strategische Weiterentwicklung des Konzerns in Richtung Life Sciences. Das Pharmaunternehmen Hoechst Marion Roussel, Hoechst Schering AgrEvo, ein Gemeinschaftsunternehmen für Pflanzenschutz und Pflanzenproduktion, sowie Hoechst Roussel Vet, das Unternehmen für Tiergesundheit, repräsentieren die zukünftigen Kerngeschäfte von Hoechst; die industriellen Aktivitäten werden dagegen schrittweise an geeignete Partner abgegeben oder an die Börse gebracht.

Das Management in den einzelnen Konzerngesellschaften ist international besetzt. Auch deren einzelne Landesgesellschaften werden – im Gegensatz zu der früher üblichen Praxis, Führungspositionen mit „Expatriates“ aus der Zentrale in Frankfurt zu besetzen – heute in der Regel von Führungskräften aus dem jeweiligen Land geleitet.

Die Hoechst-Aktie wird an insgesamt 17 Börsenplätzen gehandelt – darunter Paris, London, Tokio und auch New York, wo bislang nur eine Handvoll deutscher Unternehmen gelistet ist. Durch den Gang an die New Yorker Börser (NYSE) im September 1997 hat sich Hoechst auch neue Anlegerkreise in den USA erschlossen: Der Anteil der amerikanischen Aktionäre stieg allein in den ersten neun Monaten nach dem Listing von sechs Prozent auf mehr als zehn Prozent.

Internationalisierung braucht Kommunikation

Mitarbeiter, Umsatz, Management und Eigentümer – in allen vier Dimensionen hat sich Hoechst in den vergangenen Jahren immer stärker internationalisiert. Das ist ein Prozess, der vor allem durch die Kommunikation – nach innen wie nach außen – intensiv begleitet werden muss. Denn gerade für die Mitarbeiter ist dieser tiefgreifende Umbau eine besondere Herausforderung: Das traditionelle Selbstverständnis eines diversifizierten deutschen Stammhauskonzerns mit 135 Jahren Geschichte wird abgelöst durch den Aufbau neuer Identitäten in den einzelnen international tätigen Konzerngesellschaften, die sich auf ihre jeweiligen Kerngeschäfte konzentrieren. Der Bedarf an schnellen und verlässlichen Informationen über diesen Prozess ist in solchen Phasen des Wandels nahezu unerschöpflich; wo sie fehlen oder unvollständig sind, entstehen leicht Unsicherheiten. In den neu geordneten Konzerngesellschaften treffen unversehens Menschen aus verschiedenen Ländern und Kulturkreisen aufeinander; auch der Umgang mit neuen Management-, Kommunikations- und Führungsstilen muss erst gelernt werden. Die Interne Kommunikation wird dabei zu einem strategischen Faktor, der die Internationalisierung für den einzelnen Mitarbeiter nachvollziehbar macht. Dazu muss sie aktuelle Informationen bieten, Verständnis wecken und Fragen beantworten. Dieser Anspruch lässt sich jedoch nur dann befriedigend erfüllen, wenn auch die Kommunikationsstrukturen den neuen Geschäftsprozessen nachgebildet sind.

Wenn sich ein Unternehmen dafür entscheidet, seine Geschäfte durch

- dezentrale Strukturen,
- schnelle Informationswege
- und flache Hierarchien

international nach vorne zu bringen, dann sind das zugleich die Vorgaben, an denen sich die Kommunikation orientieren muss – nach innen wie nach außen.

Dezentrale Strukturen

Internationalität und dezentrale Strukturen sind ab einer bestimmten Unternehmensgröße mit einer zentralistischen Steuerung der Kommunikation nicht zu vereinbaren, wenn der Informationsfluss nicht durch einen überbordenden Abstimmungsaufwand zum Erliegen kommen soll. Mit dezentralen Strukturen lassen sich die anstehenden Aufgaben besser und schneller bewältigen. Diesem Gedanken folgt Hoechst auch in seiner Unternehmenskommunikation und setzt daher auf das Prinzip der Subsidiarität.

In der Externen Kommunikation bedeutet das: Die Hoechst AG als Holding übernimmt lediglich Kommunikationsaufgaben mit Konzernrelevanz, die für den gesamten Konzern von übergeordneter Bedeutung sind. Die Konzerngesellschaften sind dagegen für die Kommunikation mit ihren jeweiligen Teilöffentlichkeiten und Zielgruppen selbst verantwortlich. Auch in der Internen Kommunikation verlagert sich der Aufgabenschwerpunkt von der Zentrale in die Konzerngesellschaften; sie sind näher an den Themen und Fragen, die die Mitarbeiter interessieren.

Am Beispiel der Mitarbeiterzeitschriften lässt sich diese Entwicklung für Hoechst deutlich nachvollziehen: Im Dezember 1953, kurz nach der Neugründung von Hoechst, erschien erstmals die „Farben-Post" als zentrale Zeitschrift für die Mitarbeiterinnen und Mitarbeiter in Deutschland. Das Blatt berichtete in den folgenden Jahren im Durchschnitt zehnmal jährlich über Neues aus den Forschungslabors und Produktionsbetrieben, stellte einzelne Beschäftigte vor und informierte über die Entwicklung des Unternehmens. 1992 wurde die „Farben-Post" zunächst in „Hoechst persönlich" umbenannt; drei Jahre später folgte dann eine komplette Verjüngungskur: Mit einem modernen Layout, im Zeitungsformat und mit neuem redaktionellen Konzept erschien die Zeitschrift für die Mitarbeiter und ehemaligen Beschäftigten seit Anfang 1995 sechsmal im Jahr – mit einer Gesamtauflage von mehr als 120 000 bei einem Umfang von mehr als 60 Seiten.

Die hohe Auflage und der stark angestiegene Umfang der Zeitschrift waren eine Folge der zunehmenden Komplexität des

Hoechst-Konzerns. Die Vielfalt der Nachrichten und Informationen aus den einzelnen Konzerngesellschaften und den internationalen Landesgesellschaften ließ sich nur noch unzureichend in einer gemeinsamen Publikation für den gesamten Konzern aufbereiten. Aus diesem Grund entstanden in den einzelnen Konzerngesellschaften, Gemeinschaftsunternehmen und Beteiligungen zunehmend eigene Mitarbeiterpublikationen, die sich näher an den unterschiedlichen Interessenlagen und Informationsbedürfnissen der Beschäftigten „vor Ort" orientieren konnten. Eine einheitliche Mitarbeiterzeitung wie „Hoechst persönlich" erübrigte sich angesichts dieser fortschreitenden Dezentralisierung mit der Zeit – im Dezember 1997 erschien das Blatt zum letzten Mal.

Inzwischen haben sich mehr als 40 verschiedene Publikationen, die in mehreren Sprachen veröffentlicht werden, in den einzelnen Gesellschaften etabliert, zum Beispiel beim Pharmaunternehmen Hoechst Marion Roussel ein viermal jährlich erscheinendes Mitarbeitermagazin, ein aktueller Newsletter zur schnellen Information der Beschäftigten, ein regelmäßiges Führungskräftemagazin, ein aktueller Newsletter für die internationalen Führungskräfte sowie ein Magazin für leitende Mitarbeiter im Manufacturing und Qualitätsmanagement. Diese Formate sind auch überwiegend im Intranet als Online-Versionen verfügbar (siehe dazu CNS – Einstieg in das Hoechst Wide Web sowie Kunst, 1997). Für die pensionierten Mitarbeiterinnen und Mitarbeiter erscheint seit Anfang 1998 eine eigene Zeitschrift mit dem Namen „Direkt von Hoechst" mit einer Auflage von etwa 40 000, um auch die Pensionäre über die Entwicklung des Hoechst-Konzerns auf dem Laufenden zu halten.

Ergänzt werden diese unternehmensbezogenen Informationsangebote innerhalb der Konzerngesellschaften von Hoechst durch Publikationen, die an einzelnen Standorten über Themen von lokaler Bedeutung berichten. Ein Beispiel dafür ist der „Einblick", der in gedruckter Form und über das Intranet an die Mitarbeiter verteilt wird, die bei den etwa 30 verschiedenen operativen Gesellschaften auf dem Gelände des Industrieparks Frankfurt-Höchst beschäftigt sind. Redaktionell wird dieser Informationsdienst durch die Infra-

Serv Höchst, die Betreibergesellschaft des Industrieparks, betreut. Auch international werden an einzelnen Standorten lokale Themen durch eigene Publikationen aufgegriffen.

Schnelle Informationswege – der Corporate News Service (CNS)

Die Internationalisierung und Dezentralisierung eines Unternehmens kann viele Mitarbeiter verunsichern, weil die vorhandenen Beziehungs- und Verhaltensmuster plötzlich ihre Gültigkeit verlieren, weil neue Formen der Zusammenarbeit gelernt werden müssen und weil sich dieser Prozess zumeist mit ungewohnter Dynamik vollzieht. In einer Umwelt, die sich schnell verändert, müssen aber auch Informationen schnell verfügbar sein: Kommen sie zu spät, sind sie so gut wie nutzlos. Dies gilt nicht nur für das Wissen und die Daten, die für einen stabilen Ablauf der Geschäftsprozesse notwendig sind, sondern auch für Nachrichten und Informationen, die eine Orientierung in der neuen Umwelt eines internationalen Unternehmens ermöglichen. Geschwindigkeit, das heißt die zeitgleiche weltweite Verfügbarkeit von Nachrichten, wird damit für die Interne Kommunikation ein zentrales Kriterium, um den Prozess der Neustrukturierung und Globalisierung für die Mitarbeiter nachvollziehbar werden zu lassen.

Internationale Nachrichtenagenturen wie Reuters oder Bloomberg, die sich untereinander einen Wettlauf um die schnellste Berichterstattung liefern, und Nachrichtensender wie CNN, die live aus den entlegensten Winkeln der Erde berichten, haben in den vergangenen Jahren die Schlagzahl in der globalen Informationsgesellschaft deutlich erhöht. Damit gehen die Zeiten, in denen ein Unternehmen seinen Mitarbeitern eine wichtige Nachricht auf direktem Wege – feinsäuberlich gedruckt und nach allen Seiten abgestimmt – kommunizieren konnte, dem Ende entgegen. Die Medien, seien es die Abendnachrichten oder die Frühstückszeitung, erreichen die Mitarbeiter mit einer bedeutenden Nachricht über das eigene Unternehmen meistens viel schneller, als dies die traditionellen Instrumente der Internen Kommunikation leisten können.

Nach einer Studie (Klöfer, 1996) erreichen allein in Deutschland bei rund 40 Prozent der Unternehmen die Mitarbeiterpublikationen erst acht bis 14 Tage nach Redaktionsschluss ihre Leser, etwa 20 Prozent benötigen sogar bis zu drei Wochen und nur bei weniger als einem Viertel der Unternehmen sind die Publikationen innerhalb von sieben Tagen auf den Tischen der Beschäftigten. Ist die Belegschaft überwiegend international zusammengesetzt (bei Hoechst fast 70 Prozent), wird das „Verfallsdatum" der aktuellen Nachrichteninhalte häufig überschritten, bevor die Mitarbeiterzeitschrift überhaupt bei den Adressaten in Asien oder in den USA ankommt.

Leistungsfähige und schnelle neue Medien sind daher für die Interne Kommunikation in einem internationalen Unternehmen unerlässlich. Aus diesem Grund hat Hoechst seine Interne Kommunikation durch einen Online-Nachrichtendienst auf diese veränderten Rahmenbedingungen ausgerichtet.

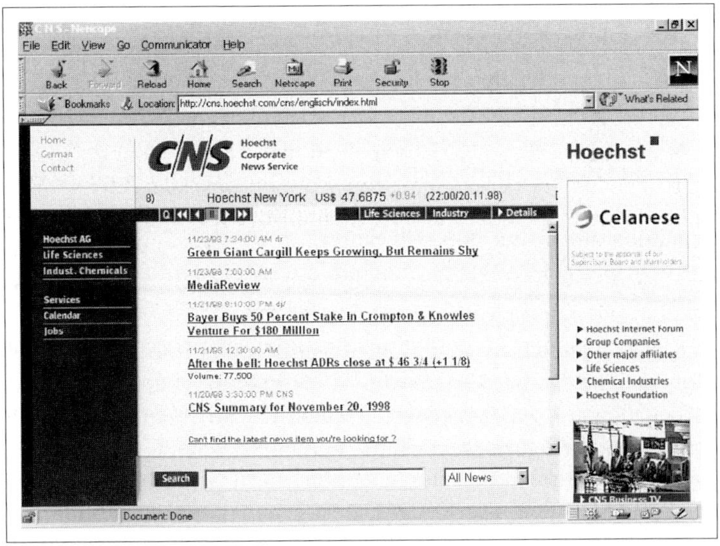

Abbildung 3: Die Startseite des Corporate News Service (CNS)

CNS – aktuelle Nachrichten online

Mit dem sogenannten Corporate News Service (CNS) hat Hoechst seit Herbst 1996 einen Nachrichtendienst aufgebaut, der rund um die Uhr und weltweit die internen und externen konzernrelevanten Meldungen schnell und international verfügbar aufbereitet (für eine ausführliche Darstellung siehe Guntrum, 1997). Die technische Basis dieses Dienstes ist das Intranet von Hoechst, das unternehmensweite Netzwerk auf Basis der Internettechnologie, an das derzeit rund 25 000 Computer weltweit angeschlossen sind; bis zum Jahr 2000 sollen es etwa doppelt so viele sein. Das zentrale Redaktionsteam des CNS in Frankfurt verfolgt – unterstützt durch virtuelle Redaktionen in den Büros der Hoechst Corporate Communications in New York und Hongkong – die Meldungen der führenden Nachrichtenagenturen wie Reuters, Dow Jones, AP, Bloomberg, dpa und vwd. Alle Meldungen, die den Hoechst-Konzern, einzelne Konzerngesellschaften und relevante Wettbewerber betreffen oder Themen behandeln, die im gesellschaftlichen und politischen Umfeld des Konzerns von Bedeutung sind, werden dort aufgegriffen. Neben den Nachrichtenagenturen beobachtet das CNS-Team auch die Online-Ausgaben der wichtigen internationalen und nationalen Medien wie Wall Street Journal Interactive Edition, CNN Interactive oder Spiegel-Online. Täglich veröffentlicht der CNS rund 20 Meldungen in den Konzernsprachen Englisch und Deutsch. Im Durchschnitt nutzen täglich mehr als 10 000 Mitarbeiter das Online-Angebot. Die Zugriffszahlen addieren sich monatlich auf bis zu 900 000 Seitenaufrufe (Hits); ein Wert, der mit den Internet-Ausgaben renommierter Zeitschriften vergleichbar ist.

Außer den laufenden Nachrichten veröffentlicht der CNS jeden Morgen eine Online-Version des – vormals nur Führungskräften vorbehaltenen – Medienspiegels (Media Review), die allen Mitarbeitern zur Verfügung steht. Darin werden im Schnitt 40 tagesaktuelle Meldungen von Agenturen, Zeitungsartikel und Zeitschriftenbeiträge angeboten. Die Mitarbeiter bekommen so einen unmittelbaren Eindruck, wie ihr Unternehmen in der Außenwahrnehmung durch die Medien beurteilt wird. Gleichzeitig erfahren sie Neuigkeiten und Hintergründe über Wettbewerber oder die gesamte Branche. Zusammen mit der laufenden CNS-Berichterstattung über den Tag erhalten sie also ein sehr vielschichtiges und umfassendes Bild der gesamten Unternehmensgruppe und des relevanten Umfelds.

Alle Berichte und Nachrichten des CNS werden gespeichert und stehen über eine spezielle Suchmaschine zur Recherche zur Verfügung; mit mehr als 6 000 Meldungen bietet der CNS ein „elektronisches Nachschlagewerk“ zu Hoechst und seinen Konzerngesellschaften – die sogenannte „Progress Multimedia Database“.

Doch die Nutzung der Internettechnologie in einem Unternehmensnetzwerk erlaubt noch mehr als nur die schnelle Verbreitung von Nachrichten rund um die Welt. Zum einen eröffnen sogenannte „Hyperlinks“ Verbindungen zu ergänzenden internen und externen Informationsquellen; zum anderen können multimediale Inhalte – also Bilder, Sprache, Präsentationen und Filme – im Intranet übertragen werden.

Von dieser Möglichkeit hat Hoechst erstmals im September 1997 Gebrauch gemacht, als die Hoechst-Aktie an der New York Stock Exchange gelistet wurde. Die Bilder eines Kamerateams auf dem Parkett der New Yorker Börse wurden über RealVideo weltweit live im Internet und auch im Intranet übertragen. Auf diese Weise konnten die Mitarbeiter von ihrem Computer aus dieses bedeutende Ereignis für Hoechst mitverfolgen – in Kansas ebenso wie in Frankfurt oder Bombay. Inzwischen ist die Nutzung der Live-Übertragungen ein fester Bestandteil des CNS-Angebots geworden. Im Rahmen dieses Online-„Business TV“ wurden seitdem die Bilanzpressekonferenz und Hauptversammlung in Frankfurt, die Einweihung eines neuen Forschungszentrums in den USA sowie internationale Pressekonferenzen live übertragen. Die Mitarbeiter haben auf diese Weise die Möglichkeit, an ihrem Arbeitsplatz wichtige Veranstaltungen vollständig und ohne Zeitverzögerung zu verfolgen, während sie früher auf eine Berichterstattung in der Mitarbeiterzeitschrift mehrere Wochen warten mussten.

Mit der neuen Generation der Internet-Browser (4.0) werden auch zusätzliche „CNS Breaking News Channels“ mit einer Push-Technologie für die Beschäftigten eingerichtet, die jederzeit aktiv über die neuesten Nachrichten informiert werden wollen. Das heißt: Bestimmte wichtige Meldungen erscheinen selbständig auf dem Bildschirm, auch wenn der Mitarbeiter gerade nicht im CNS liest.

CNS – Service und Informationen

Ergänzend zu der aktuellen Berichterstattung bietet der CNS eine Reihe von Servicefunktionen, die die Interne Kommunikation weiter internationalisieren und den weltweiten Austausch der Mitarbeiter fördern. Ein Beispiel dafür ist die Stellenausschreibung im Intranet, die zunehmend für grenzüberschreitende Stellenangebote innerhalb der Hoechst-Gruppe genutzt wird. Damit werden für die Mitarbeiter auch die vielseitigen Möglichkeiten und individuellen Entwicklungschancen transparent, die sich in einem internationalen Unternehmen für sie ergeben – ein Aspekt, der die Akzeptanz der Internationalisierung deutlich fördert.

Weitere Servicefunktionen des CNS sind digitale Dokumentationen der Geschäfts- und Quartalsberichte, Reden, Vorträge und Präsentationen, die von den Mitarbeitern heruntergeladen werden können, um sie für eigene Veranstaltungen oder Vorträge zu verwenden. Eine umfangreiche Adressdatenbank mit rund 100 000 Anschriften, eine passwortgeschützte Forschungsdatenbank, eine Produktdatenbank sowie eine Reihe anderer Informationsangebote machen den CNS zu einer Plattform für das elektronische Wissensmanagement in der dezentralisierten Hoechst-Gruppe. Durch den einfachen Austausch von Wissen und Know-how, das rund um die Welt gesammelt wird, wächst zugleich das Verständnis für die Aufgaben der Mitarbeiter in anderen Konzerngesellschaften und anderen Ländern. Auch damit trägt der CNS dazu bei, durch die Interne Kommunikation die Internationalisierung des Unternehmens zu einem Wettbewerbsvorteil zu machen.

CNS – Einstieg in das Hoechst Wide Web

Ein schnelles und aktuelles Medium alleine reicht jedoch nicht aus, um die internen Kommunikationsprozesse auf die besonderen Herausforderungen der Internationalisierung einzustellen. Erst durch die Verknüpfung von dezentralen Strukturen und schnellen Informationswegen ergibt sich der Quantensprung in der Kommunikation, der notwendig ist, um den komplexen Beziehungen in einem internationalen Unternehmen gerecht zu werden.

Diesem Gedanken folgend öffnet sich über den CNS der Einstieg in das sogenannte „Hoechst Wide Web", wie das Intranet von Hoechst genannt wird. Entsprechende Verknüpfungen (Links) erschließen den Mitarbeitern ein tiefgestaffeltes Netzwerk, das sich aus den einzelnen Intranets der Konzern- und Servicegesellschaften von Hoechst zusammensetzt. In jeder dieser Gesellschaften wird – dezentral und unabhängig von gestalterischen oder inhaltlichen Vorgaben der Holding – ein eigenes Intranet betrieben.

Hier werden beispielsweise aktuelle Forschungsberichte aus den Labors veröffentlicht, neue Mitarbeiter online vorgestellt, Weiterbildungsmöglichkeiten angeboten oder die Ergebnisse verschiedener Arbeitsgruppen präsentiert – international und grenzüberschreitend. Im Gegensatz zu Aushängen am „Schwarzen Brett" oder Handzetteln können sich die Beschäftigten dabei online zu Weiterbildungskursen anmelden, mit Emails Fragen stellen oder ihre Meinung in Diskussionsforen veröffentlichen. Auch die verschiedenen internationalen Mitarbeiterpublikationen, die zuvor nur in gedruckter Form verteilt wurden, sind zunehmend in diesen dezentralen Intranets elektronisch verfügbar – und zwar für jeden Mitarbeiter in der gesamten Hoechst-Gruppe.

Auf diese Weise ist in den einzelnen Gesellschaften der Hoechst-Gruppe rasch eine eigene Identität entstanden, weil die Mitarbeiter mehr über ihre weltweiten Kollegen und die internationalen Aktivitäten ihres Unternehmens erfahren als durch die traditionellen Instrumente der Internen Kommunikation. Gleichzeitig erschließt sich die komplexe Struktur des neuen internationalen Hoechst durch die Darstellung in einem tiefgestaffelten und flexiblen Netzwerk schneller und einfacher, als dies über „lineare" Medien möglich wäre.

Flache Hierarchien

Die Verbindung von dezentralen Strukturen in der Kommunikation und schnellen Informationswegen führt zwangsläufig zum Abbau von Hierarchien – in den operativen Geschäftsprozessen wie auch in der Internen Kommunikation. Die Mitarbeiter müssen dabei aber lernen, sich selbständig in einem breitgefächerten Informationsangebot zu orientieren. Wissen wird ihnen angeboten; abrufen und verarbeiten müssen sie es jedoch selbst: Information wird damit von einer Bringschuld des Unternehmens zur Holschuld des einzelnen Mitarbeiters.

Diesen Paradigmenwechsel in der Kommunikation zuzulassen und sogar bewusst voranzutreiben ist eine der wesentlichen Voraussetzungen, um bei den Beschäftigten langfristig Akzeptanz für die Internationalisierung zu schaffen. Aus dem hierarchiefreien Zugang zu Informationen entstehen immer wieder Fragen, die vor allem die mittlere Führungsschicht täglich fordern, Stellung zu beziehen und Orientierungshilfe zu geben. Denn wichtige Informationen, die zuvor nur mit erheblicher Verzögerung und bruchstückhaft durch die Managementschichten zu den Mitarbeitern vordrangen, sind nun sofort für alle Beschäftigten verfügbar. Das „Herrschaftswissen" einzelner Führungsebenen wird dadurch abgebaut, das Unternehmen und seine Entwicklung werden transparenter – ein Prozess, der die gewohnte Informationskaskade auf den Kopf stellt. Die Mitarbeiter erfahren mehr über ihr Unternehmen und sein Umfeld; sie erwarten daher auch von ihren Vorgesetzten zusätzliche Informationen, die ihnen eine Einordnung in das alltägliche Arbeitsumfeld ermöglichen. Damit sind vor allem die mittleren Führungskräfte gefordert, sich stärker mit den eigenen Mitarbeitern und deren Überlegungen zu dem Unternehmen und dessen Umfeld auseinanderzusetzen. Dieser Prozess fördert zugleich die wichtigste aller Maßnahmen Interner Kommunikation: Das persönliche und offene Gespräch.

Mit der Aufgabe von Statussymbolen und Wissensvorsprüngen sind natürlich Widerstände verbunden, die nur durch ein deutliches Bekenntnis der Unternehmensleitung zu den veränderten Kommunikationsprozessen überwunden werden können. Bei Hoechst hat sich der Vorstand sehr früh für die intensive Nutzung der elektronischen und international vernetzten Mitarbeiterkommunikation eingesetzt. Diese Unterstützung, so zeigt sich heute, ist ein wichtiger Erfolgsfaktor für den Abbau von Hierarchien, die eine zeitgemäße internationalisierte Mitarbeiterkommunikation behindern.

Zusammenfassung

Die Internationalisierung eines Unternehmens geht mit dezentralen Strukturen, schnellen Informationswegen und flachen Hierarchien einher. Diese Merkmale muss auch die Interne Kommunikation in einem internationalen Unternehmen aufweisen. Diesem Anspruch folgt Hoechst mit seinen Kommunikationsaktivitäten. In der Internen Kommunikation bedeutet dies die konsequente Verlagerung von redaktionellen Kompetenzen in die dezentralen Einheiten, die operativen Konzerngesellschaften der Hoechst-Gruppe. Aktuelle Informationen und Themen, die für den gesamten Konzern von Bedeutung sind, werden hingegen durch die Hoechst AG als Holdinggesellschaft über einen weltweit verfügbaren Online-Nachrichtendienst, den Corporate News Service (CNS), verbreitet. Dieser international besetzte, weltweit verfügbare Onlinedienst im Intranet von Hoechst bietet rund um die Uhr Informationen, die ohne Zeitverzögerungen an die Mitarbeiter weitergeleitet werden; die Nachteile traditioneller Medien wie Druck und Distribution entfallen damit.

Zudem bietet der CNS den Einstieg in ein Netzwerk, das die dezentrale Organisationsstruktur des neuen Hoechst-Konzerns virtuell abbildet (Hoechst Wide Web), indem es die Intranets der einzelnen Konzerngesellschaften miteinander verbindet.

Mit dieser Verknüpfung von dezentralen Strukturen und schnellen Informationswegen ist eine wichtige Voraussetzung für eine effiziente Interne Kommunikation in einem internationalen Unternehmen gegeben. Ergänzt wird dies durch die inhaltliche Komponente: Die allgemeine und zeitgleiche Information aller Mitarbeiter über alle Hierarchiestufen hinweg. Die Eigenverantwortung des einzelnen Mitarbeiters wird dadurch gestärkt, er wird in die Lage versetzt, die Veränderungen des Unternehmens selbständig zu reflektieren. Durch ein besseres Verständnis der Umwälzungsprozesse in einem internationalen Unternehmen wächst auch die Bereitschaft, sich auf veränderte Rahmenbedingungen der eigenen Arbeitsumwelt einzustellen.

In Zukunft wird die Interne Kommunikation zunehmend den Spagat zwischen Dezentralisierung der Verantwortung und einer gemeinsamen Identifikationsbasis leisten müssen. Dies wird für viele Unternehmen auch den Abschied von zentral gesteuerten Kommunikationsprozessen bedeuten. Im Gegenzug wird die Aufgabe, für ein internationales Unternehmen eine leistungsfähige gemeinsame Plattform für die Interne Kommunikation aufzubauen, an Bedeutung gewinnen. Neue Technologien wie die Online-Kommunikation oder auch das Business TV sind dazu vielfach besser geeignet als traditionelle Medien.

Literatur:

Guntrum, Nikolaus: Intranet-Fallstudie: Das Hoechst Wide Web, in: Driesch, Stefan von den (Hrsg.), Der Nutzen des Digitalen, Saulheim 1997, Seite 94 ff.

Klöfer, Franz: Mitarbeiterkommunikation 1996, Fachhochschule Mainz, 1996.

Krzeminski, Michael/Zerfaß, Ansgar (Hrsg.): Interaktive Unternehmenskommunikation, Frankfurt am Main, IMK, 1998.

Kunst, Nadja: Mit der Werkszeitung ins Internet, in: Horizont 17/98 vom 23. April 1998, Seite 65.

Aus Beamten wurden Aktionäre

Interne Kommunikation im Rahmen der Privatisierung der Deutschen Telekom AG

von Jürgen Kindervater, Deutsche Telekom AG

Rund 160 000 Mitarbeiter sind heute Aktionäre der Deutschen Telekom. Diese Zahl illustriert eindrucksvoll den tiefgreifenden Wandel der Kultur in einem Unternehmen, das vielen noch vor wenigen Jahren als Inbegriff der schwerfälligen Behörde galt. Wenn wir uns heute im Markt gut behaupten, ist dies nicht zuletzt das Ergebnis einer konzertierten und konzentrierten Anstrengung in der Internen Kommunikation. Eine schlagkräftige Organisation entsteht nämlich nicht auf dem Papier, sondern in den Köpfen der Mitarbeiter. Nur deren Motivation und Engagement garantiert letztlich den Markterfolg.

Wer die Deutsche Telekom heute sieht, vergisst leicht, dass es gerade einmal zehn Jahre her ist, dass die Politik den Startschuss zur Umgestaltung gab. Das Poststrukturgesetz von 1989 war die erste Wegmarke in Richtung Privatisierung. Aus der Deutschen Bundespost wurden drei selbständige Einheiten, die aber noch weit davon entfernt waren, wie Unternehmen zu agieren. Selbst der Name Telekom war umstritten. Es gab Ministerialbürokraten, die uns auferlegen wollten, immer und überall den vollen Namen Deutsche Bundespost Telekom zu verwenden.

Wir hatten es mit einer 500jährigen Tradition zu tun. Familien, deren Angehörige in der dritten Generation „Postler“ sind, waren und sind nicht selten. Noch 1989 wurde mit großem Aufwand das Jubiläum gefeiert. Viele Mitarbeiter waren verunsichert. Der gutgemeinte Ratschlag „Geh zur Post, da hast du was Sicheres“ stimmte plötzlich nicht mehr.

Hinzu kam dann noch eine weitere Umwälzung, mit der niemand gerechnet hatte: die Wiedervereinigung. In Ostdeutschland musste in Rekordzeit eine Infrastruktur aufgebaut werden. Außerdem waren die Mitarbeiter der Deutschen Post zu integrieren – und deren Unternehmenskultur war nun wirklich eine gänzlich andere als die unsere.

Interne Kommunikationsmaßnahmen oder Human Relations standen deshalb ganz oben auf der Prioritätenliste. Und hier musste ein nahezu kompletter Neuanfang gemacht werden.

Schriftliche Informationen dominierten das gesamte Kommunikationssystem. Elektronische Medien – nur zum Teil dialogfähig – waren nur im Ansatz vorhanden. Persönliche Kommunikation, Dialoge mit der Unternehmensführung und Gedankenaustausch mit Kollegen waren praktisch unbekannt. Das System war erstarrt und hatte im Printbereich zu einer Vielzahl kostenintensiver Publikationen geführt, die – weitgehend unkoordiniert – starke Zielgruppen- und Themenüberschneidungen aufwiesen.

Die entscheidende Schwäche des internen Kommunikationskonzepts lag allerdings darin, dass diese Medien nicht als strategische Management-Instrumente genutzt wurden.

Die Inhalte der „Telepost“, der Mitarbeiterzeitschrift der Deutschen Bundespost für alle Beschäftigten vor der Postreform 1, und deren Umsetzung lagen in der Hand von Mitarbeitern, die nicht zur obersten Führungsebene gehörten. Dieses Objekt, das mit einer monatlichen Auflage von 800 000 Exemplaren unseres Wissens die größte Mitarbeiterzeitung der Welt war, musste pro Jahr mit über zehn Millionen DM (inklusive Versandkosten) bezuschusst werden und entsprach dabei überhaupt nicht den Erwartungen der Leser sowie den Anforderungen der Unternehmensleitung an eine moderne Mitarbeiterzeitung.

So bestand diese Publikation zu über 70 Prozent aus Beiträgen zu den Themen „Hobby und Freizeit“ sowie aus Fremdanzeigen. Neuigkeiten aus dem Unternehmen und der Arbeitswelt der Mitarbeiter waren Nebensache.

Es klingt unglaublich, aber es stimmt: Rund 100 Publikationen haben wir zu Beginn unserer Arbeit gezählt, die von der Post direkt erstellt wurden oder sonst irgendwie in Rechnung gestellt oder gesponsert wurden. Der finanzielle Aufwand dafür ging in den hohen Millionenbereich. Wenn das Haus einwilligte, konnte damals fast jeder Mitarbeiter in Zusammenarbeit mit Verlagen sein eigenes Blättchen herausgeben.

Entwicklung eines systematischen Medienkonzepts

Die Folge dieses Wildwuchses war eine unglaublich schlechte Leser-Blatt-Bindung. Wir haben deshalb zügig ein systematisches Medienkonzept entwickelt, das die Bedürfnisse und Interessen der verschiedenen Zielgruppen im Unternehmen ernst nimmt und so ein wirksames Instrument bei der Umgestaltung des Unternehmens ist.

Aus den Ergebnissen der Leseranalysen der alten Publikationen und den Vorstellungen der Mitarbeiter von einer „idealen Mitarbeiterzeitung" wurde im Rahmen einer Wettbewerbsausschreibung unter Agenturen in nur sechs Monaten das Konzept von „Monitor" entwickelt. Schwerpunkt war die Schaffung von größerer Aktualität und Nähe zum Leser durch eine klar gegliederte, auf das Unternehmen und die Arbeitswelt ausgerichtete Inhaltsstruktur.

Auch zum „Monitor", dessen Erstausgabe im März 1991 erschien, machen wir regelmäßige Leserbefragungen. Auf Anhieb erreichte der „Monitor" wesentlich bessere Noten als die „Telepost". Bereits ein Jahr nach dem Start lasen 60 Prozent der Befragten über die Hälfte aller Beiträge.

Ganz wichtig ist uns dabei, dass wir sowohl Inhalt als auch Erscheinungsbild immer an den Interessen unserer Mitarbeiter ausrichten. So hat sich der „Monitor" selbst auch schon deutlich gewandelt. Das zeigt ein Vergleich zwischen der ersten Ausgabe und einem aktuellen Exemplar.

Die beste Anerkennung für den „Monitor" sind die Ergebnisse der regelmäßigen Leserbefragung: Immerhin 49 Prozent der Mitarbeiter halten den „Monitor" für gut bis sehr gut, nur noch ein Prozent beurteilt ihn mit schlecht oder sehr schlecht.

Ein wesentliches Element der Internen Kommunikation ist die Information der Mitarbeiter in den Niederlassungen. Bis zu 2 000 Mitarbeiter gehören zu einer solchen Niederlassung. Auch hier gab es eine Vielzahl von Publikationen, die unkoordiniert nebeneinander ganz nach Gusto des einzelnen Niederlassungsleiters hergestellt wurden.

Hier haben wir das Konzept „Monitor vor Ort" entwickelt. Es handelt sich dabei um einen Newsletter, der mit Bordmitteln in den Niederlassungen selbst hergestellt werden kann. Nach einer Pilotphase in der Zentrale haben wir Mitarbeiter in den Niederlassungen geschult und sie mit der entsprechenden Hardware ausgestattet. Auch den Redakteuren „vor Ort" bieten wir professionelle Unterstützung an. Regelmäßig werden einzelne Ausgaben mit einem Berater-Team per Telefon- oder Videokonferenz diskutiert.

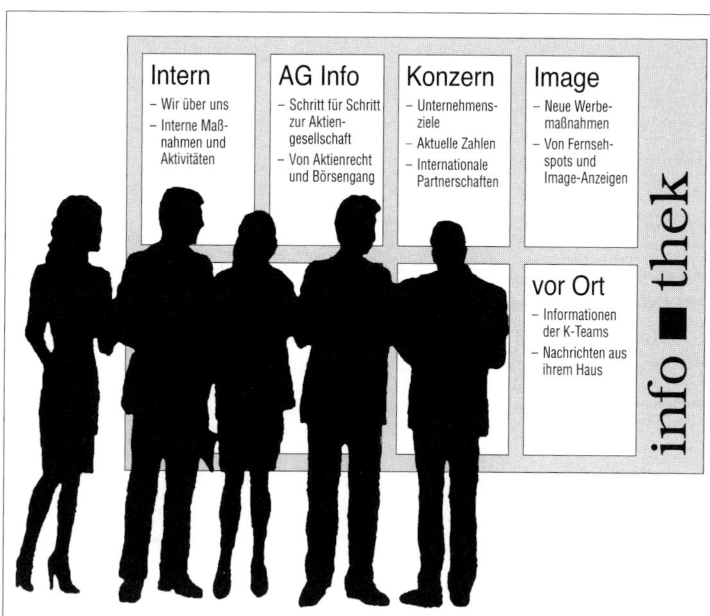

Abbildung 4: Die Wandzeitung „Infothek" der DeutschenTelekom AG

Ergänzt wird die „Monitor"-Familie von einem besonders aktuellen Mitarbeitermedium, der Wandzeitung „Infothek". Über Nacht können wir über unser Telefax-400-System zum Beispiel Stellungnahmen zu Presseberichten an unsere Niederlassungen verteilen. Aus dem Schwarzen Brett wird so ein aktuelles Informationsmedium.

Oft in unmittelbarer Nähe zur „Infothek" finden die Mitarbeiter im gesamten Unternehmen Dialogboxen, über die sie sich – sogar anonym – mit ihren Fragen unmittelbar an die Kommunikationsteams in den Niederlassungen wenden können.

Gedruckte Medien müssen durch persönliche Kontakte ergänzt werden

Wenn sich ein Unternehmen so dramatisch wandelt wie die Deutsche Telekom, reichen Medien nicht mehr aus, seien sie gedruckt oder elektronisch. Die direkte Kommunikation von Mensch zu Mensch wird extrem wichtig, weil es eine Fülle von Fragen gibt, die nur im persönlichen Gespräch zu klären sind. Wir haben deshalb in jeder Niederlassung ein sogenanntes K-Team gebildet. K steht dabei für Kommunikation. Ein Team besteht jeweils aus drei Personen. Eine davon ist der Niederlassungsleiter – Kommunikation ist also auch auf dieser Ebene Chefsache.

Für Fragen, die in der Niederlassung nicht geklärt werden können, steht die bundesweite Hotline „Focus" zur Verfügung. Die Fragen, die hier gestellt werden, finden sich dann im „Monitor" wieder. So arbeiten wir praktisch auf allen Gebieten „multimedial".

Neubeginn in der Führungskräfte-Kommunikation

In der Führungskräfte-Kommunikation musste ebenfalls ein deutlicher Neubeginn gemacht werden. Ein Merkmal der Fernmelde-Behörde war die streng hierarchische Gliederung. Die untere Ebene hatte keinen direkten Zugang zur Unternehmensführung. Überdies war ein Großteil der Führungskräfte anfangs gegen die Postreform.

Nach dem ersten Jahrgang von „Monitor" wurde die Führungskräfte-Zeitschrift „Telekom Vision" entwickelt und ging im April 1992 an den Start. Sie wird den Top-500-Führungskräften persönlich zugestellt. Darüber hinaus gibt es eine streng kontrollierte Verteilung nur für den internen Gebrauch.

Das Konzept wurde wieder auf der Grundlage der vorausgegangenen Leseranalysen erstellt. Redaktionelle Schwerpunkte sind die Vermittlung von Management-Wissen über das gesamte Themenspektrum der Unternehmensführung, die aktuelle Information über Entwicklungen und Entscheidungen auf der Management-Ebene, die Darstellung von neuen Diensten und Anwendungen vor dem Hintergrund einer marktorientierten Produktpolitik, die Berichterstattung über die Internationalisierung des Telekommunikationsmarktes sowie die Veröffentlichung von technischen Fachbeiträgen von Experten im eigenen Haus. Unsere Befragungsergebnisse zeigen eine hohe Akzeptanz. 63 Prozent unserer Führungskräfte beurteilen die „Vision" sehr gut oder gut.

Dieses Hintergrundwissen über den Telekommunikationsmarkt ist auch außerhalb unseres Unternehmens so begehrt, dass wir sogar schon einmal überlegt haben, Abonnements der „Vision" zu verkaufen. So manchem leitenden Mitarbeiter von Bosch oder Siemens wäre die profunde Information aus der „Vision" sicher einiges wert.

Neu für das Unternehmen waren seinerzeit auch regelmäßige Führungskräfteveranstaltungen mit den Top 60 und den Top 200. Besonders in den ersten Jahren des neuen Unternehmens ist es uns dadurch gelungen, den direkten Kontakt zwischen den Führungskräften und der Unternehmensspitze wesentlich zu verbessern. Diese Führungskräfteveranstaltungen waren für die Telekom-Manager am Anfang etwas völlig Ungewohntes. Eine solche Art der direkten Kommunikation mit der Unternehmensspitze gab es bei der Post nicht. Auf den ersten Treffen konnte von einer offenen Diskussion keine Rede sein. Eher nahmen die Führungskräfte entgegen, was der Vorstand zu verkünden hatte. Mittlerweile hat sich das Bild gewandelt. Offene Diskussion und so manch kritisches Wort prägen das Klima der Führungskräfte-Veranstaltungen.

Der Börsengang als Feuerprobe für das System

Das von uns aufgebaute System der Internen Kommunikation hat sich bewährt. So wäre der Erfolg des Börsengangs sicher nicht möglich gewesen, wenn es nicht schon eingespielte Kommunikationskanäle gegeben hätte.

Der offizielle Startschuss für die Kommunikation zum Börsengang fiel im Dezember 1995, als das Mitarbeiter-Beteiligungsprogramm TIP 96 von Vorstand und Aufsichtsrat verabschiedet wurde. Unmittelbar danach informierte die Beilage „Monitor extra“ zu unserer Mitarbeiterzeitung „Monitor“ alle Mitarbeiter über die Grundzüge unseres innovativen Beteiligungsmodells. Um den Aktienerwerb besonders attraktiv zu machen, hatte das Unternehmen ein Drei-Säulen-Modell entwickelt. Die Mitarbeiter konnten klassische Belegschaftsaktien zum Vorzugskurs erwerben. Das zweite Modell sah einen kreditfinanzierten Aktienerwerb über eine Beteiligungsgesellschaft vor, und schließlich konnten sich die Beschäftigten Aktien zum normalen Ausgabekurs bevorzugt sichern.

Wenn Börsianer heute davon sprechen, dass der Börsengang der Deutschen Telekom die Aktienkultur in Deutschland verändert habe, so ist dies nicht zuletzt auch auf unsere Anstrengungen in der Internen Kommunikation zurückzuführen. Wir haben alle unsere Mitarbeiter sehr intensiv über alle Fragen rund um die Aktie informiert und sind auch hier innovative Wege gegangen. Werden nur die unmittelbaren Angehörigen hinzugerechnet, so erreichen wir immerhin mit unseren Aktivitäten rund eine Million Menschen.

Eine ganz wesentliche Voraussetzung für diesen Erfolg war, dass Interne und Externe Kommunikation rund um den Börsengang von Anfang an eng verzahnt wurden. Die Steuerung lag in einer Hand, und die Teams für die einzelnen Aufgabenfelder stimmten sich ständig miteinander ab. So entstand ein im wahrsten Sinne des Wortes integriertes Kommunikationskonzept, das alle verfügbaren Kanäle nutzte, um den verschiedenen Zielgruppen eine durchgängige Botschaft nahezubringen.

Großen Wert legen wir bei allen unseren Maßnahmen darauf, die Kommunikation immer bidirektional anzulegen. Nur durch einen offenen Dialog lassen sich wirklich nachhaltige Veränderungen in der Einstellung der Mitarbeiter erreichen. Das Top-Management übernimmt dabei eine ganz wichtige Rolle. So stand zum Beispiel Finanzvorstand Joachim Kröske persönlich den Mitarbeitern für Fragen zum Börsengang zur Verfügung. An drei Terminen zur Jahreswende 1995/96 wurde die „Focus"-Hotline von ihm und seinem Expertenteam besetzt.

Der Gebühren-GAU zum Start des Börsenjahrs

Der Start des Börsenjahrs stand dann allerdings unter ganz anderen Vorzeichen. Die Softwarepanne bei der Umstellung der Tarifrechner am Neujahrstag 1996 sorgte bundesweit für Schlagzeilen. Wir haben darauf schnell und entschlossen reagiert. In der Öffentlichkeit haben wir uns mit einer Anzeigenkampagne entschuldigt und den betroffenen Kunden eine Gutschrift erteilt. Intern informierte eine Sonderausgabe „Monitor express" über die Hintergründe. Besonders wichtig war dabei, unseren Mitarbeitern die richtigen Argumente an die Hand zu geben, um auf Anfragen, seien sie beruflich oder privat, richtig reagieren zu können.

Schon als im März dann die heiße Phase des Börsengangs mit einer Pressekonferenz startete, zeigten die Image-Werte wieder deutlich nach oben. Parallel zum Aktien-Informations-Forum (AIF) für externe Anleger startete das Mitarbeiter-Forum TIP 96.

Jeder Mitarbeiter wurde persönlich vom Vorstand angeschrieben und konnte sich dann mit einer Antwortkarte registrieren lassen. So haben wir einen direkten Draht zu vielen unserer Mitarbeiter aufgebaut, die dann in regelmäßigen Abständen Informationsmaterial zum Thema Aktie erhielten.

Im Rahmen von TIP 96 wurde zum Beispiel ein Börsenlexikon angeboten. Ein Sonderheft der Zeitschrift „Capital" informierte über den Aktienmarkt. Schließlich standen Experten der „Capital"-Redaktion und der beteiligten Banken bei Telefonaktionen für die Fragen der Mitarbeiter zur Verfügung.

T
Monitor
express

Gebührenpanne am Neujahrstag: Wir stehen bei den Kunden dafür ein!

„Das schnelle Eingreifen unserer Beschäftigten hat den Schaden gleich in engen Grenzen gehalten“

Kunden werden rasch entschädigt

Entschädigung für die Kunden

Infos zum Tarifkonzept

Von 5 bis 24 Uhr rechnete Software in 550 Stellen falsch

Abbildung 5: „Monitor express“, Sonderausgabe des „Monitor“ zur Tarifumstellung 1996

Das zuvor aufgebaute Mediensystem erwies sich im Jahr des Börsengangs als extrem flexibel und wirkungsvoll. „Monitor“ und „Vision“ griffen in jeder Ausgabe Themen rund um die Aktienplazierung auf. Die K-Teams führten Informationsveranstaltungen in den Niederlassungen durch. Die „Infothek“ wurde für aktuelle Meldungen eingesetzt.

Countdown zum Börsenstart

In der Schlussphase vor dem Börsenstart gab es dann sogar täglich einen „Monitor vor Ort express“. Zentral in Bonn vorbereitet wurden die Vorlagen über Datenleitungen in die Niederlassungen übertragen und dann dort kopiert und verteilt. Tägliche Beiträge an den „Infotheken“ machten Ende Oktober auf das Ende der internen Zeichnungsfrist für Belegschaftsaktien aufmerksam. Schließlich erschien dann noch am ersten Börsentag, dem 18. November 1996, ein „Monitor vor Ort express“ mit dem ersten Aktienkurs.

An der hohen Zahl der Mitarbeiter, die zu Aktionären wurden, lässt sich der Erfolg dieses Konzeptes ablesen. Gleichzeitig bedeutet das, dass die internen Medien auch jetzt noch eine wichtige Rolle im Rahmen unseres Investor Relations Programmes spielen. Eine Grafik mit dem Börsenkurs hat ihren festen Platz auf der Seite 2 des „Monitor“ gefunden. Es ist selbstverständlich, dass unsere Mitarbeiter genauso schnell über die wirtschaftliche Entwicklung des Unternehmens informiert werden wie die Öffentlichkeit. Die Zeiten, in denen die Mitarbeiter aus der Presse erfuhren, was bei ihrem Arbeitgeber vorgeht, sind bei uns ein für allemal vorbei.

Elektronische Medien: Schnelle Information und aktiver Dialog

Unter anderem aus diesem Grund haben wir sehr früh damit begonnen, die elektronischen Medien in unserer Internen Kommunikation einzusetzen. Angefangen hat es mit dem Bildschirmtext, der heute als T-Online einer der größten Online-Dienste der Welt ist.

Hier können die Mitarbeiter auf einen speziellen Container zugreifen, in dem sie interne Informationen abrufen können. Pro Tag nutzen immerhin bis zu 3 500 Mitarbeiter diese Informationsmöglichkeit. Noch häufiger genutzt wird mittlerweile unser Angebot im Intranet, das unter dem Titel „Top Info VV4" eine ideale Ergänzung zu den gedruckten Medien darstellt.

Online können die Mitarbeiter hier auf eine Vielzahl von Inhalten zugreifen. Die Online-Version des „Monitor" bietet sowohl einen schnellen Überblick über die Themen der gedruckten Ausgabe als auch Hintergrundinformationen zu einzelnen Themen. Die Ausgaben der „Vision" sind komplett im Volltext archiviert und bieten direkten Zugriff. Die Rubrik „Im Brennpunkt" unterrichtet über die Haltung des Unternehmens zu aktuellen Fragen. Das Intranet ist so die ideale Ergänzung zu den gedruckten Medien, die ja nun einmal nicht so aktuell sein können.

Ebenfalls recht früh im Vergleich zu anderen Unternehmen haben wir das Medium Business TV für unsere Interne Kommunikation eingesetzt. Seine Premiere erlebte dieser Kommunikationsweg bei der Gründungsfeier der Aktiengesellschaft am 16. Januar 1995. Alle Niederlassungen sind mit einer Satelliten-Empfangsanlage, einem Decoder, einem Großbildfernseher und einem Videorecorder ausgestattet. Über den Fernmeldesatelliten Kopernikus werden die internen Programme verschlüsselt ausgestrahlt. Dadurch können unsere Mitarbeiter an wichtigen Ereignissen wie zum Beispiel der Bilanz-Pressekonferenz unmittelbar teilnehmen.

Einen innovativen Weg gehen wir auch seit der CeBIT 1997 mit der monatlichen Fernsehsendung „Telekom Forum" auf n-tv. Obwohl sie für jedermann zu sehen ist, ist sie für uns ein Teil der Internen Kommunikation. Wir wissen, dass zahlreiche Mitarbeiter zu den Stammsehern dieser Sendung gehören.

Eines ist jedoch wichtig: Alle Medien, ob elektronisch oder gedruckt, arbeiten bei uns Hand in Hand. So sitzen die Redaktionen von „Monitor", „Vision" und Online-Angeboten unter einem Dach. Das macht den Austausch einfacher und verhindert wirksam, dass einzelne Medien ein Eigenleben entfalten. Die strategischen Ziele des Unternehmens müssen immer die oberste Leitschnur aller Kommunikationsaktivitäten sein.

Dieses Prinzip gilt unabhängig von der Größe eines Unternehmens. Wenn heute Serviceorientierung bei den meisten unserer Mitarbeiter ganz oben steht, so ist das nicht zuletzt ein Ergebnis der konzentrierten Anstrengungen in der Internen Kommunikation. Es ist uns gelungen, der Mehrzahl unserer Mitarbeiter klar zu machen, dass davon der Erfolg unseres Unternehmens und damit auch die Sicherheit der eigenen Arbeitsplätze abhängt.

Wenn es unsere Wettbewerber heute nicht ganz so leicht haben, uns Marktanteile abzunehmen, wie sie sich das vielleicht einmal vorgestellt haben, so liegt das ganz wesentlich an der Motivation unserer Mitarbeiter.

Die Fusion – ein Härtetest

Interne Kommunikation bei der Fusion von Bayerischer Vereinsbank AG und Hypo-Bank AG

von Ulrike Dönitz, HypoVereinsbank AG

„1 + 1 = 1" ist das Ziel der Internen Kommunikation bei der Fusion von zwei Unternehmen, auch wenn – um bei einer Ungleichung zu bleiben – betriebswirtschaftlich „1 + 1 = 3" ergeben soll. Das neue gemeinsame Unternehmen arbeitet effizienter, klüger und erfolgreicher, aber mit einer Mannschaft.

Im Folgenden möchte ich am Beispiel der Fusion von Hypo-Bank und Vereinsbank die wichtigsten Herausforderungen und ihre Lösungen schildern.

Vorab kurz die Fakten: Am 21. Juli 1997 geben Hypo-Bank und Vereinsbank ihre Absicht bekannt zu fusionieren. Ein Aktientausch – Hypo-Aktien wurden in Allianz-Aktien aus dem Besitz der Vereinsbank umgetauscht – schaffte die kapitalmäßige Voraussetzung. Mit einer Bilanzsumme von 860 Milliarden DM, 1 460 Geschäftsstellen und 40 000 Mitarbeitern startet die neue HypoVereinsbank am 1. September 1998. Sie ist die zweitgrößte private Bank Deutschlands. Die Fusions-Synergien werden eine Milliarde jährlich sein, je zur Hälfte aus Einsparungen bei Sach- und Personalkosten.

Die Partnersuche

Start: Zwölf Monate vor dem Tag X

Jeder Fusion geht eine Phase der Partnersuche voraus, es liegt jedoch in der Natur der Sache, dass sie in der Regel äußerst diskret stattfindet, denn die Lösung steht – wie in einem Kriminalroman – erst am Schluss fest. Aber schon diese Phase sollte die Interne Kommunikation nutzen: Sie beginnt im Idealfall zwölf Monate vor dem Tag X. Da er nicht bekannt ist, also ab sofort. Es kommt darauf an, die Mitarbeiter innerlich vorzubereiten auf mögliche Veränderungen, so dass sie die Nachricht im Ernstfall nicht völlig überraschend trifft.

Der Konkurrent als Partner von morgen

Vergleiche mit dem Mitbewerber können die Leistung und das Selbstbewusstsein steigern, verbale Konkurrenzkriege können Spaß machen. Sie sind aber nicht hilfreich, wenn der „Miesgemachte" plötzlich der neue Partner sein wird. Die Interne Kommunikation sollte in Zeiten großen Veränderungsdrucks alle Optionen offen halten helfen.

Im Falle der Vereinsbank fanden die monatelangen Vermutungen über Veränderungen am deutschen Bankenmarkt einen spekulativen ersten Höhepunkt, als die Deutsche Bank am 12. Juli 1996 überraschend bekanntgab, fünf Prozent der Vereinsbank-Aktien zu besitzen. Unser Vorstand kommentierte dies mit „Kompliment", die Deutsche Bank habe wirklich einen ausgezeichneten Wert ins Portefeuille genommen.

Tatsächlich war es das Ziel der Vereinsbank, ihre Entscheidungsfreiheit auch bei der Partnersuche so lange wie möglich zu erhalten und zu nutzen. Entsprechende Botschaften wurden in den folgenden Monaten nach innen verbreitet. So hieß es zum Beispiel in einer an alle Mitarbeiter verteilten Rede des Vorstandssprechers zum Führungskräftetag: „Die Beteiligung der Deutschen Bank hat den Handlungsdruck nur verdeutlicht [...] sie ist ein nützlicher, ja ein willkommener ‚Stachel'. Wir wollen eine selbständige Bank bleiben, uns unsere Gestaltungsfreiheit erhalten."

Externe Spekulationen nutzen

Ausnahmsweise ist es in einer derartigen Situation legitim und hilfreich, externe Spekulationen für die interne Einstimmung zu nutzen. Eine bewertende Analyse der West LB über mögliche Fusions-Kombinationen und ihre Effekte auf Filialen und Arbeitsplätze wurde im Frühjahr 1997 bewusst im Haus verbreitet. Auf keinen

Fall sollte nach innen der Eindruck gefördert werden, es bleibe alles so, wie es ist.

Der Tag X

Wie bei der Ruhe vor dem Sturm geht dem Tag der Entscheidung eine „silent period" mit absoluter Diskretion voraus, in der nur ein sehr kleines Team die Vorbereitung betreibt. In den letzten Stunden vor Bekanntgabe vervielfacht sich dieses Team jedoch sprungartig. Insbesondere der Pressebereich und die Interne Kommunikation haben eine viel zu kurze lange Nacht vor sich.

Die erste Information ist die wichtigste

Gerade auf die Formulierung der ersten Nachricht muss viel Mühe verwandt werden: Die Vertreter beider Partner müssen ihr zustimmen. Denn die erste Information ist die wichtigste: Sie erreicht die höchste Aufmerksamkeit bei Mitarbeitern und Gremien, bei Kunden, Aktionären und in der Öffentlichkeit als Titelstory und in den Nachrichtensendungen. Sie erhält die größte Verbreitung in allen Medien, in Tageszeitungen und Wirtschaftsmagazinen, im Fernsehen und Rundfunk. Diese ersten Informationen sind auch die Grundlage für alle weiteren Berichte und Bewertungen der Fusion.

Gleicher Inhalt, andere Wertung

Die Themen für die Externe und Interne Kommunikation sind identisch: Was sind die Ziele der neuen Bank, wie groß sind die Synergie-Effekte bei den Sachkosten, wie viele Arbeitsplätze werden abgebaut, wie viele Filialen geschlossen, wann fallen die ersten Personalentscheidungen, wie lange wird die Realisierung dauern?

Die Bewertung der Antworten auf diese Fragen, soweit sie zu diesem frühen Zeitpunkt überhaupt bekannt sind, fällt allerdings intern/extern genau entgegengesetzt aus: Extern positiv aufgenommen wird die geplante Realisierung von Kostenersparnis in möglichst kurzer Zeit, weil sie hohe Effizienz der Fusion und ein konsequentes Management bedeutet. Intern positiv aufgenommen werden Informationen, die geringe Arbeitsplatzverluste auf einen langen Zeitraum gestreckt versprechen. Das lässt sozialverträgliche Lösungen mit weniger Ängsten erwarten.

Konsequenz für die Kommunikation nach innen und außen: Nur gesicherte Zahlen bekanntgeben. So kommentiert „Capital" 7/98 unter der Überschrift „Nicht mit Wildweststiefeln einmarschieren" die Fusion von Hypo- und Vereinsbank: „Disziplin und Psychologie diktierten das Drehbuch für den Zusammenschluß von Hypo-Bank und Vereinsbank. Schnell kommunizierte Vereinsbank-Chef Dr. Schmidt das Schlagwort von der Bank der Regionen – und ließ sich auf auch hartnäckige Fragen nicht entlocken, wieviel Arbeitsplätze er streichen wird. Dagegen rückt der Unmut der Belegschaft die Fusion von UBS Schweizerische Bankgesellschaft und Schweizerischer Bankverein (SBC) ins schiefe Licht. Mit Bekanntgabe des Mergers stellte das Management die Beschäftigten vor Tatsachen: ‚13 000 Jobs fallen weg, davon 7 000 in der Schweiz'."

Die Zahl der abzubauenden Stellen – nicht Mitarbeiter – haben wir das erste Mal in der Presse-Konferenz zum ersten Halbjahr 1998 benannt – zu einem Zeitpunkt, als das Besetzungsverfahren für alle Ebenen abgeschlossen war und die Mitarbeiter neue Verträge in den Händen hielten.

Die Kommunikationsverantwortlichen müssen sich darüber im Klaren sein, dass die Bewertung wichtiger Informationen auch zwischen den beiden neuen Partnern sehr unterschiedlich ist: Jede Entscheidung von Personal- und Sachfragen „produziert" Gewinner und Verlierer: Wer übernimmt Managementfunktionen? Welches EDV-System wird übernommen? Welche Struktur wird weiterentwickelt? „Erfreuliche" Nachrichten müssen für jeden der Partner zu finden sein.

Wer sich kennt, arbeitet besser zusammen

Die ideale Voraussetzung für eine gelungene Fusionskommunikation ist es, wenn sich die Verantwortlichen beider Unternehmen schon von früher persönlich kennen. Gerade unter dem Zeit- und Entscheidungsstress der ersten Stunden versteht man sich besser und schneller. Nutzen Sie also die Gelegenheit, Kolleginnen und Kollegen aus der Branche kennenzulernen. Die Teams für die Externe Kommunikation, also die Presse, und für die Interne Kommunikation müssen sehr eng zusammenarbeiten. Räumliche Nähe ist dafür ebenso Bedingung wie die, dass diese Teams aus den Spezialisten beider Häuser bestehen.

Klare Spielregeln

Die Kommunikationsteams müssen nach klaren Spielregeln vorgehen, selbst wenn sie sie erst zu einem späteren Zeitpunkt schriftlich vereinbaren. Wir haben sie so formuliert:

1. Interne Kommunikation kommt vor Externer.
2. Identische Inhalte werden gleichzeitig an vergleichbare Zielgruppen in beiden Unternehmen kommuniziert.
3. Mitarbeitervertretungen werden vorab informiert.

Hase und Igel

Bei allen guten Vorsätzen wird es der Internen Kommunikation aber häufig gehen wie Hase und Igel: Die Externe Kommunikation ist schneller. Schon formal brauchen die Paragraph-15-Meldungen einen 30-Sekunden-Vorsprung. Selbst beim Einsatz von hauseigenen elektronischen Informationsmedien kann der Mitarbeiter die Nachricht bereits im Autoradio auf dem Weg zur Arbeit hören. Dennoch ist es richtig, die Mitarbeiter schnell und zeitgleich zu informieren, um ihnen zu signalisieren, wie wichtig sie das Unternehmen nimmt.

Medien verstärken sich wechselseitig

Bei einem Anlass dieser Tragweite werden in den ersten Tagen alle verfügbaren Medien und Instrumente für die Interne Kommunikation eingesetzt. Durch funktionsgerechte Nutzung und zielgruppengerechten Einsatz werden Doppelungen und ein Informations-Overkill vermieden.

Medien im Überblick

Interne Massenmedien

■ elektronisches Info-System	**Aktualität**
■ Fax-Versandaktion	**Zielgruppenselektion**
■ Fax-on-demand-Angebot	**Hintergrundinfo**
■ Business TV: ....- aktuelle News	**Emotion/Motivation**
...............- Live-Diskussionen	
...............- Video	
■ Vorstandsbriefe	**Relevanz**
■ Rundschreiben	**Handlung**
■ Mitarbeitermagazin- Sondernummer Fusion	**Orientierung**
...............- erste gemeinsame Nummer	
■ Publikationen ....- Besetzungslisten	**Information**
...............- Betriebsvereinbarungen	
...............- Arbeitsplatzbeschreibungen etc.	

Interpersonelle Kommunikation

■ Sitzungen auf allen Hierarchie-Ebenen	**Steuerung top-down**
■ Führungskräfte-Treffen (Strategie-Tag)	**Motivation**
■ Mitarbeiter-Gespräche	**Steuerung bottom-up**
■ Betriebsversammlungen	**Steuerung bottom-up**
■ Hotline	**Information**
■ Projektarbeit in gemischten Teams	**Integration**

Externe Information

■ Presse	**Bedeutung**
■ Werbung	**Emotion**
■ Kunden- und Aktionärsinformationen	**Information**

Es ist ein Irrglaube, dass ein elektronisches Medium alle anderen „traditionellen" Medien überflüssig mache. Erst durch die Vernetzung der Medien entstehen aus Informationen erste Wertungen und neue Einstellungen.

So sind die gedruckten Mitarbeiterzeitungen schon angesichts ihres meist mehrtägigen Verteilerwegs für Aktuelles völlig überholt.

Dennoch produzieren sie durch ihre wörtlich zu nehmende Fassbarkeit Glaubwürdigkeit und Wichtigkeit, durch die Bebilderung Emotionalität. Auch geben sie Orientierung durch vertiefende Hintergrundinformation.

In den ersten Tagen nach der Fusionsbekanntgabe haben wir beschlossen, inhaltsidentische Fusions-Sondernummern in beiden Häusern zu veröffentlichen. Die Gestaltung entsprach den bisherigen Auftritten, damit die Mitarbeiter noch etwas „Heimat" spürten. Seit Beginn des Jahres 1998 bringen wir, noch vor dem Start der neuen Bank, ein gemeinsames, neu gestaltetes Konzernmagazin für die etwa 48 000 Mitarbeiter und Pensionisten heraus, das erste für alle greifbare gemeinsame Produkt.

Zielgruppenvermehrung

Die Zielgruppen für die Interne Kommunikation multiplizieren sich durch die Fusion: Verschiedenartige Informationen für die Teilöffentlichkeiten der beiden Einzelunternehmen laufen parallel zu Nachrichten, die die sukzessiv installierten Gremien des neuen Unternehmens betreffen. Ist es schon in normalen Zeiten schwierig genug, den Adressbestand der internen Zielgruppen korrekt parat zu haben, so entwickelt sich die Aktualisierung der internen Listen in

Zielgruppenvermehrung

- Vorstand
- Top-Management
- Leitende Angestellte
- sonstige Führungskräfte
- alle Mitarbeiter
- Mitarbeiter im Ausland
- Mitarbeitervertretungen
- Aufsichtsrat

x 3*

- Beirat
- Tochtergesellschaften

* Hypo-Bank
Vereinsbank
Neue Bank

der Übergangsphase einer Fusion zu einer nicht ganz einfach zu erfüllenden Notwendigkeit. Jeder kann die Peinlichkeit nachfühlen, die entstünde, wenn zu einem Meeting eines neuen Gremiums jemand „nicht Berücksichtigtes" eingeladen würde, der in der Regel über seine Situation sowieso nicht gerade begeistert ist.

Die folgenden drei Bedingungen klingen banal, sind aber entscheidend:

1. Die Zielgruppen müssen kontinuierlich definiert und aktualisiert werden. Vergleichbare Definitionen in beiden Häusern vermeiden Empfindlichkeiten.
2. Die Erreichbarkeit der Adressaten muss sichergestellt werden, trotz Hunderter von Umzügen, Doppelfunktionen während der Umstellung und der babylonischen Sprachverwirrung von alten und neuen Organisations-Abkürzungen.
3. Die Namen müssen für die Interne Kommunikation zur Verfügung stehen, was eine gute und enge Zusammenarbeit mit dem Personalbereich erfordert.

„Ungleichbehandlung" ist wichtig

Die zielgruppenspezifische Kommunikation muss als abgestuftes Verfahren stattfinden, um die Führungskräfte in ihrer Rolle während des Fusionsprozesses zu bestätigen.

Als Entscheider und Informationsgeber sind sie Träger der unerlässlichen personalen Kommunikation und tragen wesentlich zur Meinungsbildung und Motivation der Mitarbeiter bei. Eine „Vorzugsbehandlung" dieser Zielgruppe ist dabei hilfreich. Vorabinformationen per Fax geben zum Beispiel einen Wissensvorsprung vor der Massenkommunikation, und Managementtreffen bieten Gelegenheit zu direkter persönlicher Information.

Glücklicherweise traf sich die erste und zweite Führungsebene unserer Bank routinemäßig am Nachmittag der Fusionsbekanntgabe, so dass ohne auffällige Vorbereitung eine aktuelle Information aus erster Hand möglich war.

Mitarbeitervertretungen

Wichtige Meinungsbildner sind die Betriebsratsgremien und der Sprecherausschuss der Leitenden beider Unternehmen. Sie gestalten nicht nur den Fusionsprozess durch gemeinsame Betriebsvereinbarungen mit, sondern bewirken durch ihre Bewertung der Vorgänge Sicherheit und Glaubwürdigkeit oder schlimmstenfalls Misstrauen und Unruhe. Eine offene und frühe Information über Vorschriften hinaus unterstützt eine konstruktive Zusammenarbeit.

In der Kommunikation haben die Mitarbeitervertretungen einen angemessenen Stellenwert, zum Beispiel in der Mitarbeiterzeitung: Ziel ist es nicht, sie als bequemen Partner darzustellen, sondern zu zeigen, wie sehr sie sich für die Belange der Mitarbeiter einsetzen, zäh um Vereinbarungen ringen und Konflikte nicht scheuen.

Die Integrationsphase

Den ersten Wochen mit spektakulären Nachrichten und aufregenden Absichtserklärungen folgt die Integrationsphase: Sukzessive werden Sach- und Personalentscheidungen getroffen, Hunderte gemischte Arbeitskreise werden gebildet und nehmen ihre Arbeit auf. Wenn alle Beteiligten gute Arbeit geleistet haben, geht die Integrationsphase zügig in den Normalbetrieb des neuen Unternehmens über: Mit gemeinsamen Zielen, gemeinsamen Lösungen, einer neuen gemeinsamen Kultur.

Termintreue macht sicher und glaubwürdig

Die große Menge der Entscheidungen zieht sich über Monate hin, was bei sachlicher Würdigung der weitreichenden Vorgänge Verständnis findet. Sehr wichtig ist es aber, den Gesamtprozess in viele einzelne Entscheidungsschritte zu gliedern und dafür einen Terminplan festzulegen und zu veröffentlichen. Anfang Oktober 1997 haben wir einen ersten Kommunikationsfahrplan publiziert, der bis zur Besetzung der dritten Ebene Anfang März 1998 reichte. Seine Fortschreibung erfolgte in den Ausgaben der Konzernzeitung. Die Einhaltung der Termine und pünktliche Bekanntgabe der Entscheidungen – manchmal mit Hängen und Würgen – schafft Vertrauen und Glaubwürdigkeit. Die nicht zu vermeidende Gerüchteküche wird auf ein erträgliches Maß reduziert.

Information allein überzeugt nicht

Bei aller Wichtigkeit der Sachebene reichen Informationen allein nicht aus, um die gewünschten Emotionen zu produzieren. Die Interne Kommunikation muss viel Sensibilität und Aufmerksamkeit für Gestik und symbolische Handlungen entwickeln. Ein freundlicher Mitarbeiterbrief wirkt stärker, wenn ihn beide Vorständen unterschrieben haben. Als Briefkopf haben wir für die Übergangsphase ein gemeinsames Doppellogo benutzt. Die erste Pressekonferenz fand auf „neutralem" Boden, die folgenden abwechselnd mal in dem einen, mal in dem anderen Unternehmen statt. Die Frage, wer zu welchem Treffen einlädt, ist ebenso bedeutend wie der sachliche Inhalt. Wünschenswert wäre übrigens, dass der neue Chef zum Team geht und nicht die neuen Mitarbeiter zu sich zitiert!

Besonderes Gewicht haben wir auf das Kennenlernen der Führungskräfte gelegt. Ende Februar 1998 wurden die erste bis dritte Ebene beider Unternehmen – etwa 1 200 Personen – zu einem Strategie-Tag nach München eingeladen. Dafür galten die bisherigen Definitionen, unabhängig davon, ob die Führungskräfte für die neue Bank bestätigt waren oder nicht. Denn alle alten Funktionen mussten bis zur formalen Fusion, der Handelsregistereintragung, in beiden Häusern wie bisher wahrgenommen werden.

Am Strategie-Tag präsentierten die neu definierten Unternehmensbereiche ihre Ziele und Vorgehensweisen und stellten sie in Workshops zur Diskussion. Fast ebenso wichtig wie diese offizielle Präsentation war das informelle Treffen am Abend vorher. In einer ehemaligen Reithalle wurden bei einem Bier erste Fremdheit und Befangenheit und viel Frust abgebaut.

Die Relevanz verändert sich

Die Relevanz der Themen verlagert sich im Verlauf der Fusion. Trotz schier unendlich großem Klärungsbedarf in Bezug auf technische und organisatorische Fragen verlieren diese Entscheidungen an Bedeutung, und die Gretchen-Frage: „Was wird aus mir?“ rückt drängend in den Vordergrund. Die Interne Kommunikation über Medien findet hier ihre Grenzen, die Führungskräfte müssen sie ablösen und den individuellen Informationsbedarf der Mitarbeiter erfüllen.

Den Bock zum Gärtner machen?

Die Führungskräfte sind einerseits Träger der personalen Kommunikation, andererseits auch selbst Betroffene durch Fusionsentscheidungen. Die neue Aufgabe wird als weniger wichtig empfunden, man fühlt sich als Verlierer, im Extremfall gibt es gar keine neue Stelle, sondern eine Trennung wird vereinbart, allerdings erst zum Start des neuen Unternehmens.

Aber auch die „Sieger“, die wichtige Funktionen erhalten, sehen sich Hunderten von noch nicht strukturierten und noch zu entscheidenden Vorgängen ausgesetzt, die mit den bisher bewährten Rezepten nicht zu bewältigen sind.

Die Stimmungsschere öffnet sich zwischen hochmotivierten Gewinnern, unsicheren „noch nicht Entschiedenen“ und resignierten Verlierern. Die Folgen sind unerklärlich unterschiedliche Leistungsergebnisse und diametral verschiedene Reaktionen auf gleiche Vorgänge. Die nachvollziehbare Demotivation von „Verlierern“ kann nur im bilateralen Gespräch aufgefangen werden. Interne Kommunikation kann die Personalarbeit, das Gespräch zwischen Führungskraft und Mitarbeiter, nur noch unterstützen, zum Beispiel durch Sensibilisierung des Managements.

Zum ersten offiziellen Kennenlernen der gemischten Teams fanden in allen Unternehmensbereichen Integrationsworkshops statt, flächendeckend über alle Hierarchiestufen hinweg. Dieselben Ziele, ähnliche Ablaufstruktur, Präsentationsunterlagen und die Begleitung durch Moderatoren stellten sicher, dass dieselben Botschaften die Teilnehmer erreichten.

Kommunikation controllen

Wie werden nun all die Mühen der Internen Kommunikation aufgenommen? Die Kontrolle der Kommunikation gibt wichtige Hinweise, ob die Informationen ankommen und welche Wirkung sie haben. Die nachfrageorientierten Medien beweisen ihre Akzeptanz durch ihre Nutzerzahlen – wie die elektronischen Informationssysteme oder zum Beispiel Fax-on-demand-Aktionen. Übrigens haben Telefon-Hotlines bei uns keine große Resonanz gefunden, was wir auf gut funktionierende personale Kommunikation in den Einheiten zurückführen.

Ein alle drei Monate durchgeführtes „Fusionsbarometer" gibt Auskunft über Stimmungslage und Einschätzungen. Insgesamt haben wir die Ergebnisse für die Interne Kommunikation positiv gewertet, da sich skeptische Haltungen tendenziell in optimistischere Sichtweisen verwandelten.

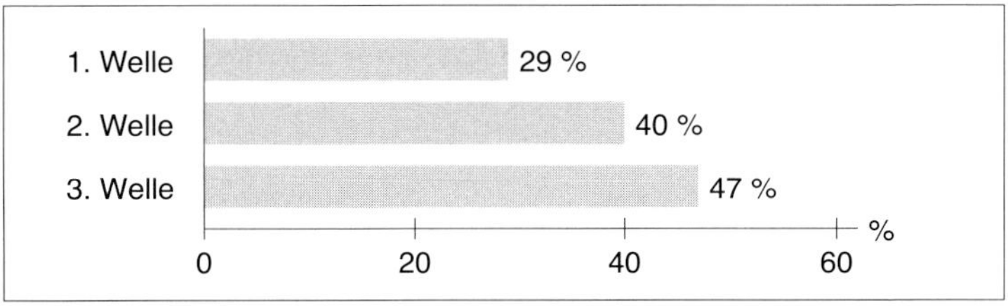

Abbildung 6: Erwarten Sie persönlich eher Vorteile durch die Fusion?

Vorwärts-Strategie als Weg aus dem Tief

Selbst ein so weitreichendes Thema wie Fusion „verbraucht" sich im Lauf der Monate, weitere Entscheidungen wirken nicht mehr motivierend. Die Interne Kommunikation muss parallel zu dem Informationsfluss Themen finden, die Lust auf das neue Unternehmen machen: Das ist das modernere Corporate Design, das gemeinsame Logo, die neue Werbung, die Aktivitäten zum Start. Nach vorn gerichtete konkrete Themen erleichtern die Entstehung der gemeinsamen Kultur.

GAU und Superchance

Die Fusion von zwei Unternehmen bedeutet für die Interne Kommunikation die größtmögliche Herausforderung. Für alle Mitarbeiter der Internen Kommunikation als Beteiligte und Betroffene ist sie außerordentlich spannend und fordernd. Der ganze Instrumentenkasten an Möglichkeiten kommt zum Einsatz, ergänzt durch Sensibilität und Offenheit, um aus den Erfahrungen des Integrationsprozesses schnell zu lernen. Eine Fusion ist aber auch eine Superchance, den Stellenwert der Internen Kommunikation im Unternehmen zu erhöhen.

Selbst hartgesottene Controller-Naturen nehmen die Kommunikation wichtiger als sonst: „Können Sie uns bitte informieren, wie die Stimmung in unserem neuen Team ist?" Früher eher introvertierte Bereiche drängen in die internen Medien, um ihre Angebote und Neuerungen vorzustellen. Bis dato nicht finanzierbare Aktivitäten werden möglich, und die Interne Kommunikation kann Standards setzen für die Qualität der weiteren Kommunikation.

3. Kapitel

Interne Kommunikation und Arbeitswelt

Change-Prozesse in Konzernen und Unternehmen haben Auswirkungen auf die Arbeitswelt: Flexibilisierung der Arbeitszeit, Intensivierung von Produktionsabläufen, neue Arbeitsformen, im ungünstigsten Fall Personalabbau, der Führungskräfte und Mitarbeiter gleichermaßen trifft. In jedem Fall begleiten Interessenkonflikte den Unternehmenswandel. Interne Kommunikation muss deswegen mehreres gleichzeitig leisten: Überzeugungsarbeit, Motivationshilfe und Krisenmanagement. Das verlangt von allen Seiten den Willen zur offenen Kommunikation. Nur so kann Akzeptanz für angestrebte Veränderungen gefördert werden.

Die Grenzen der Gemeinsamkeit

Service-Mobilisierung bei der Allianz Versicherungs-AG aus Sicht der Arbeitnehmervertretung

Ein Gespräch mit Karl Miller, Frankfurter Versicherungs-AG/Allianz Versicherungs-AG

Karl Miller, Betriebsratsvorsitzender der Frankfurter Allianz Versicherungs-AG, einer Tochtergesellschaft der Allianz Versicherungs-AG (im Folgenden auch Frankfurter Allianz genannt), und Arbeitnehmervertreter im Aufsichtsrat der Allianz Holding, stellte uns zwei Projekte zur Service-Mobilisierung bei der Allianz Versicherungs-AG vor: Die Einführung flexibler Arbeitszeit und die Einführung des Allianz-Service-Programms. Am Beispiel dieser beiden Projekte fragten wir ihn: Wie beurteilt er als Betriebsratsvorsitzender die Kommunikation der Unternehmensführung mit den Mitarbeitern? Welche Gründe gibt es für das Gelingen oder Misslingen dieser Kommunikation? Wie sieht die Kommunikation von Unternehmen und Betriebsrat aus? Gibt es eine Zusammenarbeit von Unternehmensführung und Arbeitsnehmervertretung bei der Kommunikation von Change-Prozessen?

Miller: Wir haben hier flexible Arbeitszeit eingeführt. Jeder Mitarbeiter kann in einem zeitlichen Rahmen von 6.30 bis 20.00 Uhr selbst bestimmen, wann er arbeitet. Nun haben wir hier eine Besonderheit, die sich aus der Lage der Zentrale der Frankfurter Allianz mitten in der Stadt ergibt. Bis zur Einführung flexibler Arbeitszeit haben wir die Mittagspause locker gehandhabt. Die Leute konnten in die Stadt gehen. Die neue Regelung, die Eigenverantwortlichkeit stärken sollte, stieß schon am ersten Tag auf das Problem, dass Vorgesetzte die Mittagspause messen wollten – aus Angst, die Mitarbeiter könnten diese Freiheit missbrauchen. Nach den ersten drei Monaten haben wir gesagt: Die Leute missbrauchen diese Freiheit nicht. Ihr sendet die Botschaft: Jeder ist verantwortlich, aber im selben Moment fangt Ihr an, zu messen und zu kontrollieren. Die Angst, dass die Freiheit missbraucht würde, war groß. Mittlerweile

Flexible Arbeitszeit

Am 1. Januar 1997 wurde bei der Frankfurter Versicherungs-AG flexible Arbeitszeit eingeführt. Während der 18monatigen Testphase setzte sich die Regelung durch und erreichte eine große Akzeptanz bei den Mitarbeitern. Kern der Regelung ist, dass die Mitarbeiter innerhalb eines zeitlichen Rahmens von 6.30 bis 20.00 Uhr (montags bis freitags) ihre Arbeitszeit frei wählen können. Jede Einheit organisiert von 8.00 bis 18.00 Uhr eine Servicebereitschaft, während der eine dem Bedarf angemessene Anzahl an Mitarbeitern zur Verfügung steht. Die tägliche Arbeitszeit kann also selbst bestimmt werden; die Freiheit der Mitarbeiter endet dort, wo die Rücksichtnahme auf Arbeitssituation und Servicebereitschaft beginnt. Aber die Mitarbeiter können nicht nur ihre Arbeitszeit selbst festlegen, sie können auch das Zeitguthaben, das sie sich erarbeiten, in Form von Ausgleichstagen wieder abbauen. Ausgleichstage können sogar ohne entsprechendes Zeitguthaben genommen werden. Das Zeitkonto wird jährlich an einem Stichtag, dem 30. Juni, ausgeglichen: Zeitguthaben müssen dann bis auf 40 Stunden als Ausgleichstage genommen sein, sonst verfallen sie. Auch dürfen nicht mehr als 40 Fehlstunden in den neuen Abrechnungszeitraum übernommen werden. Ein Vorteil für die Mitarbeiter ist auch, dass die Zeit von 18.00 bis 20.00 Uhr (bis dahin nur bis 18.00 Uhr) auf die Arbeitszeit angerechnet wird.

Die Vorteile:

- hohe Eigenverantwortlichkeit,
- Vereinbarkeit von persönlichen Bedürfnissen und betrieblichen Belangen,
- erweiterter Flexibilisierungsrahmen (bis 20.00 Uhr),
- erweiterter Ausgleichszeitraum (ein Jahr),
- weniger Verfall von Zeitguthaben

wurden den Mitarbeitern in einem „Allianz Extra" vorgestellt. Es wurde aber auch nicht verschwiegen, dass das erste Ziel der neuen Regelung nicht die Zufriedenheit der Mitarbeiter, sondern die der Kunden ist: Verlängerte Servicezeiten, so wurde argumentiert, bieten einen Wettbewerbsvorteil, tragen zur Kundenzufriedenheit bei, erlauben eine flexible Reaktion auf schwankenden Arbeitsanfall und sichern Arbeitsplätze.

(Quelle: „Allianz Extra" 1/1997)

ist aber auch klar, dass die flexible Arbeitszeit ihren Preis hat. Sie hatte zur Folge, dass wir verlängerte Servicezeiten eingerichtet haben. Wir haben jetzt Servicezeiten bis 18.00 Uhr, bis dahin hatten wir sie nur bis 16.00 Uhr. Die Einführung flexibler Arbeitszeit hatte zur Folge, dass wir in den neuen Zeiten voll besetzt waren, aber in den Hauptansturmzeiten waren nicht genügend Mitarbeiter da. Jetzt kam natürlich sofort der Wunsch auf, das alles zu regeln. Da haben wir gesagt: Das ist ein Führungsproblem, nicht ein Anordnungsproblem. Wenn Ihr von dem Gedanken ausgeht, dass der Mitarbeiter so vernünftig ist, dass er mit seiner Zeit frei umgehen kann, dann ist es eine Führungsaufgabe, ihm klarzumachen, dass diese Freiheit nicht grenzenlos ist. Aber wenn Ihr es ihm anordnet, dann ist das Projekt gestorben.

Deekeling: War die Reaktion der Mitarbeiter auf die Einführung flexibler Arbeitszeit positiv? Wurde das als Chance oder als Bedrohung empfunden?

Miller: Das ist ganz interessant. Die Arbeitnehmervertreter haben es eher als ein Problem angesehen als die Mitarbeiter. Die Mitarbeiter haben eher die Chancen gesehen.

Deekeling: Wie hat die Unternehmensführung mit Ihnen kommuniziert? Wie sind Sie da eingebunden worden?

Miller: Wir haben das gemeinsam erarbeitet. Es wurden gemeinsame Projektgruppen gegründet. Spannend war: Wir sind ja ein Konzern. Dieser Konzern hat immer den Wunsch nach einheitlichen Regelungen. Die Einführung flexibler Arbeitszeit sollte zentral geregelt werden, mit Essentials. Diese Essentials bedeuteten eine Einschränkung der Mitbestimmung, und daran ist die Einführung flexibler Arbeitszeit beinahe gescheitert. Der Konzern hätte keine flexible Arbeitszeit bekommen, wenn eine einheitliche Regelung hätte gefunden werden müssen. Plötzlich gab der Konzern die zentrale Regelung auf und gab die Aufgabe, eine Regelung zu finden, an die Standorte ab – mit der Auflage: Die Essentials müssen eingehalten werden. Das hat sich nicht durchhalten lassen, so dass es jetzt unterschiedliche Regelungen gibt. Zuerst sollte ein Runder Tisch eingeführt werden, ein paritätisch besetzes Gremium, das im Streitfall die Rechte des Betriebsrats haben und entscheiden sollte. Das haben bestimmte Standorte akzeptiert, wir in Frankfurt nicht. Dieser Runde Tisch hat in Frankfurt kein einziges Mal getagt. Der Zwang zur Regelung war groß, aber auch die Bereitschaft der Mitarbeiter, eine Regelung zu finden. Bei uns wurde gesagt: Wir machen die Servicezeiten dort, wo uns ein Bedarf nachgewiesen wird. Dann wurde gesagt: Wir können das nicht, wir müssen das für alle gleich machen, weil wir sonst Unsicherheit hereinbringen. Und wir wollen mit diesem Argument ja auch werben, damit die Servicezeiten in Anspruch genommen werden. Es hat sich herausgestellt: Das war ein Fehler. Man sollte Mitarbeiter nur dort beanspruchen, wo ein Bedarf vorliegt. Das wird jetzt geändert.

Deekeling: Wie hat der Konzern bei der Einführung flexibler Arbeitszeit informiert? Ist die Belegschaft zusammengerufen worden? Was ist da eingesetzt worden?

Miller: Alles. Zunächst begann der Dialog mit den Arbeitnehmervertretern. Dann sind an verschiedenen Standorten Pilotprojekte gemacht worden, an denen wir beteiligt waren. Da haben wir sehr schnell gemerkt, dass die Akzeptanz der Belegschaft sehr groß war. Über 90 Prozent! Wir haben eigentlich mit größeren Problemen gerechnet.

Deekeling: Sie wurden also eingebunden. Und dann? Wurde es veröffentlicht? Wo wurde es veröffentlicht? In der Mitarbeiterzeitung?

Miller: Es wurde dann veröffentlicht. Die Allianz gibt eine Mitarbeiterzeitung heraus. Das macht die Abteilung für Unternehmenskommunikation, die in der Hauptverwaltung in München sitzt. In dieser Mitarbeiterzeitung wurde das Modell flexibler Arbeitszeit vorgestellt und sehr eindrucksvoll präsentiert. Da gibt es auch Interviews mit Mitarbeitern, die sich begeistert zeigten. Das wird sehr subtil genutzt.

Deekeling: Interne Kommunikation wird von Unternehmensseite also auch instrumentalisiert?

Miller: Ja sicher!

Deekeling: Wie ist in einem solchen Prozess die Akzeptanz der Mitarbeiterzeitung?

Miller: Die Mitarbeiterzeitung hat eine geringe Akzeptanz. Da wird doch ohne Ende geschönt!

Deekeling: Wie ging es dann weiter?

Miller: Dann wurde das Ganze, wie es in Deutschland üblich ist, in eine Vertragsform gebracht. Für die Standorte wurde eine Regelabrede geschlossen, keine Betriebsvereinbarung. Es wurde eine Regelung unterhalb der gesetzlichen Regelung gefunden. Diese Regelabrede wurde dann veröffentlicht. Sie wurde auf Betriebsversammlungen vorgestellt. Das war meine Aufgabe, sie vorzustellen und zu erläutern. Dann wurde ein „Allianz Extra" verfasst und über die Post an alle verteilt.

Deekeling: Sind bei solchen Betriebsversammlungen auch Vertreter der Unternehmensführung dabei?

Miller: Ja sicher, zumindest Vertreter der Unternehmensführung der Standorte. Oft werden wichtige Themen auch in Form eines konkurrierenden Vortrags in den Betriebsversammlungen vor- und zur Diskussion gestellt.

Deekeling: Wird das vorher abgestimmt?

Miller: Wir sprechen uns vorher ab, aber nicht immer. Die Unternehmensführung will vorher schon wissen: Wie transportiert er das Thema? Besetzt er es positiv oder negativ? Das sage ich vorher schon. Wenn wir der Unternehmensführung vorher sagen: Wir besetzen das Thema nicht positiv, ist es häufig so, dass es im Vorfeld noch Änderungen gibt. Der Wunsch nach Konsens ist groß.

Deekeling: Der Betriebsrat wird also nicht als taktisches Problem gesehen, sondern als Partner der Kommunikation?

Miller: Ja.

Deekeling: Hat sich das geändert? War das früher anders?

Miller: Das Ranking des Betriebsrats hat sich geändert. Das liegt auch daran, dass sich unsere Funktion geändert hat. Die meisten Betriebsratsvorsitzenden sitzen auch im Aufsichtsrat. Das heißt: Sie sind an den Informationen und an der Unternehmensführung viel näher dran als jede andere Führungskraft. Die Wende kam mit der Einführung des paritätischen Mitbestimmungsrechts. Das hat das Verhältnis zu den Betriebsräten geändert. Plötzlich mussten die Arbeitnehmervertreter die Verträge der Vorstände alle vier Jahre verlängern. Wenn die Arbeitnehmervertreter gegen die Verlängerung stimmten, war ein Vorstand immer belastet – auch wenn die Arbeitnehmerseite nicht die Mehrheit hatte. Aber wenn die Arbeitnehmerseite gegen die Verlängerung eines Vertrags gestimmt hat, hat sich der Vorstand selten halten können.

Deekeling: Arbeitet der Betriebsrat denn auch mit Kollegen aus der Abteilung Unternehmenskommunikation zusammen? Setzt man sich zusammen? Kommt der Chef der Abteilung Unternehmenskommunikation zu Ihnen?

Miller: Zu mir schon. Das ist aber eine besondere Situation. Wir verstehen uns persönlich sehr gut. Aber Ihre Frage kann ich mit Nein beantworten. Eine solche Zusammenarbeit gibt es nicht. Das liegt auch daran, dass der Konzern vorgibt, dass die Einheiten dezentral Verantwortung tragen. Aber zwischen dem Zentralismus der Konzernführung und der dezentralen Verantwortung toben Kämpfe. Der Arbeitsdirektor des Konzerns, der für alle Bereiche zuständig ist, hat es sehr schön formuliert: Sie sind dezentral verantwortlich, aber unter unserer Anleitung! Das gilt auch für die AGF, eine große französische Versicherung, die von der Allianz gekauft wurde. Da wurde auch gesagt: Die AGF ist frei – unter unserer Anleitung. Das ist doch ein Widerspruch! Selbstverständlich gibt es einen ganz zentralen unternehmerischen Willen. Essentials werden sehr eng gesetzt. Sie müssen eingehalten werden. Die Freiheit ist also eng begrenzt.

Deekeling: Darf ich nochmals zurückkommen auf die Einführung flexibler Arbeitszeit? Ist das von der Seite der Kommunikation her optimal gelaufen? Hätte man es besser machen können? Und wenn ja: Was hätte man besser machen können?

Miller: Vom Ergebis her gesehen ist die Kommunikation gut gelaufen. Wenn wir die Regelung heute rückgängig machen wollten, würden wir auf den Widerstand der Mitarbeiter stoßen. Ein komplizierter Vorgang ist – in einem einfachen Umkehrschluss – also gut gelaufen.

Deekeling: Lag das daran, dass die Akzeptanz von vornherein groß war, oder war das einfach gut verkauft, gut vermittelt?

Miller: Das ist gut verkauft worden. Es wurde gesagt: Es verfällt Euch keine Zeit mehr wie früher. Und etwas ganz Wichtiges: Ihr könnt mit Eurer angesammelten Zeit Ausgleichstage in Anspruch nehmen, Ihr könnt Euch also zusätzliche Freizeit erarbeiten. Neben der guten Urlaubsregelung – sechs Wochen Urlaub im Jahr – also locker nochmals für jeden gut eine Woche! Das war ein hoher Anreiz. Aber man hat es auch gut verkauft. Überlegen Sie, wie gut das verkauft wurde, wenn das Ergebnis ist, dass die Mitarbeiter statt 38 Stunden 41 Stunden arbeiten. Wir arbeiten seit Einführung flexibler Arbeitszeit statt 38 Stunden 41 Stunden pro Woche! Das ist ein Riesengewinn für das Unternehmen. Stellen Sie sich einmal vor, wir hätten beschlossen: Wir verlängern die Arbeitszeit um drei Stunden pro Woche. Was da los gewesen wäre. Also wir haben das so nicht gewollt!

Deekeling: Wie sehen Sie das Allianz Service Programm (ASP)?

Miller: Das ASP geht davon aus, dass die Versicherer bislang beamtenmäßig gearbeitet haben, dass sie nur dann tätig geworden sind, wenn man sie dazu aufgefordert hat. Dies soll sich ändern. Der Mitarbeiter soll sich für den Kunden verantwortlich fühlen und von sich aus initiativ werden. Das ist eine totale Veränderung der Arbeitnehmerkultur. Die Versicherungsangestellten wurden ja bislang als Versicherungsbeamte angesehen, weil sie sich beamtenmäßig verhalten haben. Diese Kultur wurde in der Nachkriegszeit und noch bis vor zehn Jahren durch das Führungsverhalten unterstützt. Jetzt soll der Mitarbeiter zum Manager seines Falles werden.

Das Allianz Service Programm (ASP)

Schon bei der Einführung flexibler Arbeitszeit war die Kundenzufriedenheit Anlass für die neue Regelung. Beim Allianz Service Programm – kurz ASP genannt – rückt die Kundenorientierung ganz in den Vordergrund. Das ASP hat zum Ziel, Kunden durch Serviceoptimierung langfristig an das Unternehmen zu binden. Das Programm orientiert sich an Kunden, die schnell bedient, kompetent beraten und freundlich behandelt werden wollen. Unter dem Motto „Unser Service – unsere Stärke" werden den Mitarbeitern Service-Standards nahegelegt. Erreichbarkeit, Schnelligkeit, Freundlichkeit, Verständlichkeit und Kompetenz sind Schlüsselwörter. Zum serviceorientierten Versicherungsunternehmen gehört die Erreichbarkeit für den Kunden in den Servicezeiten von 8.00 bis 18.00 Uhr ebenso wie das freundliche, höfliche und aufmerksame Auftreten der Mitarbeiter. Der Kunde soll sich willkommen fühlen. Um dies zu erreichen, wird das Verhalten der Mitarbeiter bis ins Detail festgelegt: Der Kunde soll zum Beispiel spätestens nach dem dritten Klingeln einen Ansprechpartner am Apparat haben, und er soll nicht mehr als einmal weitervermittelt werden. Auch für die Bearbeitungszeit von Kundenanliegen gibt es feste Vorgaben: In der Regel soll innerhalb von zwei Arbeitstagen eine abschließende Bearbeitung oder mindestens ein Zwischenbericht vorliegen, mehr als zehn Tage soll der Kunde in keinem Fall auf Antwort warten. Sachkompetenz und Entscheidungsfreudigkeit sind hierfür Voraussetzung. Mit dem Appell „Jeder ist verantwortlich" wird jeder Mitarbeiter in die Pflicht genommen und für die Kundenzufriedenheit verantwortlich gemacht.

(Quelle: Broschüre ASP Allianz Service Programm)

Das ASP genießt im Konzern höchste Priorität, aber es ist jetzt schon abzusehen, dass es ein Flop wird.

Ich war in der Projektgruppe zur Umsetzung des ASP. Diese Projektgruppe ist sehr hoch angesiedelt. Es ist ungewöhnlich, dass der Betriebsrat in eine Projektgruppe der Leitenden integriert wird. Ich bin sehr schnell aus der Projektgruppe herausgegangen, weil ich gemerkt habe, dass der Versuch, den Mitarbeitern eine kulturelle Veränderung zu verkaufen, nur dann gelingt, wenn mehr geschieht als immer nur zu sagen: Du musst Dich ändern. Die Geschäftsleitung ordnet etwas an und sagt: Ihr müsst jetzt anders sein. Aber das kann nicht gelingen! Wie geht der Mitarbeiter mit dem Kunden um? Das war etwas, worauf nie geachtet wurde – und nun wird es an die erste Stelle gesetzt!

Sie können sich gar nicht vorstellen, wie aufwendig das ist: Der Vorstand nimmt sich eine ganze Woche Zeit und holt die Belegschaft zusammen, um ihr mit Videos, Experten und so weiter ein anderes Kommunikationsverhalten nahezulegen. Und es scheitert. Wir werden hier dauernd nach Effizienz kontrolliert. Und hier wird die ganze Belegschaft eine Woche lang aus dem Arbeitsprozess herausgenommen! Und trotzdem scheitert es.

Deekeling: Warum?

Miller: Das kann nur funktionieren, wenn jeder Mitarbeiter für das, was er tut, Verantwortung übernimmt. Wir regen an: Jeder möge sich mehr verantwortlich fühlen für das, was er tut. Dazu dient auch die Flexibilisierung der Arbeitszeit. Der Mitarbeiter bekommt mehr Verantwortung über seine Zeit. In Wirklichkeit gibt es aber immer weniger Leute, die für irgend etwas Verantwortung übernehmen.

Deekeling: Woran liegt das?

Miller: Weil die Kulturen nicht gelebt werden. Sie werden übernommen, vor allem aus Amerika. Wir sind ja ein weltweit operierender Konzern, ein global player. Die Allianz ist einer der aggressivsten Fusionierer auf dem Markt. Das hier ist ein dreiseitiges Papier unserer amerikanischen Tochtergesellschaft Fireman´s Fund, das den Mitarbeitern eine Kleiderordnung vorschreibt. Das Spannende daran sind nicht die Regeln – spannend ist, wie sie vermittelt werden. Das Management sagt: Liebe Mitarbeiter, wir wünschen, dass Ihr frei seid. Frei sein könnt Ihr nur, wenn Ihr so gekleidet seid, dass Ihr unsere Politik schon nach außen verkörpert. In Amerika ist der Freitag der Tag der lockeren Kleidung – den schaffen wir ab; wir zeigen damit, dass wir auch diesen Tag der Lockerheit aufgeben. Was daran spannend ist: Man verkauft dies mit der Botschaft: Freiheit für Euch! Wir sorgen für Eure Freiheit! Das muss scheitern.

Sie können auch nicht anordnen, dass die Gehorsamskultur verschwindet. Im kritischen Moment ist die autoritäre Verhaltensweise diejenige, die akzeptiert wird, und es ist auch die bequemere.

Deekeling: Hinter dem ASP steckt: Wir müssen den Mitarbeitern eine neue Servicementalität vermitteln?

Miller: Ja. Diese Tasse wurde jedem Mitarbeiter geschenkt. Darauf steht: freundlich, kompetent, schnell, verständlich und erreichbar. Das sollte er immer vor Augen haben. Das wird scheitern! Hier gibt es inneren Widerstand. Im Gegensatz zur Einführung flexibler Arbeitszeit wird das scheitern! Dort war der Anreiz klar und die Akzeptanz von Anfang an groß.

Stellen Sie sich eine Betriebsversammlung vor mit zwei Themen – dem Thema flexible Arbeitszeit und dem Thema ASP. Bei der Arbeitszeit ist die Akzeptanz groß. Wenn der Vorstand aber sagt: Wir wünschen eine Intensivierung des ASP, und wir halten Euch das Kundenzufriedenheitsbarometer nochmals vor, dann ist die Wut schon physisch spürbar. Als Betriebsrat brauche ich da gar nicht meine Mittel einzusetzen und auf die negativen Folgen hinzuweisen. Hier ist die Ablehnung physisch spürbar. Da misslingt etwas. Der Unternehmer sagt: Es macht in der Anstrengung gar nichts aus, ob Du dem Kunden am Telefon freundlich oder unfreundlich gegenübertrittst. Versetze Dich in den Kunden: Du freust Dich auch, wenn Du einen freundlichen Gesprächspartner an der Strippe hast. Sie werden in Deutschland bald überall, in allen Dienstleistungsunternehmen, dieselben Sprüche hören. Es wird Kunden geben, die froh sind, wenn sie auf einen schlechtgelaunten Mitarbeiter treffen. Der Unternehmer unterschätzt, dass ein guter Service Schwerstarbeit ist.

Deekeling: Wird da eine Verbesserung des Service postuliert, ohne dass bei den Führungskräften Serviceerfahrung vorhanden ist? Wird das nur angeordnet, aber selbst nicht gelebt?

Miller: Der Unternehmer hat sich der Formel angeschlossen, dass der Mitarbeiter nach draußen nur so auftreten kann, wie er im Innern des Unternehmens auch behandelt wird. Die Führung muss sich auch ändern, damit sie von den Mitarbeitern eine Verhaltensänderung verlangen kann. Aber die Führung kann sich auch nicht so schnell ändern.

Deekeling: Das ASP fordert Verhaltensänderungen. Wie beurteilen Sie, was das Unternehmen an Kommunikation aufwendet, um das zu erreichen? Wie sind beim ASP die Mitarbeiter informiert worden?

Miller: Eine ganze Woche lang. Der Vorstand versammelt – nach Bereichen aufgeteilt – die ganze Belegschaft, präsentiert die Notwendigkeit einer Verhaltensänderung, also: Kundenzufriedenheitsbarometer, Verhalten der Konkurrenz und so weiter. Befragt die Vertreter. Befragt die Kunden: Wie hättet Ihr die Mitarbeiter der Allianz gern? Er erzeugt ein Bild der Defizite, zeigt die Bereitschaft des Unternehmens, etwas zu tun. Die Tasse, die jeder bei der Veranstaltung bekommen hat, ist das einzige, was geblieben ist! Und ich habe von Anfang an gesagt: Die Tasse ist gefährlich, sie kann leicht zum Wurfgeschoss werden. Das Ganze ist bei uns noch bescheiden durchgeführt worden. In den neuen Bundesländern, wo die DV, die Deutsche Versicherung, am 1. Januar integriert worden ist, hat man in Berlin die ganze Belegschaft ins Kongresszentrum eingeladen, hat sie bewirtet und jede Menge Geld ausgegeben, um sie für diesen Gedanken zu gewinnen. Ich würde mittlerweile sagen: Wenn der Unternehmer das Gefühl hat, er muss sehr viel investieren und viel Aufwand betreiben, dann ahnt er schon, dass es ihm misslingt. Für Dinge, die sich dem Mitarbeiter leicht vermitteln lassen, braucht man keinen solchen Aufwand zu betreiben. Ich würde sogar sagen, dass man misstrauisch werden sollte. Wenn der Unternehmer so viel investiert, macht er es schon verkehrt.

Deekeling: Was ist sonst noch an Kommunikation gelaufen?

Miller: Es ist ein hochrangiger Arbeitskreis gegründet worden, in dem ich auf Wunsch des Vorstands auch war. Als ich ihn verlassen habe, war das kein gutes Signal. Dieser Arbeitskreis bemüht sich verzweifelt, das ASP zum Laufen zu bringen. Dieser Zettel wurde im ganzen Haus verteilt: „Ihr Einsatz hat sich gelohnt! Die telefonische Erreichbarkeit in unserem Hause hat sich deutlich verbessert. 1995 erreichte nur jeder zweite Anrufer einen Gesprächspartner, 1998 werden über 80 Prozent der Anrufe, die auf ein freies Telefon treffen, angenommen. Für diesen Erfolg vielen Dank!“ Das ist der erste Erfolg, der zu verzeichnen war!

Deekeling: Es ist ja offensichtlich so, dass den Mitarbeitern bei der Einführung des ASP eine Bedrohung vor Augen geführt wurde. Es wurde gesagt: Das muss sich bessern, weil wir sonst Kunden und damit Arbeitsplätze verlieren. Während die Einführung flexibler Arbeitszeit also ein Deal war, lag hier eine Bedrohungssituation vor? Aber die Bedrohung führt nicht dazu, das Verhalten zu ändern? So, wie es vermittelt wird, führt es zu Abwehr? Was wird gemacht, um die Abwehr zu bewältigen?

Miller: Im Moment fällt der Geschäftsleitung dazu nichts ein. Außerdem kommen im Moment wichtigere Dinge dazwischen. Wir haben die Vereinte Versicherung gekauft. Diese muss integriert werden, was sehr aufwendig und auch mit Bedrohung von Arbeitsplätzen verbunden ist. In dieser Situation, wo man ein aufwendiges Projekt umsetzen will, kommen also andere Dinge dazwischen.

Deekeling: Ist das oft so?

Miller: Immer!

Deekeling: Dass die eine Initiative die andere unterläuft? Der Mitarbeiter erlebt dann, dass die eine Initiative so lange lebt, bis die nächste gestartet wird?

Miller: Ja.

Deekeling: Aber außer der Mega-Veranstaltung – was ist an Interner Kommunikation zum ASP sonst noch gelaufen?

Miller: Das wurde delegiert an die Abteilungen. Die Umsetzung wurde zu einer Sache der einzelnen Führungskraft.

Deekeling: Der soll also den Feedback-Prozess organisieren? Das wird also sehr stark personalisiert?

Miller: Ja.

Deekeling: Funktioniert das denn?

Miller: Nein. Die Belegschaft sagt zu Recht: Im Rahmen dessen, was mir möglich ist, bemühe ich mich. Der Unternehmer hat natürlich eine Umfrage gemacht. Und er hat einen großen Fehler gemacht. In der Umfrage ist eine Aussage der Belegschaft überwältigend: Ich wäre gerne kundenfreundlicher, wenn Ihr mehr Personal einstellen würdet. Diese Aussage war mit 90 Prozent versehen. Und bei der Veröffentlichung des Umfrageergebnisses hat der Unternehmer diesen Teil unterschlagen. Weil er sagt: Dieses ganze Projekt ist mitarbeiterneutral, AK-neutral, Arbeitskapazität-neutral. Es wird niemand eingestellt, damit wir kundenfreundlicher werden. Aber wir wissen: Ein guter Kundendienst ist Schwerstarbeit.

Deekeling: Haben die Führungskräfte damit Erfahrung? Geht ein Abteilungsleiter in die Service-Situation hinein?

Miller: Normalerweise nicht.

Deekeling: Er verlangt also von den Leuten, was er selbst nicht verkörpern und vorleben kann?

Miller: Der Mitarbeiter soll zwar vom Abteilungsleiter erfahren, was guter Service ist. Aber der Abteilungsleiter ist immer seltener erreichbar.

Deekeling: Eine ganz andere Frage: Hat die Mitbestimmungsseite innerhalb der Allianz ihre eigenen Publikationen?

Miller: Die Arbeitnehmerseite hat bis jetzt kein einheitliches Organ. Wir haben dezentral Betriebsratszeitungen, die nur der Energie Einzelner zu verdanken sind. Manche machen gar nichts, wir machen zwei bis drei Ausgaben im Jahr. Die Betriebsratszeitungen werden nicht zensiert, sie werden bezahlt und verteilt. Gerade hat sich die Gewerkschaft HBV entschlossen, für den Allianz-Konzern eine Zeitschrift zu machen, die dann das Gegengewicht zur Mitarbeiterzeitung des Konzerns darstellt. Gewerkschaftszeitungen stoßen allerdings meist auch nicht auf große Akzeptanz.

Deekeling: Was hat denn die größere Akzeptanz – die von Unternehmensseite herausgegebene Mitarbeiterzeitung oder die von Gewerkschaftsseite herausgegebene?

Miller: Beide haben eine geringe Akzeptanz.

Deekeling: Wofür macht das Unternehmen dann eine Mitarbeiterzeitung? Warum wird dafür so viel Geld ausgegeben? Ist das selbstreferenziell, um zu zeigen: Wir informieren unsere Kunden und Mitarbeiter?

Miller: Diese Zeitung kommt ja auch an die Öffentlichkeit. Die Allianz stellt sich dadurch dar.

Deekeling: Das ist also nur scheinbar eine Mitarbeiterzeitung?

Miller: Ja. Ein Beispiel: In jeder Ausgabe wird geworben, dass die Mitarbeiter sich in Leserbriefen äußern. Es kommt aber nichts. Die Leserbriefe, die ich schreibe, werden nicht veröffentlicht. Ein einziger Leserbrief von mir wurde veröffentlicht, und der Kommentar des Vorstands stand schon daneben.

Deekeling: Es ist nichts schwieriger als eine gut gemachte, von Unternehmensseite herausgegebene Mitarbeiterzeitung. Man muss sehr aufpassen, nicht in einen Verlautbarungston zu verfallen. Meistens soll es ja eine Jubelpostille werden.

Miller: Deshalb kann die Belegschaft sie nicht mehr sehen!

Deekeling: Betrifft dies nur Mitarbeiterzeitungen? Erreichen Informationen über andere Medien die Mitarbeiter eher?

Miller: Wir haben eine Informationskaskade. Wir werden zugeschüttet mit Informationen. Aber jeder Einzelne sagt: Ich weiß nichts! Mich informiert ja keiner! Die Vorstellung der Verantwortlichen, dass sie dann ihrer Informationspflicht genügen, wenn sie möglichst viel Information geben, ist falsch. Information ist etwas Aktives – man muss auch hingehen. Wenn wir mit dem Vorwurf konfrontiert werden: Ihr informiert uns nicht, dann denken wir darüber nach: Was machen wir falsch? Wir bemühen uns, und es misslingt trotzdem. Die Unternehmensführung informiert aus Pflicht. Aber es gelingt ihr in der Regel nicht, die Adressaten auf die Information neugierig zu machen. Sie kommt über sie. Und dann fliegt sie in den nächsten Papierkorb. Die Konsumhaltung ist extrem. Ähnlich ist es mit der Übernahme von Verantwortung. Wir merken, dass der Wunsch, Verantwortung auf andere abzuschieben, zunimmt, obwohl die erklärten Ziele andere sind. Verantwortung wird abgegeben. Wir werden gewählt, damit hat man aber auch etwas abgeschoben. Das ist ein Vorgang, der auch in der Politik zu beobachten ist. Offenbar führt die Flut, die über die Leute auf vielen Kanälen hereinbricht, dazu, dass sie nicht mehr auswählen: Da macht es Sinn, dass ich selbst etwas übernehme.

Deekeling: Es wird also nur gesagt: Wir haben Euch informiert, aber es wird nicht überprüft: Ist die Information überhaupt angekommen? Wird diese Information verarbeitet und in ein Verhalten umgesetzt, das eigentlich intendiert ist?

Miller: Ja.

Deekeling: Wie sind Sie denn beim ASP eingebunden worden?

Miller: Ich war – wie gesagt – in dem Arbeitskreis. Ich war auch bei den Vorbereitungen dabei. Und ich sage Ihnen: Ich unterstütze das auch. Ich habe immer schon gefordert: Leute, Ihr könnt Euch nicht wie Beamte verhalten. Wir haben den Prozess bejaht, wir haben ihn gefördert. Wir haben uns sehr hinter den unternehmerischen Gedanken gestellt und aktiv daran teilgenommen. Wir haben dazu Stellung bezogen, auch in der Betriebsversammlung. In dem Moment, in dem wir gemerkt haben, dass hier verquickt wird: Wenn wir kundenfreundlich sein wollen, müssen wir auch bis 20.00 Uhr präsent sein, war es aus. Zwischen 18.00 und 20.00 Uhr ist im Arbeitnehmerlager ein gewaltiger Sprung.

Deekeling: Irgendwann wurde also die flexible Arbeitszeit mit dem ASP verbunden? War das von vornherein strategisch geplant?

Miller: Das wurde geleugnet. Aber es war klar. In dem Moment, in dem das Essential kam: Auch die Ausdehnung auf 20.00 Uhr muss

Arbeitskapazität-neutral sein, war der letzte Moment, wieder auszusteigen.

Deekeling: Wie sieht das denn faktisch aus? Wie viele Leute arbeiten bis 20.00 Uhr?

Miller: Jetzt arbeiten wir nur bis 18.00 Uhr. Jede Gruppe, die in der Regel aus acht Leuten besteht, stellt einen Mitarbeiter, der bis 18.00 Uhr arbeitet.

Deekeling: Und wie ist das bis 20.00 Uhr geplant?

Miller: Das wurde inzwischen aufgegeben. Jetzt sollen nur dort längere Servicezeiten eingerichtet werden, wo Bedarf da ist. Das betrifft vor allem den Kraftschadensbereich. Das wollen wir in eingeschränktem Umfang zulassen, obwohl auch das im Betriebsrat umstritten ist.

Deekeling: Was hätte gemacht werden müssen, um den Service-Gedanken vernünftiger zu implementieren?

Miller: Die Unternehmensführung hätte sagen müssen: Leute, wir muten Euch mehr zu. Wir wissen, dass Ihr das nicht umsetzen könnt, wenn Ihr nicht Verstärkung bekommt. Wir berechnen mit Euch zusammen den Personalbedarf, und Ihr bekommt pro Einheit soundsoviel mehr Mitarbeiter.

Deekeling: Das heißt: Wenn der Deal nicht klar ist, kann man noch so viel kommunizieren und noch so viel erzählen und noch so technisch perfekt, es nutzt nichts? Es ist Geldverschwendung?

Miller: Mehr noch. Sie erzeugen Abwehr. Auch die Abteilungsleiter wissen: Ich kann das meinen Leuten nicht zumuten, aber ich muss, um den unternehmerischen Willen durchzusetzen. Die Belegschaft merkt, wenn etwas nicht stimmt. Da können Sie dann kommunizieren, soviel Sie wollen. Sie merkt, wenn der Gedanke, der kommuniziert wird, aus einer anderen Kultur übernommen ist. Sie merkt den unternehmerischen Bedarf meist selbst. Wenn sich das deckt, die eigene Erfahrung mit dem unternehmerischen Willen, dann funktioniert das. Der Gedanke, dass man einem Kunden Arbeit abnehmen kann, ist sofort akzeptiert. Es hat aber dazu geführt, dass die Mitarbeiter überlastet waren. Es ist ein Unterschied, ob ich dem Kunden sage: Du hast Deine Papiere noch nicht zusammen, ich kann den Vorgang noch nicht bearbeiten, oder ob ich sage: Vertraue auf mich, ich bekomme die Papiere zusammen, und dann mache ich Dir ein Angebot. Das macht den Mitarbeitern zum Teil ja auch Spaß. Aber es bedeutet natürlich auch Mehrarbeit. Der Mitarbeiter nimmt dem Kunden Arbeit ab. Wenn er merkt, dass er dabei nur ausgenutzt wird, hilft die engagierteste Kommunikation nichts. Der Mitarbeiter bekommt das Gefühl: Mir wird immer mehr aufgehalst, und dann wird mir auch noch vorgeworfen, dass ich eine schlechte Leistung bringe. Der Mitarbeiter merkt Defizite selbst. Wenn Sie darüber kommunizieren und da eine Lösung finden, dann funktioniert das auch. Aber wenn dem Mitarbeiter nur gesagt wird: Hier ist das Kundenzufriedenheitsbarometer, der Kunde will besser bedient werden, Du bist dafür verantwortlich, und der Mitarbeiter merkt: Ich werde alleingelassen, dann läuft das nicht.

Wenn der Kunde gefragt wird: Möchten Sie den Service bis 22.00 Uhr in Anspruch nehmen? Dann sagt er natürlich: Ja. Aber nie im Leben käme er auf die Idee, nach dem Fußballspiel noch seinen Versicherungsvertreter anzurufen. Dann sagt der Unternehmer: Siehst Du, der Kunde wünscht das. Der Mitarbeiter hat aber die Erfahrung, dass er nach 18.00 Uhr überhaupt nicht mehr angerufen wird.

Das Ende eines Produktionsbetriebs

Ein Fallbeispiel: Mitarbeiterkommunikation im Krisenfall

von Dr. Beatrice Pirkham, Bauknecht Hausgeräte GmbH

Nichts ist für die Unternehmenskommunikation so aufregend und gleichzeitig so beängstigend wie eine Krisensituation in einem Unternehmen. Aufregend, weil sie den täglichen Routineablauf durcheinanderbringt und die Professionalität des Kommunikationsteams in höchstem Maße fordert. Beängstigend, weil nicht alle Facetten einer Krise voraussehbar sind, wie zum Beispiel die Reaktion der Sozialpartner, der Mitarbeiter, der Medien und letztlich auch der Kunden und Lieferanten. An einem Beispiel soll hier aufgezeigt werden, welche Möglichkeiten der Krisenbewältigung es gibt. Die anhand des Beispiels aufgezeigten Möglichkeiten der Mitarbeiterkommunikation im Krisenfall erheben keinen Anspruch auf Vollständigkeit.

Die Konfliktsituation

Ein weltweit tätiger Konzern, mit Werken rund um den Globus, hat sich entschieden, einen Betrieb mit rund 800 Mitarbeitern zu schließen und die Produktion ins Ausland zu verlagern. Für das Unternehmen liegen die Gründe dafür klar auf der Hand: Kostensenkung, Erhöhung der Wettbewerbsfähigkeit und Reduzierung der Überkapazitäten.

Die Problematik, die mit einer Schließung einhergeht, ist mehrdimensional. Zum einen arbeiten seit vielen Jahren Ehepaare in diesem Werk, eine Schließung würde sie vor unlösbare Probleme stellen. Zum anderen existieren starke Interessengruppen. Die Fabrik ist von einem hohen Organisationsgrad durchdrungen, und ein möglicher Aktionismus von Seiten der Interessengruppen könnte eine Schließung in erheblichem Maße stören. Ein dritter Punkt ist die Tatsache, dass die Schließung des Standorts die Wirtschaftsbalance einer ganzen Region gefährdet. Die Einbeziehung der politischen Fraktionen ist daher unerlässlich und ein hoher Aufmerksamkeitsgrad sicher.

Wild wuchernde Gerüchte vermeiden

Für dieses Beispiel gilt etwas Grundsätzliches: Veränderungen werden nicht aus dem Moment heraus geboren, sondern haben längere Vorlaufzeiten. Meist wissen oder ahnen die Mitarbeiter im Vorfeld, dass etwas auf sie zukommen wird. Viele Manager wollen verständlicherweise vermeiden, dass unfertige Überlegungen ins Unternehmen hineingetragen werden und warten deshalb lieber mit der Informationsweitergabe, bis alle Entscheidungen getroffen sind. Als Konsequenz ergeben sich wild wuchernde Gerüchte mit einer Verstärkung der Ängste und damit auch der (teilweise massiven) Widerstände seitens der Mitarbeiter.

Die Entscheidung, die zu einer Schließung führt, sollte deshalb im kleinsten Kreis gefällt werden. Je kleiner das Entscheidungsgremium und je höher die Geheimhaltung in der Vorentscheidung, desto größer ist die Chance, dass der Kommunikationsprozess planmäßig und ohne größere Abweichungen durchgeführt werden kann. Sonst setzt sich das Unternehmen der Gefahr aus, dass die Veröffentlichung der Entscheidung aus dem Ruder läuft und Probleme heraufbeschworen werden, die kaum noch ohne Schaden zu lösen sind.

Konzeptentwicklung

Es kommt daher auf den richtigen Informationsprozess an. Voraussetzung für den Erfolg oder Misserfolg eines solchen Prozesses ist die frühzeitige Einbindung der Unternehmenskommunikation. Nur wenn die Bedeutung einer solchen Einbindung an oberster Stelle erkannt wird, ist auch ein offener und ehrlicher Dialog mit der Belegschaft umsetzbar.

Ein effizienter Informationsprozess umfasst die Konzeptentwicklung in einem Kernteam mit 100prozentiger Verschwiegenheit.

Dazu gehört das Erarbeiten eines detaillierten Kommunikationsplans, der Folgendes enthält:

1. die Darstellung der strategischen und betriebswirtschaftlichen Ziele;
2. die Begründung ihrer Notwendigkeit für das Unternehmen;
3. die Darstellung des Zeitablaufs;
4. die Darstellung der Konsequenzen und alternativen Möglichkeiten für die Mitarbeiter.

Der Kommunikationsplan zur Absicherung des Unternehmens, der Mitarbeiter, der Kunden und der Verbraucher muss innerhalb des „kleinen Kreises" erarbeitet, diskutiert und verabschiedet werden. Unter Einbeziehung von Unternehmenskultur, Vision, Mission und Werten werden in einem 7-Stufen-Modell alle potenziell möglichen Probleme analysiert und mit aussagekräftigen Inhalten in ein Zeitraster gebracht.

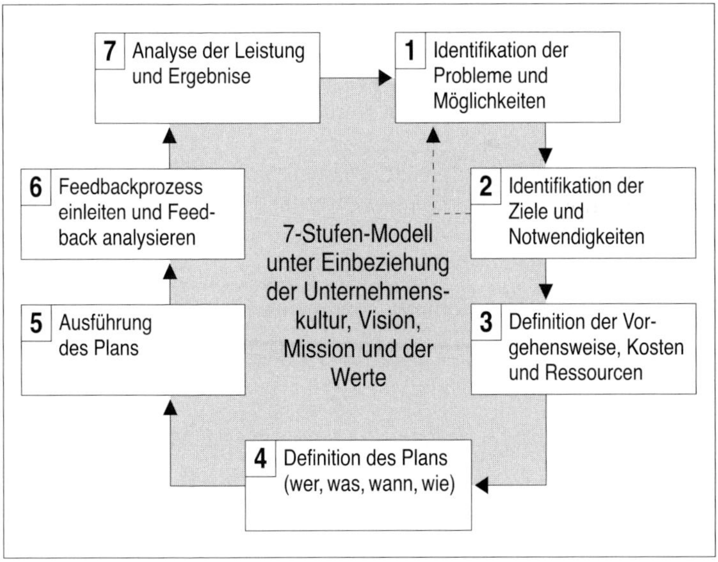

Abbildung 7: Modell eines Kommunikationsplans

Stufe 1: Zunächst erfolgt die Identifikation der Probleme, die mit der Bekanntgabe einer Werksschließung einhergehen. Dazu zählt auch die Frage nach den Widerständen – sei es von den Mitarbeitern, Gemeinden oder Interessengruppen –, mit denen gerechnet werden muss.

Stufe 2: Nun werden die Kommunikationsziele festgelegt. Was genau soll eigentlich erreicht werden? Die Ziele müssen messbar sein, damit am Schluss eine objektive und auf Fakten basierende Analyse des gesamten Prozesses durchgeführt werden kann.

Stufe 3: Im Anschluss daran werden Vorgehensweise sowie Kosten und Ressourcen definiert.

Stufe 4: Ist die Vorgehensweise klar und schlüssig, wird ein strikt vorgegebener Zeitplan erarbeitet, der die Verantwortlichen genauso benennt wie die Art und Weise, wie und wer informiert wird. Es müssen dabei alle relevanten Zielgruppen – wie zum Beispiel Wirtschaftsausschuss, Betriebsrat, Belegschaft, Anteilseigner, Kunden und Lieferanten, Behörden und Verbände, Politiker und Kommunen – berücksichtigt werden.

Es genügt jedoch nicht, nur einen Zeitplan aufzustellen. Es muss auch an den Inhalten gearbeitet werden. Von Interesse sind

- wirtschaftliches Umfeld,
- Unternehmensziele,
- Kommunikationsziele,
- allgemeine und empfohlene Vorgehensweisen,
- Kommunikationsplan nach Zeit, Ort und Person: Wer informiert wen und was wird gesagt?,
- die wesentlichen Aussagen für Gespräche mit Mitarbeitern,
- vorbereitete Alternativpläne, falls etwas schiefgeht,
- interne Veröffentlichung,
- externe Veröffentlichung,

- Fragen und Antworten und
- Unterstützungsmaterial für Mitarbeitergespräche.

Selbstverständlich müssen die Aktivitäten der Internen und Externen Kommunikation bis ins kleinste Detail miteinander abgestimmt werden. Einer der wichtigsten Aspekte in der Verzahnung der Internen und Externen Kommunikation ist die einheitliche Sprache den Mitarbeitern und der Öffentlichkeit gegenüber.

Stufe 5: In der Umsetzungsphase werden alle einzelnen Schritte, die in Stufe 4 definiert wurden, abgehakt. Dabei gilt es zu überlegen: Was ist noch zu erledigen? Was ist bereits geschehen? Wo muss eventuell noch adaptiert werden? Wie soll reagiert werden, wenn Falschinformationen im Umlauf sind? So behält man die Kontrolle und den Überblick über die zu implementierenden Maßnahmen.

Stufe 6: In Stufe 6 geht es um das Feedback. In Stufe 2 wurden messbare Ziele definiert. Das Erreichen dieser Ziele wird jetzt überprüft. Hier kann die gesamte Bandbreite der Evaluationsmöglichkeiten genutzt werden (wie beispielsweise Umfragen).

Stufe 7: Hier geht es um die Analyse der Stufen 1 bis 6. Wie erfolgreich war der Plan? Was muss eventuell ausgebessert werden? Wo sind Lücken? Wenn sich aus der Analyse noch offene Fragen ergeben, beginnt der Kreislauf des 7-Stufen-Modells erneut.

Die Welt ist ein Dorf

Drei Punkte sollten während der Umsetzungsphase berücksichtigt werden:

1. Ist der Standort in ein länderübergreifendes oder kontinentübergreifendes Unternehmen integriert, dann muss unbedingt darauf geachtet werden, dass die anderen europäischen beziehungsweise internationalen Kommunikatoren über den Fahrplan informiert sind und die Veröffentlichung nicht erst über eins der Agenturnetze in den Medien entdecken.

2. Die schriftlichen Aussagen müssen inhaltlich identisch sein, so dass ein Vorgesetzter am Standort X seinen Mitarbeitern gegenüber die gleichen Informationen weitergibt wie ein Vorgesetzter am Standort Y. Der Idealfall schreibt vor, die Vorgesetzten vor der Umsetzung eines solchen Maßnahmenpakets auf ihre Rolle vorzubereiten.

3. Der zeitliche Ablauf muss so abgestimmt sein, dass zuerst die offiziellen Gremien informiert werden, anschließend die Vorgesetzten, danach die Mitarbeiter und alle übrigen relevanten Gruppen und erst zum Schluss die Presse. Wenn dies alles an einem Tag – zeitlich eingegrenzt – abläuft, dann verringert sich die Gefahr, dass Mitarbeiter die Neuigkeit entweder von Dritten oder – noch schlimmer – aus der Presse erfahren.

Ein Zeitplan könnte folgendermaßen aussehen:

Tag X

9.00 Uhr: Vorstand informiert den Aufsichtsrat mündlich in einer Sondersitzung.

10.00 Uhr: Vorstand Personal informiert Wirtschaftsausschuss und Betriebsrat mündlich in einer außerordentlichen Sitzung. Vorsitzender des Vorstands setzt gleichzeitig alle Führungskräfte in einem außerordentlichen Face-to-Face-Meeting über die Veränderungen in Kenntnis. Führungskräfte an anderen Standorten werden per Audio-Konferenz zugeschaltet. Die Führungskräfte erhalten ein Informationspaket mit den in Stufe 4 des 7-Stufen-Modells aufgelisteten Inhalten. Die Teilnehmer aus den anderen Standorten empfangen die Unterlagen per Email.

Unmittelbar nach dem Face-to-Face-Meeting informieren die Führungskräfte ihre eigenen Mitarbeiter mündlich.

11.00 Uhr: Vorstand informiert alle Mitarbeiter in einem Face-to-Face-Meeting. Zeitgleich geschieht dies an anderen Standorten durch die Werksleiter – unter besonderer Berücksichtigung der Schichtarbeiter.

11.30 Uhr: Vertriebsleitung informiert alle regionalen Vertriebsdirektoren per Audio-Konferenz. Diese geben die Information anschließend an ihre Mannschaften weiter. Dasselbe gilt für den Kundendienst. Ein interner Newsletter wird per Email an alle Mitarbeiter verschickt.

12 Uhr: Vertrieb informiert die wichtigsten Kunden und Lieferanten telefonisch. Zeitgleich informiert der Vorstand die Kommunen, Politiker und andere wichtige Partner ebenfalls telefonisch.

13 Uhr: Pressekonferenz mit den am Standort ansässigen Medien und Korrespondenten der überregionalen Zeitungen.

13.30 Uhr: Pressemitteilung per Fax an die Fachpresse.

Was bedeutet die Schließung für den Einzelnen?

Während und nach der offiziellen Bekanntgabe müssen die Vorgesetzten in der Lage sein, die zentralen Fragen der Mitarbeiter zu beantworten: Was bedeutet das für meine Tätigkeit? Was steckt hinter den geplanten Veränderungen? Mitarbeiter wünschen klare und offene Antworten. Sie benötigen Handlungsentwürfe und handfeste Anleitungen, die ihnen helfen, sich der neuen Situation anzupassen. Sie wollen auch wissen, wie es zu dieser Entwicklung kommen konnte, welche Pläne das Unternehmen hat und welche Schritte sich daraus ergeben. Genau darauf muss die Informationspolitik des Managements abzielen. Sobald Mitarbeiter erkennen, dass sie vorbehaltlos über die getroffenen Maßnahmen informiert werden, dass ihr Management Anteil nimmt, sich engagiert hinter die Maßnahmen stellt, vielleicht selbst Opfer bringt, kann die geplante Schließung relativ problemlos durchgeführt werden.

Ziel der Unternehmensleitung muss es sein, alle Mitarbeiter und insbesondere die Betroffenen ehrlich über die Beweggründe und Ursachen für die Schließung zu unterrichten.

Die schnellstmögliche Erstellung eines Sozialplans sollte Priorität haben, um eventuelle Kündigungen abzufedern. Mitarbeiter sind in erster Linie daran interessiert, wie es mit ihnen weitergeht und ob das Unternehmen gewillt ist, ihnen bei der Suche nach einem neuen Arbeitsplatz Hilfestellung zu geben. Die betroffenen Mitarbeiter müssen spüren, dass es die Unternehmensleitung ernst damit meint, und dies muss auch an alle anderen Mitarbeiter kommuniziert werden. Dadurch kann der Motivationsgrad der verbleibenden Mitarbeiter im Unternehmen gestärkt werden. Außerdem können Gespräche mit anderen Unternehmen und ortsansässigen Politikern dazu beitragen, alternative Arbeitsstellen im Umkreis zu finden.

All diese Maßnahmen von Seiten des Unternehmens sind eine große Chance, dem lauten Aktionismus, der von den Interessengruppen ausgeht, entgegenzutreten und zu zeigen: „Wir tun etwas für die Mitarbeiter – wir reden nicht nur darüber!“ Die Erfahrung zeigt, dass die Sozialpartner nur ihren eigenen Mitgliedern gegenüber hilfsbereit sind. Dies beweist das Zitat eines Gewerkschaftsmitglieds in einer Tageszeitung vom 30. Juni 1998: „Wir helfen nur denjenigen, die auch Gewerkschaftsmitglied sind.“

Es gibt verschiedene Maßnahmen, die eingeleitet werden können, um den betroffenen Mitarbeitern zu helfen. Die nachfolgend aufgeführten Maßnahmen erheben keinen Anspruch auf Vollständigkeit, sondern dienen eher als Anregung, nach weiteren kreativen Möglichkeiten zu suchen:

1. Broschüre/Zeitung für alle Mitarbeiter, um die Hintergründe zur Standortschließung aufzudecken und die Schließung mit Informationen, Hinweisen und Ratschlägen zu begleiten.

2. Veranstaltung für betroffene Mitarbeiter um festzustellen, wie das Unternehmen am besten helfen kann und welche Vorstellungen die Mitarbeiter selbst haben. Wir-Gefühl stärken, indem verbleibende Mitarbeiter Patenschaften für die Betroffenen übernehmen. Hier geht es in erster Linie um moralisch-seelischen Beistand, um Ratschläge bei der Jobsuche und vieles mehr. Es geht hier nicht um finanzielle Unterstützung. Dadurch zeigen Unternehmen und Belegschaft auch Verantwortungsbereitschaft.

3. Die Werksleitung und alle direkt an sie berichtenden Mitarbeiter gehen täglich und während jeder Schicht durch die Werkshallen und sprechen dabei mit möglichst vielen Mitarbeitern. Hier heißt es ganz einfach Präsenz zeigen nach dem Motto: „Wir sind für euch da".
4. Kontaktaufnahme des Unternehmens mit anderen Firmen im Umkreis von 50 Kilometern, um potenzielle Arbeitsstellen zu ermitteln; die enge Zusammenarbeit mit dem lokalen Arbeitsamt ist selbstverständlich.
5. Gemeinde und Bürgermeister in die Planung einbeziehen und mit ihnen zusammen mögliche Lösungsansätze diskutieren und erarbeiten.
6. Mitarbeiter durch Sonderanreize beziehungsweise Prämien selbst zum Aufbau der Produktion an einem anderen Standort bewegen und entsprechende Schulungen vornehmen.

Vorsicht vor den Interessengruppen

Der größte Unsicherheitsfaktor in der Umsetzungsphase sind die Interessengruppen. Diese werden ihr ganzes Aktionsregister ziehen, um eine Schließung entweder zu verhindern oder die Entscheidung wieder rückgängig zu machen. Zu verlockend ist die Aussicht, das ganze Spektrum möglicher Aktivitäten auszureizen und sich dadurch in den Mittelpunkt des öffentlichen Interesses zu stellen. Dies führt dann dazu, dass sich andere im Umkreis ansässige Unternehmen von derlei publikumswirksamen Aktionen abschrecken lassen. Die Chance, Mitarbeiter des betroffenen Werks an andere Firmen weiterzuvermitteln, wird dadurch auf ein Minimum reduziert.

Feedback und Analyse

Die letzten beiden Schritte des Kommunikationsplans dienen dazu, den eingeleiteten und umgesetzten Plan zu analysieren und zu bewerten. Wurden die Ziele erreicht? Wurde der Plan optimal umgesetzt, wurden alle Zielgruppen effektiv informiert? Hatte der Plan Schwächen? Diese und andere Fragen führen zu einer fundierten Analyse des Prozesses, der gegebenenfalls noch mit einzelnen korrigierenden Maßnahmen ergänzt werden muss.

Zusammenfassung

Erfolg oder Misserfolg all dieser Maßnahmen basieren auf der Akzeptanz der Unternehmenskommunikation und ihrer Vorschläge bei der Führungsspitze. Dazu gehören

1. ein erstklassig vorbereiteter und durchgeführter Kommunikationsprozess,
2. eine kontinuierliche, transparente und ehrliche Information durch den Vorstand und
3. eine humane, dialogorientierte Kommunikation durch die Führungskräfte.

Wenn diese Faktoren stimmen, dann besteht für die Unternehmenskommunikation kein Grund, eine Krisensituation nicht souverän und professionell zu meistern – natürlich immer in Zusammenarbeit mit der Unternehmensführung. Denn: Kommunikation ist immer noch „Chefsache“.

Stranden und versanden oder weitersegeln?

Interne Kommunikation bei Personalabbau

von Dr. Cornelia Riechers, Dr. Riechers Personalberatung

Personalabbau wird vielfach als Allheilmittel gegen wirtschaftliche Schwierigkeiten propagiert. Dabei wird oft übersehen, dass die Abbaumaßnahmen zu tiefgreifenden Problemen bei den Mitarbeitern führen – nicht nur bei denen, die ausscheiden, sondern gerade auch bei denen, die bleiben, bei den „Überlebenden". Sie werden verunsichert und demotiviert. In einem derart verschlechterten Arbeitsklima sind Fortschritte in der Produktivität, im Ausbau der Marktposition oder gar im Verkauf neuer Produkte nahezu unmöglich. Tatsächlich lässt sich belegen, dass es in 60 Prozent aller Fälle nicht gelingt, nach einem Personalabbau die Produktivität zu erhöhen.

Als Outplacement-Berater unterstützen wir Firmen in Phasen des Personalabbaus. Statt Mitarbeiter einfach – oft mit einer Abfindung – auf die Straße zu setzen, gewähren diese Firmen ihnen professionelle Hilfe bei der Bewerbung um einen neuen Arbeitsplatz. Eine solche Bewerberberatung ist heutzutage kein Luxus mehr, der nur Führungskräften zugute kommt. Auch für Tarifmitarbeiter gestaltet sich die Suche nach einem Anschlussarbeitsverhältnis zunehmend schwieriger, und viele Firmen tragen dem durch Einsatz von Group-Outplacement Rechnung.

Als Outplacement-Berater sehen wir vieles, was in der betriebsinternen Kommunikation schief läuft. Bei unserer Arbeit werden wir nicht nur mit den Sorgen und Problemen der Ausscheidenden konfrontiert, sondern wir lernen auch deren Umfeld kennen und erfahren viel über die Kultur und den Kommunikationsstil der Firma. Personalabbau ist immer eine schwierige Sache, und oft wird dabei unnötig Porzellan zerschlagen. Unsere Aufgabe ist es dann, nachträglich die Scherben aufzusammeln.

Wie sich das vermeiden lässt und welche Rolle die Interne Kommunikation dabei spielt, wollen wir hier erörtern und an Beispielen aus der Praxis beleuchten. Aus Fehlern und Mängeln einerseits, aus positiven Vorbildern andererseits versuchen wir, eine Kommunikation abzuleiten, die den Erfolg von Personalabbaumaßnahmen garantiert.

Drei Phasen des Personalabbaus

Bei der Mitarbeiterreduzierung lassen sich gewöhnlich drei Phasen unterscheiden: In der ersten Phase ist nur die Tatsache bekannt, dass Personal abgebaut werden muss, eventuell auch eine Gesamtzahl, aber noch keine Einzelheiten. In der zweiten Phase werden die Maßnahmen durchgeführt, vom Trennungsgespräch bis zum Termin des Ausscheidens. Die dritte Phase ist die Weiterarbeit der „Überlebenden“.

Phase I: Blick nach vorn oder Kopf in den Sand?

In der ersten Phase wird bereits der Grundstein dafür gelegt, welchen Erfolg die Abbaumaßnahme haben wird. Als positiv hat sich erwiesen, wenn die Kommunikation in dieser Phase möglichst offen verläuft. Sowohl die Mitarbeiter als auch die Öffentlichkeit sollten informiert werden über Sinn und Zweck der Maßnahme sowie über deren Ausmaß. Ebenso wichtig ist die klare Vermittlung eines Ziels, die Kommunikation dessen, was bei der Umstrukturierung herauskommen soll. Nur wenn diese Bedingungen erfüllt sind, kann Bewegung in das Unternehmen kommen und Verhaltensweisen der Mitarbeiter können sich in die gewünschte Richtung verändern.

So läuft es jedoch meistens nicht. Normalerweise liegt die offizielle Kommunikation in der ersten Phase brach. Die Unternehmensleitung macht sich viele Gedanken um Zahlen und lässt die Mitarbeiter dabei außer Acht. Personalabbau ist eben „chic“. Auch nach eklatantem Missmanagement kann ein Vorstand damit rechnen, dass die Aktien steigen, sobald die Presse von geplanten Entlassungen berichtet. Ein weiteres Unternehmensziel scheint sich so zu erübrigen.

Für die Mitarbeiter, die letztlich allein alle Werte im Unternehmen produzieren, spielt der Aktienkurs jedoch nicht die entscheidende Rolle. Viel wichtiger sind für sie

1. Anerkennung ihrer Leistung und Verhaltensweisen,
2. Informationen über die Produkte und die Unternehmensziele,
3. Eingehen des Vorgesetzten auf ihre privaten Sorgen,
4. gesicherter Arbeitsplatz,
5. gutes Einkommen.

Erst an siebter Stelle wird das „Wohlergehen des Unternehmens" genannt, das man als „shareholder´s value" konkretisieren könnte.

Bezeichnenderweise glauben Führungskräfte, dass der „shareholder's value" für die Mitarbeiter bereits an dritter Stelle rangiert und nicht erst an siebter. Die tatsächliche erste, zweite und dritte Priorität der Mitarbeiter vermuten die Vorgesetzten auf den Plätzen acht, neun und zehn.

Solange Führungskräfte nicht wissen, was ihre Mitarbeiter denken und was sie wichtig finden, werden sie es wohl kaum schaffen, Motivation zu erzeugen. Da helfen auch die besten Führungskräftetrainings nichts.

Stillstand ist die Folge, wenn schon in der ersten Phase des Personalabbaus die Kommunikation nicht funktioniert. Nach einer ersten Pressekonferenz und vielleicht einer Belegschaftsversammlung dringt dann nichts mehr nach außen. Manche Unternehmen sparen sich sogar die Belegschaftsversammlung und begnügen sich mit einer Mitteilung an den Führungskreis. Dessen Angehörige sind dann gehalten, die schlechte Nachricht an ihre Untergebenen weiterzuleiten.

Was Wunder, wenn dann bei Arbeitern und Angestellten die Gerüchteküche kocht. Das reicht von „Dieser oder jener Vorstand wird wohl seinen Hut nehmen müssen" bis zu „Bald macht die Firma ganz zu".

Für sich selbst ziehen die Mitarbeiter daraus jedoch keine Konsequenzen. Sie verharren einfach in ihren althergebrachten Verhaltensweisen. Obwohl feststeht, dass Personal abgebaut werden muss, macht sich nur eine verschwindend geringe Minderheit Gedanken darüber, was denn wäre, wenn sie ihren Arbeitsplatz verlöre. Noch seltener führen diese Gedanken auch zu aktivem Handeln, indem die Mitarbeiter sich zum Beispiel aus eigenem Antrieb bei anderen Unternehmen bewerben. Oder indem sie sich zum Ziel setzen, den Nutzen zu erhöhen, den ihr Arbeitgeber von ihnen hat – zum Beispiel durch erhöhten Arbeitseinsatz, mehr Kundenorientierung oder den Ausbau wesentlicher Fähigkeiten.

Die allermeisten glauben, dass es sie sicherlich nicht trifft – frei nach dem Motto: „Heiliger Sankt Florian, verschon' mein Haus, zünd' andre an". Diese Einstellung ist bei den Mitarbeitern mit geringer Ausbildung am stärksten, aber auch hochqualifizierte Fach- und Führungskräfte sind davon nicht frei. Die „Vogel-Strauß-Haltung" ist bei einigen so tief verankert, dass sie noch über Kündigung und Aufhebungsvertrag hinweg andauert.

So kennen wir einen EDV-Programmierer, der sich noch fünf Monate nach seiner Unterschrift unter dem Aufhebungsvertrag in dem Glauben befand, er könne zwischen mehreren internen Stellenangeboten auswählen. Der in dem Theaterstück „Top Dogs" dargestellte Fall, dass ein Manager zur Outplacement-Beraterin kommt, um mit ihr über „Synergien" zwischen ihrer und seiner Firma zu sprechen, ist nicht übertrieben:

> ***Beraterin:*** *Was glauben Sie, warum Sie hier sind?... Sie sind entlassen!*
>
> ***Manager:*** *Ich bin nicht entlassen. Das hätte man mir gesagt!*
>
> ***Beraterin:*** *Man hat es Ihnen gesagt.*

Die Botschaft wird überhört, selbst dann, wenn der Vorgesetzte sie deutlich geäußert hat – was selten der Fall ist.

In jedem Unternehmen gibt es jedoch auch Mitarbeiter, die nicht den Kopf in den Sand stecken. Bei mangelhafter Kommunikation neigen diese dazu, bereits in der ersten Phase ihr Schicksal selbst in die Hand zu nehmen. Sie warten nicht, bis sie von außen unter Druck gesetzt werden, sondern entscheiden sich zu einem Zeitpunkt, wo sie noch Herr der Lage sind und unter mehreren Möglichkeiten wählen können. Sie verlassen das Unternehmen. Es gehen also die Besten, die mit der stärksten Eigeninitiative und dem größten Weitblick. Das kann nicht im Sinne des Unternehmens sein. Der Effekt entsteht jedoch immer da, wo das Ergebnis des Personalabbaus einzig in Zahlen definiert wird. Da spart man einfach ein paar hundert oder ein paar tausend „FTEs“ (FTE = „full time equivalent“, Controller-Ausdruck für Mitarbeiter), die Kosten fallen, der Aktienkurs steigt, und für Bank und Börse ist die Welt wieder in Ordnung. Wie lange?

Zahlen oder Menschen?

Ein Unternehmen, das seine Mitarbeiter nicht nur als Kostenfaktoren sieht, sondern als seine wichtigste Ressource, muss anders vorgehen. Gerade in schwierigen Zeiten wird es den Mitarbeitern klarmachen, dass es ihren Einsatz erwartet, und ihnen Gründe für diesen Einsatz geben. Insbesondere wird es versuchen, die Besten zu halten.

Ein multinationales Unternehmen, die ALPHA AG, begann seine Umstrukturierungsmaßnahmen damit, dass es die „Kernkompetenzen“ seiner Mitarbeiter definierte – die Kompetenzen, die für den wirtschaftlichen Erfolg des Unternehmens absolut unverzichtbar sind. Das waren:

- Kommunikation,
- Kundenorientierung,
- Teamfähigkeit.

Mit einer Vielzahl von Kommunikationsmaßnahmen wurde sichergestellt, dass alle Mitarbeiter verstanden, um was es bei der Umstrukturierung ging. Das waren insbesondere Einzelgespräche mit allen Führungskräften, eine Broschüre für alle Mitarbeiter zur Vorbereitung der Veränderungen, Workshops und Beratungsangebote für das Management einerseits, für die Mitarbeiter andererseits, Feststellung des Qualifikationsbedarfs bei den Mitarbeitern und so weiter. Mit Hilfe dieses Maßnahmenbündels wurden Gerüchte über eine baldige Schließung des Unternehmens von vornherein vermieden. Das laufende Geschäft konnte reibungslos fortgeführt werden, mit der gewohnten hohen Qualität und Kundenorientierung.

In einem der nächsten Schritte wurden für alle Mitarbeiter sogenannte „Employability-Programme“ durchgeführt. Hier lernten sie,

- ihre Erwartungen und ihr Arbeitsverhalten neu zu definieren,
- mehr Verantwortung für ihre eigene Karriere zu übernehmen,
- ihre Fähigkeiten nutzbringend für das Unternehmen einzusetzen.

So wurde den Mitarbeitern verdeutlicht, dass alle eine Chance hatten. Sie konnten die für die neuen Unternehmensziele notwendigen Fähigkeiten und Verhaltensweisen gezielt ausbauen. Diejenigen, die dennoch das Unternehmen verlassen mussten, erhielten Hilfe bei der beruflichen Neuorientierung. Auf diese Weise gab es keine unkontrollierte Abwanderung in der ersten Phase.

Wie entsteht Bewegung?

Ganz anders liegt der Fall bei Unternehmen, die ohne aktive Einflussnahme und Kontrolle Personal reduzieren wollen. Dies sind vor allem Unternehmen des öffentlichen Bereichs oder solche, in denen die Mitarbeiter einen ähnlich weitreichenden Kündigungsschutz genießen. Hier kann und soll Personalabbau nur auf freiwilliger Basis stattfinden. Kündigungen sind entweder per Gesetz ausgeschlossen oder kommen nicht in Frage, weil das nicht zum „Stil des Hauses“ passt. In diesen Unternehmen gelingt es fast nie, die „Vogel-Strauß-Politik“ der Mitarbeiter zu überwinden. Die Hoffnung, sie mit dem Angebot eines „goldenen Handschlags“ zur Eigenkündigung motivieren zu können, erweist sich als trügerisch. Nicht einmal ein gleichwertiger Arbeitsplatz im fünf Kilometer entfernten Nachbarwerk hat die gewünschte Wirkung. Die angestrebte Anzahl von Abgängen ist einfach nicht zu erreichen.

Die Interne Kommunikation in diesen Unternehmen ist typischerweise diffus und widersprüchlich. Einerseits ist der lebenslange Arbeitsplatz wichtiger Bestandteil der Firmenkultur („Stil des Hauses“), andererseits will man, dass die auf dieser Basis gewonnenen Mitarbeiter freiwillig wieder gehen. Einerseits wird eine fortschrittliche Unternehmenskultur propagiert, die den Menschen in den Mittelpunkt stellt. Teamarbeit, betriebliches Vorschlagswesen und lernende Organisation sind beherrschende Schlagworte. Den Mitarbeitern werden exzellente Weiterbildungsmöglichkeiten angeboten. Auf vielerlei Weise wird ihnen der Wert ihres persönlichen Beitrags zum Unternehmenswohl verdeutlicht. Andererseits ist ein Teil von ihnen angeblich überflüssig.

Sicherlich gehört auch „Kostenführerschaft“ zu den Unternehmenszielen. Aber jeder Mitarbeiter fragt sich, warum gerade sein wichtiger Arbeitsplatz wegfallen soll. Zudem gibt niemand freiwillig alle Vorteile und Vergünstigungen auf, die bei Großunternehmen dieser Art üblich sind.

So kann das Unterfangen also nicht glücken, selbst wenn eine Bedingung für erfolgreichen Personalabbau erfüllt ist: Nämlich die klare Kommunikation von Unternehmenszielen und Leitbildern, aus denen die Mitarbeiter erwünschte Verhaltensweisen ableiten können. Das zweite Standbein aber fehlt: Nämlich eine präzise Begründung der Abbaumaßnahmen, ein deutliches Warum und Wozu für jeden wegfallenden Arbeitsplatz und für jede zu entlassende Person. Wenn das nicht klar ist, wird es auch kein Outplacement-Berater schaffen, die an ihren Arbeitsplätzen fest verwurzelten Mitarbeiter in Bewegung zu bringen. Outplacement ist kein Ersatz für das, was das Unternehmen selbst nicht leistet.

An einem Beispiel wollen wir dies verdeutlichen. Bei der BETA AG sollten in einem Testprojekt Mitarbeiter zur Eigenkündigung bewegt werden. Zur Motivation setzte die Werksleitung ausschließlich monetäre Anreize und gezielte Bewerberberatung ein. Das führte erstens dazu, dass nur wenige Mitarbeiter an dem Testprojekt teilnahmen, zum anderen war die Folge, dass sich am Schluss alle Mitarbeiter für den Verbleib bei der BETA AG entschieden.

Die anhänglichen Mitarbeiter der BETA AG

Ein Testprojekt

Im Jahre 1997 erhielt die Dr. Riechers Personalberatung von der BETA AG den Auftrag, Mitarbeiter aus einem ungekündigten Arbeitsverhältnis heraus zu motivieren, in ein anderes Unternehmen zu wechseln.

Vorangegangen waren lange Gespräche über die Schwierigkeiten eines solchen Unterfangens. Menschen haben von Natur aus einen Hang zur Stabilität. Bevor jemand bereit ist, seinen angestammten Arbeitsplatz, der ihm viele Vorteile bietet, aufzugeben, muss er so unter Druck geraten, dass das Verharren ihm schlimmer erscheint als die von der Psyche gefürchtete Veränderung. Wir sahen nicht, woher dieser Druck kommen sollte, denn die Mitarbeiter standen in einem ungekündigten Arbeitsverhältnis und hatten auch für die Zukunft einen sicheren Arbeitsplatz. Die BETA AG glaubte jedoch, unter bestimmten Bedingungen auch ohne Druck die Mitarbeiter zum Wechsel bewegen zu können. Für das Testprojekt wurden solche Mitarbeiter ausgesucht, die aus verschiedenen Gründen nicht ihrer Qualifikation entsprechend beschäftigt waren. Ihnen war gesagt worden, dass sie keine Aussichten auf eine Verbesserung hätten. Sie hatten daraufhin ihre Bereitschaft erklärt, sich extern zu bewerben. Unter diesen Umständen waren wir bereit, einen Versuch zu wagen.

Die Schwierigkeiten begannen schon vor dem Start. Um die Zahl der möglichen Nutzer zu erhöhen, wollten Berater und Personalleitung das Beratungsangebot allen Mitarbeitern bekannt und zugänglich machen; der Betriebsrat verweigerte jedoch die Zustimmung. Die öffentliche Bekanntmachung eines Trainings, wie man sich bewirbt, könnte ja bei den Mitarbeitern Angst um ihre Arbeitsplätze auslösen. Nur in ausgewählten Einzelfällen war der Betriebsrat überhaupt mit der Durchführung eines solchen Trainings einverstanden. Eingeladen wurde daher quasi „hinter vorgehaltener Hand", was bei den Teilnehmern zu starkem Misstrauen führte. Nur fünf Personen machten von dem Angebot Gebrauch.

Anfang Juni 1997 begann die Beratung mit einem viertägigen Bewerberseminar. Hier wurde das anfängliche Misstrauen beseitigt. Die Teilnehmer konnten sich umfangreiches Bewerbungs-Know-how aneignen und wurden motiviert, am externen Arbeitsmarkt aktiv zu werden. In den Feedback-Bögen, die von den Teilnehmern nach dem Seminar ausgefüllt wurden, äußerten alle ihre Absicht, Bewerbungen zu schreiben.

In intensiven Einzelgesprächen im Juni und Juli wurden für jeden Teilnehmer die Bewerbungsunterlagen optimal aufbereitet und eine Bewerbungsstrategie erarbeitet. Die Stellenmärkte der größeren Tageszeitungen wurden ausgewertet; die Mitarbeiter wurden gezielt auf passende Angebote hingewiesen. Mit vieren wurden bereits konkrete Bewerbungen auf Stellenangebote verfasst und abgesandt. Darüber hinaus wurde ihnen umfangreiches Adressmaterial für Initiativbewerbungen zur Verfügung gestellt (Hoppenstedt-Handbuch der Großunternehmen und Handbuch der mittelständischen Unternehmen, Liste aller in das Handelsregister eingetragenen Firmen am Firmensitz und in der näheren Umgebung). Hiervon wurde allerdings in der Folgezeit kein Gebrauch gemacht. Nach den Sommerferien nahmen die Mitarbeiter auch die Einzelberatung nicht mehr in Anspruch.

Im Herbst 1997 fand ein Erfahrungsaustausch statt, zu dem alle Teilnehmer eingeladen waren. Alle hatten sich auf dem externen Arbeitsmarkt (Stellenangebote) beworben. Oft hatten sie Absagen erhalten. Damit mussten sie jedoch rechnen, denn auf eine Stellenanzeige bewerben sich in der Regel mehrere hundert bis über tausend Kandidaten. Es waren aber auch Vorstellungsgespräche zustande gekommen. Die Teilnehmer können sich heute ein gutes Bild ihrer Chancen auf dem externen Arbeitsmarkt machen.

Alle Teilnehmer haben sich für den Verbleib bei der BETA AG entschieden. Dafür nannten sie folgende Hauptgründe:

- Das gute bis sehr gute Arbeitsklima in der jeweiligen Abteilung;
- das gute Verhältnis zum Vorgesetzten (bei einigen Teilnehmern);

- den guten Verdienst (erheblich über dem Marktdurchschnitt);
- die Sicherheit des Arbeitsplatzes;
- die Kompetenz, weil sie sich im Unternehmen auskennen;
- die Anerkennung seitens der Kollegen;
- die Nähe zum Wohnort.

Gleich gute Bedingungen lassen sich am externen Arbeitsmarkt nicht realisieren. Darüber hinaus fühlen sich die Mitarbeiter sehr stark mit dem Unternehmen verbunden (Familienmitglieder sind auch dort beschäftigt; man kennt kein anderes Unternehmen). Sie würden sicherlich auch unter weniger guten Arbeitsbedingungen bei der BETA AG verharren. Bei einer nachträglichen Umfrage der Personalabteilung gaben die Mitarbeiter zum Beispiel an, dass sie freiwillig auf zehn Prozent ihres Gehalts verzichten würden, um weiter bei der BETA AG arbeiten zu können.

Die Tatsache, dass die für das Projekt ausgewählten Mitarbeiter keine ihrer Qualifikation entsprechende Position bei der BETA AG innehaben, erwies sich als irrelevant für die Wechselmotivation. Im Unterschied zu den Führungskräften definieren diese Mitarbeiter die Qualität ihres Arbeitsplatzes weniger über die Aufgabe als vielmehr über die oben genannten Kriterien. Es sind Mitarbeiter, die genau wissen, was sie wollen. Für sie hat der Arbeitsplatz bei der BETA AG so viele Pluspunkte, dass sie auch eine Tätigkeit unterhalb ihrer Qualifikation in Kauf nehmen.

Darüber hinaus hegen sie die feste Überzeugung, dass sie die gewünschte berufliche Weiterentwicklung durch einen Wechsel innerhalb des Unternehmens kurzfristig realisieren können. Zartfühlende Hinweise auf mögliche Schwierigkeiten verstehen sie in ihrem Wunschdenken als Bestärkung. Solange es aus Gründen der Unternehmenspolitik nicht möglich ist, hier klar formulierte, eindeutige Negativ-Botschaften zu senden, werden sie weiter an den Erfolg ihrer internen Bewerbungen glauben.

Bei diesem Projekt wurden gleich mehrere Kommunikationsmängel deutlich:

1. Den Mitarbeitern wurde keine nachvollziehbare Begründung für die geplanten Abbaumaßnahmen geliefert. Daher sahen sie für sich keine Notwendigkeit, sich zu verändern.

2. Die Abbaumaßnahmen standen in offensichtlichem Widerspruch zur Unternehmenskultur („Einmal BETA, immer BETA") und zu propagierten Unternehmenszielen („Der Beitrag jedes Mitarbeiters ist wichtig"). Daher konnten die Mitarbeiter nicht glauben, dass sie überflüssig sein sollten.

3. Die im Geheimen geführten Einladungsgespräche zum Bewerbertraining erweckten bei den Teilnehmern das Gefühl, sie müssten zu einer Strafaktion oder etwas Ähnlichem. Dadurch wurde es zumindest sehr erschwert, ihnen das Ziel des Trainings – einen Arbeitgeberwechsel – als etwas Positives darzustellen.

4. Die Führungskräfte hatten falsche Vorstellungen von dem, was Mitarbeiter motiviert. Die Mitarbeiter hatten sich durchaus bewusst die BETA AG als Arbeitgeber ausgesucht, weil sich ihre persönlichen Lebensziele hier verwirklichen ließen. Ohne die genaue Kenntnis der Ziele von Mitarbeitern sind diese schwer zu motivieren, weder zu einem Firmenwechsel noch zu etwas anderem. Diese Ziele sind ein wesentlicher Faktor nicht nur bei Umstrukturierungsmaßnahmen, sondern bei jeder Art von Personalentwicklung. Nur eine faktische Erhebung – statt bloßer Annahmen – kann zeigen, ob die Ziele des Mitarbeiters sich mit den Unternehmenszielen decken oder in Einklang gebracht werden können. Hätte die BETA AG eine solche Klärung vorgenommen, wäre vielleicht etwas ganz anderes dabei herausgekommen: Verbesserung des Ergebnisses nicht durch Personalabbau, sondern durch optimalen Einsatz der Mitarbeiter und ihrer speziellen Fähigkeiten.

5. Die Führungskräfte unterschätzten den Hang der menschlichen Psyche zur Aufrechterhaltung der Stabilität. Bevor ein Mitarbeiter den Arbeitgeber wechselt, muss ein Berg an Widerständen

überwunden werden. Das ganze Ausmaß dieses Berges ist in unserem Projekt deutlich geworden. Nach unseren und den Erfahrungen anderer wird es kaum möglich sein, die Mitarbeiter allein mit positiven Anreizen (in Form des „golden handshake“ und/oder in Form von Bewerberberatung) über diesen Berg zu „locken“. Wenn Personal abgebaut werden muss, ist es vielmehr nötig, unumstößliche Tatsachen zu schaffen, um sie mit Druck über den Berg zu „schieben“.

Phase II: Öl oder Sand im Getriebe?

In der zweiten Phase des Personalabbaus werden die Maßnahmen durchgeführt, vom Trennungsgespräch bis zum Termin des Ausscheidens. Auch in dieser Phase fährt ein Unternehmen gut mit einer offenen und klaren Kommunikation. Die Auswahl der zu entlassenden Mitarbeiter muss an den Unternehmenszielen ausgerichtet sein. Die Begründung muss nachvollziehbar sein, für den Ausscheidenden ebenso wie für sein Umfeld. Darüber hinaus sollte der Umgang mit den ausscheidenden Mitarbeitern von äußerstem Feingefühl geprägt sein. Das wirkt sich nicht nur auf die Betroffenen aus. Auch die verbleibenden Mitarbeiter – ebenso wie Kunden und Lieferanten – schauen genau hin, wie das Unternehmen bei Trennungen verfährt. Das Image der Firma bei möglichen Bewerbern bleibt davon ebenfalls nicht unberührt. Nur wer ausscheidende Mitarbeiter fair behandelt, kann die Motivation seiner Mannschaft sowie den guten Ruf seiner Firma erhalten.

Leider werden Abbaumaßnahmen in der Realität oft einfach nur „abgewickelt“. Das Mitbestimmungsgesetz verlangt die Beteiligung des Betriebsrats, der seine Aufgabe häufig darin sieht, die Besitzstände einzelner Mitarbeiter zu verteidigen. Eine „Sozialauswahl“ ist ebenfalls gesetzlich vorgeschrieben. Beim so betriebenen Personalabbau verliert das Unternehmen die jüngeren Mitarbeiter mit den niedrigeren Gehältern – und das hat oft katastrophale Auswirkungen auf das wirtschaftliche Ergebnis.

Um diese Klippe zu umschiffen und imageschädliche Entlassungen ganz zu vermeiden, werden dann zunächst die älteren Mitarbeiter in den Vorruhestand geschickt. Hier dauert es etwas länger, bis die Folgen sichtbar werden: Erfahrungs- und Know-how-Verlust, bedenkliche Erhöhung der Fehlerquote und Ersatz der erfahrenen Mitarbeiter durch Neurekrutierung zu erheblich höheren Gehältern.

Wegen der extremen Belastungen von Arbeitsamts- und Rentenkassen durch die zahlreichen Vorruheständler hat der Gesetzgeber dieser Entlassungsvariante einen Riegel vorgeschoben. Andererseits wurden Möglichkeiten geschaffen, bei Massenentlassungen die Auswahl nach anderen als sozialen Kriterien vorzunehmen (keine Entlassung von Leistungsträgern, keine Überalterung der Belegschaft). Hiervon wird noch selten Gebrauch gemacht. Warum?

Offenbar kommt es allein auf die Zahlen an. Es scheint gleichgültig, welche Mitarbeiter das Unternehmen verlassen, die Hauptsache ist, dass es weniger werden. Weniger Personal bedeutet geringere Kosten, also mehr Gewinn – so wird gefolgert. Ein großes metallverarbeitendes Unternehmen setzte sich für das vorige Geschäftsjahr zum Ziel, 250 Mitarbeiter abzubauen und die Verarbeitungstiefe zu erhöhen. Das hätte bedeutet, dass die verbliebenen zwei Drittel der Mannschaft ein erheblich höheres Arbeitspensum hätten leisten müssen als vorher alle zusammen. Hier waren die „Zahlenheinis“ am Werk (so nannte einer unserer Klienten sie ironisch). Nachher wunderte sich die Konzernmutter, dass die Rechnung nicht aufging.

Selten oder nie wird gefragt, was für Mitarbeiter das Unternehmen brauchen wird, um die gesteckten Ziele zu erreichen. Uns ist nur ein einziges Unternehmen bekannt, das vor einem Personalabbau eine systematische Definition der für die Zukunft erforderlichen Mitarbeiter- und Qualifikationsprofile erstellt hat (siehe im Abschnitt „Mit bewährter Mannschaft zu neuen Ufern“ weiter unten). Es liegt auf der Hand, dass sich so der erträumte Schritt nach vorn nicht verwirklichen lässt.

Wie sag' ich's meinem Kinde?

Die Vorgesetzten wissen freilich sehr genau, wen sie behalten und wen sie loswerden wollen. Wie sie dies kommunzieren, ist jedoch eine ganz andere Frage. Vorgesetzte stehen immer in der ersten Reihe, wenn es darum geht, ihren Mitarbeitern Gehaltserhöhungen oder Beförderungen mitzuteilen. Der Übermittlung negativer Botschaften weichen sie jedoch gerne aus. Da wird dann meistens die Personalabteilung vorgeschoben. Das ist kein böser Wille, sondern Hilflosigkeit. Wie geht man damit um, wenn man jemandem mitteilen muss, dass er seinen Arbeitsplatz und damit vielleicht seine Existenz verliert? Häufig sind die Führungskräfte in keiner Weise darauf vorbereitet. In ihrer Ausbildung kommt so etwas nicht vor, andererseits wird in der Praxis dieses Können als selbstverständlich vorausgesetzt.

Was dann geschieht, hat oft katastrophale Auswirkungen für die Betroffenen. Da werden Kündigungen telefonisch ausgesprochen. Die Gründe werden nicht offen zur Sprache gebracht. Die Führungskräfte versuchen zu trösten mit Sätzen wie: „Davon geht die Welt doch nicht unter!“ oder „Andere trifft es noch viel härter.“

Unterschwellig wird dem Mitarbeiter damit signalisiert: „Du bist nicht o.k.“ Die telefonische Kündigung bedeutet: „Du bist es nicht wert, dass ich mich persönlich mit dir unterhalte.“ Das Herumreden um die Gründe kann heißen: „Ein offenes Gespräch über die Entlassungsgründe ist mir zu anstrengend; so wichtig bist du mir nicht.“ Durch den falschen Trost wird das Gefühl des Mitarbeiters negativ bewertet: „Wenn du dich jetzt schlecht fühlst, dann nehme ich das nicht ernst. Dein Gefühl ist nicht in Ordnung.“

Ein besonders drastischer Fall ereignete sich bei einem großen Unternehmen in Köln: Die Mitarbeiterzahl musste deutlich reduziert werden. Nach zähen Diskussionen hatten die verantwortlichen Vorgesetzten sich endlich entschieden und der Personalabteilung die entsprechenden Namenslisten eingereicht. Die Trennungsgespräche führte der Personalleiter. Einer der Genannten war ein langgedienter Gruppenleiter. Als der Personalleiter den Gesprächsanlass erwähnte, sprang der Gruppenleiter empört auf und drohte, sich beim Betriebsrat zu beschweren, da er auf keinen Fall betroffen sein könne. Als der Personalleiter fragte, warum er sich dessen so sicher sei, sagte der Gruppenleiter, er habe gerade noch vor wenigen Minuten seinen Vorgesetzten auf dem Flur getroffen, und der habe zu ihm gesagt: „Mach' dir keine Sorgen, du bist nicht dabei." Hier hatte die Angst vor der Übermittlung der schockierenden Botschaft – besonders noch gegenüber einem langjährigen Mitarbeiter und Duzfreund – den Vorgesetzten dazu getrieben, geradeheraus zu lügen.

Als der Personalleiter dem Gruppenleiter die von seinem Vorgesetzten unterschriebene Namensliste zeigte, verstand der die Welt nicht mehr. So geht es vielen: Alles, was ihnen bisher sicher und verlässlich erschien, gilt plötzlich nicht mehr. Ihr zuvor stabiles Bild der Realität bekommt Risse, gerät ins Wanken. Über die Gründe können sie meist nur spekulieren. Durch diese unprofessionelle Kommunikation wird viel Unheil angerichtet. Über den Schock der Entlassung hinaus werden die Gefühle der Mitarbeiter unnötig verletzt. Letzten Endes leidet dadurch auch das Ansehen der Führungskräfte.

Machen wir uns nichts vor: Hauptträger der Internen Kommunikation sind nicht die Mitarbeiterzeitung und keine noch so schönen Mitarbeiter-Videos, sondern es sind die Führungskräfte. Was sie sagen und wie sie sich verhalten, das prägt nicht nur die Unternehmenskultur, das ist sie. Ein gut geführtes Unternehmen wird dafür sorgen, dass die Führungskräfte wissen, worauf es in Zeiten des Personalabbaus ankommt. Es wird ihnen beibringen, wie sie dies auf professionelle und faire Weise kommunizieren können.

Das heißt: Die Vorgesetzten müssen auf die für sie ungewohnte Situation gezielt vorbereitet werden. Ihnen fehlen ja nicht nur Erfahrung und Wissen im Umgang mit den Gefühlen der Mitarbeiter, sondern sie müssen auch ihren eigenen Gefühlsaufruhr bewältigen. Vielen Vorgesetzten raubt es den Schlaf oder die Gesundheit, wenn sie langjährigen verlässlichen Mitarbeitern eröffnen müssen, dass das Unternehmen in Zukunft ohne sie auskommt. Darüber hinaus sind manche nicht nur Übermittler der Hiobsbotschaft, sondern sie werden auch selbst wegrationalisiert. Ein Training in Gesprächsführung, das beide Seiten dieses Prozesses berücksichtigt, bietet den Führungskräften eine Orientierung und hilft, die schlimmen

Folgen des Personalabbaus zu mildern oder gar nicht erst entstehen zu lassen.

Nicht nur für das Ansehen des Unternehmens und der Führungskräfte sind solche Schulungsmaßnahmen wichtig. Auch bei den Betroffenen, deren Arbeitsleistung oftmals noch bis zum Zeitpunkt ihres Ausscheidens gebraucht wird, lässt sich der Schaden begrenzen. Niemand kann genau errechnen, wieviel an Produktivität und an Qualität durch das verschlechterte Arbeitsklima verloren geht. Der Ausfall ist jedoch gerade in dieser zweiten Phase des Personalabbaus enorm hoch. Nach dem ersten Schock reagieren die Gekündigten sehr unterschiedlich. Am einen Ende der Skala stehen diejenigen, die die Schuld allein bei sich selbst suchen. Sie werden depressiv und krank. Noch Monate danach fällt es ihnen in Vorstellungsgesprächen schwer, die Frage zu beantworten, warum sie den Arbeitgeber wechseln wollen. Bei dem Wort „Rationalisierung" verschlucken sie sich und fangen an zu stottern; so tief sitzt ihnen der Kloß noch im Hals. Am anderen Ende geben die Mitarbeiter allein der Firma die Schuld. Sie sind dann nicht mehr motiviert, sie meckern, sie reden in der Öffentlichkeit schlecht über ihr bisheriges Unternehmen. Der Weg zum Arbeitsgericht ist nicht weit. Wenn diese Mitarbeiter sich krank melden, dann oft aus Trotz.

Tu' Gutes und rede darüber!

Vor allem durch die Krankmeldungen und Gerichtsprozesse, aber auch durch die anderen Reaktionen gehen dem Unternehmen stattliche Summen verloren. Wer deprimiert, verärgert oder wütend ist, kann nicht mehr seine normale Arbeitsleistung erbringen. Oftmals wird er auch sein Umfeld empfindlich stören. Die Führungskräfte sollten in der Lage sein, diese Mitarbeiter einfühlsam zu begleiten und zu motivieren. Neben den zuvor erwähnten Schulungsmaßnahmen kann auch professionelle Bewerbungshilfe hierzu wesentlich beitragen. Wenn für ihre berufliche Zukunft gesorgt wird, haben die Mitarbeiter keine Veranlassung, Negativpropaganda zu verbreiten oder Rechtsstreitigkeiten zu beginnen. Und sie haben dafür auch keine Zeit, wenn sie sich intensiv mit ihrer beruflichen Zukunft beschäftigen.

Mit dem Angebot von Outplacement-Beratung zeigt eine Firma hohes soziales Engagement und Weitblick, indem sie die Zukunft ihrer ausscheidenden Mitarbeiter langfristig sichert. Denn schließlich bringt auch eine noch so hohe Abfindung keinen neuen Arbeitsplatz. Von den Mitarbeitern wird dies allerdings oft ganz anders wahrgenommen. Sie sehen die Beratung mit Misstrauen: „Wieder so ein schmutziger Trick der Unternehmensleitung."

Daher muss die professionelle Bewerbungshilfe sorgfältig kommuniziert werden. Die Mitarbeiter dürfen nicht denken, dass sie nur besänftigt oder hinters Licht geführt werden sollen. Wenn man die Bewerberberatung quasi „geheim hält" und nur hinter verschlossenen Türen anbietet – wie bei der BETA AG –, bringt man sich selbst um den Nutzeffekt. Die Ankündigung solcher Maßnahmen gehört dick an das Schwarze Brett. Nicht nur die Ausscheidenden, auch die Verbleibenden bekommen dadurch Sicherheit. Wer einmal miterlebt hat, wie ein Kollege mit Hilfe von Bewerberberatung die berufliche Neuorientierung erfolgreich gemeistert hat, der verfügt über das beruhigende Gefühl, im Ernstfall nicht alleine dazustehen.

Phase III: Auf Fels oder auf Sand gebaut?

Im allgemeinen sind die Verbleibenden jedoch das Stiefkind der Kommunikation. Das ist auch verständlich, denn in der zweiten Phase ist das Unternehmen vollauf mit den Gekündigten beschäftigt: Da ist mit dem Betriebsrat zu verhandeln, der Sozialplan zu verabschieden, die Trennungsgespräche zu führen, die Abfindung für jeden Einzelnen zu errechnen, da sind Aufhebungsverträge abzuschließen, Zeugnisse abzufassen, zahllose Bescheinigungen für Arbeitsamt, Sozialamt und so weiter. auszufüllen. Dadurch konzentriert sich das Augenmerk aller Beteiligten auf die Ausscheidenden. Hingegen verschwinden die Verbleibenden ganz aus dem Blickfeld – dabei sind sie es doch, von denen die zukünftigen Gewinne des Unternehmens abhängen.

In der dritten Phase kehrt das restrukturierte und verkleinerte Unternehmen zur „Normalität" zurück. Und hier zeigt sich, dass die Personalabbaumaßnahmen auch an den „Überlebenden" nicht spurlos vorübergegangen sind. Ihre Welt ist aus den Fugen geraten. In der Vergangenheit war es für die meisten von ihnen selbstverständlich, einen Arbeitsplatz auf Lebenszeit bei ihrem Arbeitgeber zu erwarten. Es gab einen ungeschriebenen Vertrag: „Ich gebe meinem Unternehmen lebenslange Loyalität, mein Unternehmen gibt mir eine lebenslange Anstellung." Dieser ungeschriebene Vertrag gilt nun plötzlich nicht mehr. Die Mitarbeiter fühlen sich durch diese Veränderung bedroht und sind zutiefst verunsichert. Wer kann verhindern, dass sie bald das gleiche Schicksal ereilt wie ihre Kollegen, die jetzt das Unternehmen verlassen mussten? Die Arbeitszufriedenheit hat abgenommen. Das Vertrauen in die Unternehmensleitung wurde untergraben. Aus Angst vor Arbeitsplatzverlust gehen die Mitarbeiter nun auf „Nummer Sicher". Sie verhalten sich nicht innovativ. Ihre Motivation sinkt; sie leisten nicht mehr als notwendig („Dienst nach Vorschrift"). Das geht im Extremfall bis zur „inneren Kündigung". Untersuchungen belegen, dass diese Folgen bei allen Unternehmen eintreten, wenn man nicht gegensteuert.

Eine positive Kommunikation muss sich also intensiv mit den Verbleibenden beschäftigen. Selbstverständlich ist auch hier die erste Voraussetzung, dass sie die Begründung für den Personalabbau verstehen und nachvollziehen können. Weiterhin wird ihr Vertrauen gestärkt, wenn sie erleben, dass die Führungskräfte verantwortungsvoll und fair mit den zu entlassenden Kollegen umgehen. Dazu gehört gegebenenfalls auch Outplacement oder Bewerberberatung. Die Kommunikation über diese Dinge sollte sich daher stets an die gesamte Belegschaft richten, nicht nur an den Kreis der Ausscheidenden. Und es ist gut, wenn das oberste Management sichtbar an der Spitze steht, das heißt, wenn die Vorstände Informationsveranstaltungen zu allen Aspekten des Personalabbaus persönlich durchführen.

Für die „Überlebenden" sollte jedoch noch einiges mehr getan werden. Die Einstellung der Mitarbeiter ist einer der wichtigsten Faktoren zur Beeinflussung der Unternehmensergebnisse. Schafft es eine Organisation, die Mitarbeiter voll zu gewinnen, steigen die Identifikation und die Bereitschaft, mehr leisten zu wollen, automatisch. Dies ist vor allem dann der Fall, wenn die Mitarbeiter sehen, dass ihre Anregungen, Ideen und Kritik im Arbeitsprozess umgesetzt werden. Darüber hinaus müssen sie auch ihre Ausbildungs- und Entwicklungsmöglichkeiten kennen.

Stranden und versanden oder weitersegeln?

Auf dem deutschen Arbeitsmarkt hat sich in den letzten Jahren ein tiefgreifender Wandel vollzogen. Das Wirtschaftswachstum früherer Zeiten ermöglichte ein Leben im Wohlstand und die Garantie einer lebenslangen Beschäftigung für die meisten. Die Anforderungen des heutigen Wettbewerbs fordern von den Mitarbeitern jedoch mehr als die alte Zuverlässigkeit und Loyalität. Von ihnen wird verlangt, dass sie neue Marktchancen erkennen, flexibel reagieren, effizient in Teams arbeiten sowie unternehmerisch denken und handeln. An die Stelle einer langfristigen Beziehung zum Arbeitgeber tritt der Austausch von Leistungen. Sicherheit ergibt sich nicht mehr aus dem jeweiligen Anstellungsverhältnis, sondern aus den Fähigkeiten und Kenntnissen des Mitarbeiters, die er erlangen und weiterentwickeln muss.

Es ist wichtig, dass alle Mitarbeiter – einschließlich der Führungskräfte – diese Veränderungen auf dem Arbeitsmarkt wahrnehmen und verstehen, was in der Arbeitswelt von morgen erwartet und angeboten wird. Die Mitarbeiter müssen ermutigt werden, die Verantwortung für ihre berufliche Laufbahn selbst zu übernehmen und ihren Berufsweg aktiv und erfolgreich zu gestalten. Die Basis des neuen Vertrags sind ihre eigenen Fähigkeiten und Erfahrungen, die sie zum besten Nutzen des Arbeitgebers einsetzen – ob beim alten oder bei einem neuen. So verstanden, ist der Wandel eine Chance für jeden Mitarbeiter. Wo dies vermittelt werden kann, arbeiten Mitarbeiter und Führungskräfte mit vollem Einsatz weiter, und die Besten wandern nicht vorzeitig ab.

Dies zu erreichen ist eine Sache der gesamten Unternehmenspolitik. Gefordert sind hier nicht nur die Redakteure der Mitarbeiterzeitung, sondern in vorderster Front die Führungskräfte und – gerade bei Personalanpassungen – die Personalabteilung.

Mit bewährter Mannschaft zu neuen Ufern

Mit einem zukunftsweisenden ganzheitlichen Konzept hat die GAMMA GMBH in Detmold es geschafft,

- die Produktionsprozesse zu optimieren und zu flexibilisieren,
- eine Lernkultur im gesamten Unternehmen zu etablieren,
- mit Hilfe konsequenter Personalentwicklungs- und Qualifizierungsarbeit verdeckte Potentiale der Mitarbeiter nutzbar zu machen,
- dadurch Ängste der Mitarbeiter vor anstehenden Rationalisierungsmaßnahmen abzubauen oder zu vermeiden und
- die Kosten zu senken, weil das Know-how der altgedienten Mitarbeiter erhalten blieb und kein neues Personal am externen Arbeitsmarkt rekrutiert werden musste.

Alles begann mit der Frage, welche Qualifikationen in den nächsten Jahren in der GAMMA GMBH benötigt werden. Die sich ergebenden Anforderungsprofile wurden mit den Profilen der vorhandenen Mitarbeiter verglichen, und es wurden Lernmodule entwickelt, um die entsprechende Qualifizierung möglich zu machen.

Die GAMMA GMBH bot denjenigen Mitarbeitergruppen, in deren Arbeitsbereich Tätigkeiten und Stellen in Zukunft wegfallen würden, gezielte, praxisbezogene Weiterbildungsmaßnahmen an. Diese erstreckten sich über mehrere Monate bis zu einem Jahr. Das Qualifizierungskonzept musste so kommuniziert werden, dass die Mitarbeiter es bereits im Vorfeld akzeptierten und bereit waren, sich trotz augenscheinlich sicherer Arbeitsplätze neuen Herausforderungen zu stellen und sich längerfristig für ihre Fortbildung zu engagieren. Dass dies gelang, zeigen die bisher durchgeführten Maßnahmen.

Im ersten Schritt wurden zwölf Mitarbeiterinnen mit kaufmännischem Hintergrund durch die Vermittlung von technischem Wissen dafür qualifiziert, im Vertriebsinnendienst die Kunden auch technisch kompetent zu beraten. Hiermit wurde einerseits ein erheblicher Neurekrutierungs- und Einarbeitungsaufwand eingespart, zum anderen wurden Personalfreisetzungen in der Auftragsabwicklung vermieden, die sonst unumgänglich gewesen wären.

Im zweiten Schritt erhielten zehn angelernte Maschinenbedienerinnen eine kaufmännische Ausbildung, die sie fortan befähigte, Sekretariats- und Sachbearbeitungsaufgaben wahrzunehmen. Freigewordene Stellen konnten so intern besetzt werden, und die betroffenen Mitarbeiterinnen entgingen der drohenden Arbeitslosigkeit.

Die dritte Maßnahme war die Qualifizierung von zwölf an- und ungelernten Lagerarbeitern zum Handelsfachpacker, die mit der IHK-Prüfung endete. Diese Mitarbeiter erhielten nicht nur erstmalig einen beruflichen Abschluss, sondern sind nun auch den hohen technischen Anforderungen modernster Distributionslogistik in vollem Umfang gewachsen. Eine zweite Gruppe ist bereits gestartet.

Als Viertes wurden für eine bestimmte Produktgruppe (hochwertige Elektronikteile) die Fertigungs-Mitarbeiter in technischen Themen und Fertigkeiten weitergebildet. Nach einer Untersuchung des Fraunhofer-Instituts gehört diese Fertigung inzwischen zu den besten von 20 renommierten Unternehmen.

Durch dieses Qualifizierungsprogramm ist es der GAMMA GMBH gelungen, dem Gespenst der „Rationalisierung" seinen Schrecken zu nehmen. Die Mitarbeiter engagieren sich jetzt für die Veränderungen im Unternehmen. Bei ihnen wurden Potentiale freigesetzt, die in den neuen Aufgabenbereichen voll zur Geltung kommen. Einige Absolventen der Maßnahmen bilden sich in Eigeninitiative weiter fort. Wichtig war vor allem, dass die Personalentwicklung sich nicht, wie allgemein üblich, auf die oberen Fach- und Führungskräfte konzentrierte. Sie erstreckte sich vielmehr auf alle Mitarbeitergruppen bis hin zu den An- und Ungelernten. Nur so finden tiefgreifende Organisationsveränderungen, verbunden mit ausgeprägten Rationalisierungsmaßnahmen, auch bei denjenigen Akzeptanz, die um ihren eigenen Arbeitsplatz fürchten müssen.

Der Erfolg der Maßnahmen spricht sich herum. Um die Interne Kommunikation braucht sich die GAMMA GMBH in der nächsten Zeit keine Sorgen zu machen.

Wanderer zwischen den Welten

Interne Kommunikation bei Zeitarbeitsfirmen

von Diethelm Bender, Manpower AG

Im Zuge des weltweiten Trends zu flexibleren Beschäftigungsformen gewinnt auch Zeitarbeit mehr und mehr an Bedeutung. Deutschland gehört dabei mit einem Zeitarbeitsanteil von unter einem Prozent noch zu den Entwicklungsländern, in anderen Industrieländern wie den Niederlanden liegen die entsprechenden Zahlen bei vier Prozent. Aber auch bei uns sind immerhin schon über 200 000 Menschen bei einem Personaldienstleistungsunternehmen beschäftigt.

Das Beschäftigungsmodell Zeitarbeit wirft natürlich im Hinblick auf die Interne Kommunikation Fragen auf. Wie ist ein Arbeitnehmer in betriebsinterne Kommunikationsstrukturen integriert, der eigentlich bei einem ganz anderen Unternehmen beschäftigt ist? Wie vermittelt die Zeitarbeitsfirma ihren Mitarbeitern das Gefühl, dazuzugehören, als Mensch geschätzt zu werden in einer menschlichen Organisation? Wie sehen diese „Wanderer zwischen den Welten" selbst ihre Situation? All diesen Fragen will dieser Beitrag nachgehen. Es soll jedoch auch gezeigt werden, wie Interne Kommunikation in der speziellen Struktur einer Zeitarbeitsfirma funktionieren kann.

Größter privater Arbeitgeber der Welt: Manpower

Als Elmar L. Winter und Aaron Scheinfeld im Jahr 1947 die Firma Manpower gründeten, kämpften die beiden Rechtsanwälte mit dem Problem so vieler Arbeitgeber: Immer wieder kam es wegen Krankheit oder kurzfristiger Aufträge zu Personalengpässen, die aber nicht ausreichten, um jemanden dauerhaft einzustellen. Weil sie davon ausgingen, dass es nicht nur ihnen so ging, schufen sie einen Pool gut ausgebildeter Arbeitskräfte, die anderen Unternehmen bei Bedarf befristet zur Verfügung standen. Wie sich herausstellte, war das eine gute Idee. Heute ist die Firma Manpower mit rund zwei Millionen Beschäftigungsverhältnissen pro Jahr der größte private Arbeitgeber der Welt. Ging es in der Anfangszeit um einzelne Bürokräfte, Handwerker und Hilfskräfte in der Produktion, die Manpower vermittelte, richtet die Firma heute ganze Call-Center ein und stellt Belegschaften für Produktionsanlagen in der Größenordnung von mehreren hundert Arbeitskräften. Immer höher wurden auch die Ansprüche an die Qualifikation der Mitarbeiter: Die Mehrheit der Zeitarbeitskräfte von heute verfügt über eine solide Ausbildung bis hin zum Hochschulabschluss.

Corporate Identity: Moderner und flexibler Dienstleister

Getreu der Devise „think global, act local" war mit dem Wachstum auch die Gründung immer neuer Niederlassungen verbunden. Manpower versteht sich als moderner und flexibler Dienstleister mit kurzen Entscheidungswegen, der seinen Kunden bei der Bewältigung von Aufgaben in praktisch jeder Größenordnung zur Seite stehen kann. Auf der ganzen Welt gelten dabei die gleichen hohen Qualitätsstandards, die sich auch in einem einheitlichen, unverwechselbaren Erscheinungsbild der Öffentlichkeit gegenüber äußern. Unabdingbar für den Unternehmenserfolg ist ein hohes Maß an Eigenverantwortung nicht nur der einzelnen Niederlassungen, sondern auch der Mitarbeiter als dem eigentlichen Kapital der Firma. Fasst man die Eigenschaften des Unternehmens schlagwortartig zusammen, so könnte man sagen: Manpower ist groß, heterogen und dezentral organisiert. Diese Attribute machen einen Teil der Stärke der Firma aus. Wer sich die Frage stellt, wie die Interne Kommunikation in einem Zeitarbeitsunternehmen funktionieren kann, muss diesen besonderen Eigenschaften Rechnung tragen.

Diener zweier Herren

Man mag einwenden, dass Größe, Heterogenität und Dezentralität keine „Privilegien" von Zeitarbeitsfirmen sind. Große Handelsketten mit breiter Angebotspalette sind ebenfalls an vielen Standorten präsent. Dasselbe gilt für Industriekonzerne, deren Belegschaft sich zudem auch aus den verschiedensten Berufszweigen – vom Manager über den Computerspezialisten und die Bürokraft bis hin zum Reinigungspersonal – zusammensetzt. Das ist sicher richtig.

Doch ein Blick auf die Interne Kommunikation zeigt, worin der eigentliche Unterschied zwischen den Personaldienstleistern und anderen Unternehmen besteht. Hans Friedrichs sah schon vor 25 Jahren die Rolle der Internen Kommunikation darin, „den Mitarbeiter in die Lage zu versetzen, seine Funktion mit einem Höchstmaß an Einsicht in die Zusammenhänge, an Verständnis für die Probleme und an Wissen für die optimale Leistung erfüllen zu können" (Friedrichs 1973, Seite 174). Allein: Auf welches Unternehmen lässt sich dieses Postulat im Falle einer Zeitarbeitskraft beziehen? Auf das, welches sie bezahlt, oder auf jenes, in dem sie ihrer Arbeit nachgeht? Wird das entleihende Unternehmen nicht dazu neigen, den Mitarbeiter auf Zeit für Aufgaben einzusetzen, die gerade kein Höchstmaß an Einsicht in die Zusammenhänge verlangen?

Und vor allem: Mit welchen Medien der Internen Kommunikation kann das Zeitarbeitsunternehmen seine Mitarbeiter erreichen? Bei Zeitarbeitsfirmen erfährt der Begriff Dezentralität eine neue Bedeutung. Nicht nur das Unternehmen selbst ist an vielen Standorten präsent, die vielfältigen Einsätze der Mitarbeiter in mehreren hundert Kundenunternehmen allein in Deutschland machen die Erreichbarkeit durch direkte Ansprache zu einem der größten Probleme für die Interne Kommunikation.

Interne Kommunikation als Dialog

Zumal dann, wenn ein Unternehmen die Kommunikation mit seinen Beschäftigten nicht als Einbahnstraße begreift, sondern als Dialog. Zwar ist es inzwischen üblich, bei der bloßen Erwähnung dieses Begriffs entsagungsvoll zum Himmel zu blicken, und in einem kürzlich erschienenen Sammelband mit dem Titel „Dialogorientierte Unternehmenskommunikation" beklagen viele Autoren den inflationären Gebrauch des Wortes. Dies ändert jedoch meines Erachtens nichts an der grundsätzlichen Richtigkeit des Konzepts. Es ist das Wesen von Kommunikation, wechselseitig und nicht einseitig zu sein, mit schlichten Verlautbarungen von Firmenseite ist es nicht getan. Die Beschäftigten wollen und brauchen ein offenes Ohr für ihre Anregungen und Ideen, für ihre Sorgen und Probleme. Ihnen dies in den besonderen Strukturen einer Zeitarbeitsfirma zu leihen ist eine ebenso spannende wie anspruchsvolle Aufgabe.

Dezentralität schafft überschaubare Strukturen

Eine entscheidende Rolle beim Dialog mit den Mitarbeitern spielen die einzelnen Niederlassungen. Im Gegensatz zum Gesamtunternehmen bilden sie relativ kleine, überschaubare Einheiten. Hier kommt der neue Mitarbeiter zum ersten Mal in Kontakt mit der Firma, hier unterzeichnet er seinen Arbeitsvertrag, werden Einsätze vermittelt und Fortbildungsmaßnahmen organisiert. Gerade weil unsere Beschäftigten nicht im Firmenstandort selbst arbeiten, sondern oft mehrere Monate in einem anderen Unternehmen tätig sind, müssen sie von Anfang an erfahren, dass sie das eigentliche Kapital des Zeitarbeitsunternehmens sind, dass ihre Meinung zählt und ihre Zufriedenheit ihrem Arbeitgeber am Herzen liegt. Deshalb ist es bei Manpower schon seit einiger Zeit üblich, nicht nur die Kunden nach ihrer Zufriedenheit mit den Manpower-Kräften zu fragen, sondern auch die Mitarbeiter nach ihren Erfahrungen beim Kunden. Treten – was selten vorkommt – Klagen auf, suchen wir das Gespräch mit dem entsprechenden Unternehmen und versuchen, Irritationen auszuräumen. In den Niederlassungen gibt es auch immer wieder Veranstaltungen und Treffs, bei denen sich die einzelnen Mitarbeiter kennenlernen und informell austauschen können.

Wichtiger Beitrag zur Bekämpfung der Arbeitslosigkeit

Die direkte Kommunikation mit den Beschäftigten in den Niederlassungen ist um so wichtiger, als sich auch die Struktur der Mitarbeiter von der anderer Unternehmen unterscheidet. Sehr viele Zeitarbeitskräfte waren vorher arbeitslos, fanden zum Beispiel wegen ihres Alters keine neue Beschäftigung, sind verunsichert, ob sie den Anforderungen der Arbeitswelt von heute gewachsen sind. Hier gilt es für unsere Kernmannschaften in den Niederlassungen, Ängste zu nehmen, Selbstbewusstsein zu vermitteln und Wege aufzuzeigen, wie sich die Mitarbeiter zum Beispiel mit internen Fortbildungsmaßnahmen fit machen können.

Diese wichtige Aufgabe ist natürlich nicht nach einem feststehenden Schema zu bewältigen, das Unternehmen selbst kann dabei den Verantwortlichen nur so gut wie möglich helfen. Es zeigt sich jedoch, dass die Mitarbeiter in den Niederlassungen dieser Aufgabe durchaus gewachsen sind. Immerhin 30 Prozent der Zeitarbeitskräfte werden Jahr für Jahr von den Kundenunternehmen übernommen. Damit leistet die Zeitarbeit einen wichtigen Beitrag zur Bekämpfung der Arbeitslosigkeit. Neben vielen älteren Arbeitnehmern profitieren vor allem Frauen von der Zeitarbeit, zum Beispiel durch den leichteren Wiedereinstieg in den Beruf nach einer längeren Familienpause. Ein Erfolg nicht nur der Qualifizierungsmaßnahmen der Zeitarbeitsunternehmen, sondern auch der behutsamen Reintegration auch und gerade von Langzeitarbeitslosen durch die Mitarbeiter in den Niederlassungen.

Probleme mit klassischen Informationsmedien

Natürlich führen die besonderen Strukturen von Zeitarbeitsfirmen auch zu Problemen bei der Internen Kommunikation. Klassische Foren für den offenen Meinungsaustausch wie Meetings und Betriebsversammlungen sind nur schwer zu organisieren, wenn der weitaus größte Teil der Mitarbeiter permanent im Einsatz bei anderen Firmen ist. Ebenso fallen die kostengünstigen Aushänge am Schwarzen Brett unter den Tisch. Die meisten dieser Probleme sind jedoch zu lösen. Interne Rundbriefe und Newsletter etwa können mit der monatlichen Lohnabrechnung verschickt werden. Zudem lehrt die Erfahrung, dass es besser ist, sich bei diesen Service- und Informationsmedien auf das Notwendigste zu beschränken.

Mitarbeiterzeitung nicht als Selbstzweck

Das vielleicht am weitesten verbreitete Medium der Unternehmenskommunikation ist die Mitarbeiterzeitung. Ist doch gerade sie dafür geschaffen, die Leistungen des Unternehmens darzustellen, über neue Entwicklungen zu informieren und der Firma durch Porträts einzelner Personen Gesichter zu verleihen. Besonders Letzteres ist natürlich für ein Zeitarbeitsunternehmen interessant, wo sich die einzelnen Mitarbeiter ja nicht täglich am Arbeitsplatz sehen. Um all diese Aspekte in einer dem Unternehmen und der Branche angemessenen Form berücksichtigen zu können befindet sich die Mitarbeiterzeitung von Manpower derzeit in einer Phase der Umstrukturierung und Umgestaltung. Dabei gilt es, die Interessen der Mitarbeiter ebenso zu berücksichtigen wie jene der Kundenunternehmen nach Vertraulichkeit und ungestörten internen Abläufen. Klar sind jedoch die Ziele, die ein solches Medium bei Manpower hat: Den Mitarbeitern zu zeigen, dass sie wichtiger Teil einer großen, schlagkräftigen und leistungsfähigen Organisation sind und jeder einen wichtigen Beitrag zum Unternehmenserfolg leistet.

Ein weiterer Schwerpunkt der neugestalteten Mitarbeiterzeitung wird im Servicebereich liegen. Da unsere Fortbildungs- und Qualifizierungsmaßnahmen notwendigerweise dezentral und flexibel auf den einzelnen Beschäftigten zugeschnitten organisiert werden, wird es auf diesem Gebiet mehr darum gehen, Visionen zu vermitteln. Der Mitarbeiter soll erfahren, welche prinzipiellen Möglichkeiten zum beruflichen Weiterkommen er im Unternehmen hat. Den konkreten Weg dahin auszuarbeiten bleibt weiterhin Aufgabe der Niederlassungen. Auch hier verfolgen wir also konsequent unsere Strategie des „think global, act local".

Im Servicebereich bieten sich daneben Ratschläge zur besonderen juristischen oder steuerlichen Situation der Zeitarbeitskräfte an. Derzeit überlegen wir auch, ob es einem Unternehmen, das den Anspruch größtmöglicher Flexibilität an sich und seine Mitarbeiter stellt, nicht auch gut zu Gesicht stünde, Tips zur flexiblen Alters- und Vermögenssicherung zum integralen Bestandteil einer Mitarbeiterzeitung zu machen. Und selbstverständlich muss die Mitarbeiterzeitung aus unserer Sicht neben dem Servicewert auch einen Unterhaltungswert bieten. Wir sind zuversichtlich, dass wir in absehbarer Zeit ein Medium präsentieren können, das all diesen Ansprüchen gerecht wird.

Neue Kommunikationsformen nutzen

Gerade für ein dezentral und heterogen strukturiertes Unternehmen wie Manpower bietet es sich an, bei der Kommunikation neue Möglichkeiten zu nutzen. In der internen Fortbildung und Qualifizierung unserer Mitarbeiter nutzen wir schon jetzt das Internet. Nichts spricht dagegen, dies auch beim Austausch zwischen den Mitarbeitern zu nutzen, Chatrooms einzurichten, wo Beschäftigte verschiedener Standorte über alle Themen diskutieren können, die sie interessieren. Diese Form entspräche wohl auch am ehesten dem Lebensgefühl unserer jungen Zeitarbeitskräfte, die mit diesen Medien groß geworden sind. Eine gute Ergänzung zu den regelmäßigen Veranstaltungen der einzelnen Niederlassungen wären solche für Mitarbeiter aus einem bestimmten Arbeitsbereich, die sich informell über die spezifischen Probleme ihrer täglichen Arbeit austauschen könnten.

Zentrale Anlaufstelle für Mitarbeiter

Um die Identifikation der Mitarbeiter mit dem Gesamtunternehmen zu stärken wäre es auch sinnvoll, eine zentrale Anlaufstelle zu schaffen, an die sich die Beschäftigten mit Problemen, Ideen, Wünschen und Anregungen wenden können. Als Stabsabteilung bei der Geschäftsleitung könnte diese Institution wertvolle Dienste leisten. Probleme etwa, die sich in den Niederlassungen als Einzelfälle darstellen, könnten als Teil einer größeren Entwicklung erkannt, intelligente und innovative Lösungen im Gesamtunternehmen kommuniziert werden. Für die Mitarbeiter wäre eine Stelle da, von der sie wissen, dass sie unabhängig von der Hektik des Alltagsgeschäfts arbeiten kann, für die Verantwortlichen in den Niederlassungen dagegen bedeutete eine solche Institution eine wichtige Entlastung.

Weltweit einheitlicher Auftritt

Nicht nur, aber auch der Identifikation der Mitarbeiter mit dem Unternehmen als Ganzem dient der Außenauftritt von Manpower. Mit einer unverwechselbaren Darstellung und weltweit einheitlichen Qualitätsstandards will sich das Unternehmen noch stärker als bisher als Markenzeichen etablieren. Dazu gehört es auch, sich als Sponsor und Mäzen zu engagieren. An vielen Standorten unterstützt Manpower kulturelle und soziale Institutionen, das Gesamtunternehmen war offizieller Personaldienstleister der Fußball-WM in Frankreich. Am Beispiel dieser Aktivitäten ist es möglich, die Mischung aus weltweiter Präsenz und Verankerung in den Regionen, für die das Unternehmen Manpower auch steht, den Mitarbeitern nahezubringen. Und zusätzlich zu demonstrieren, welche Kompetenz und Stärke das Unternehmen hat: Ob es um kleine Aufgaben geht wie die, das English Theatre in Frankfurt durch die Übernahme von Bürotätigkeiten zu entlasten, oder um die Bewältigung gigantischer Aufgaben wie der Weltmeisterschaft, wir finden immer die der Situation gerechte Lösung. Dass wir dies können, verdanken wir unseren Mitarbeitern, und dies deutlich zu machen, ist Aufgabe der Internen Kommunikation unseres Unternehmens!

Mitarbeiterbeteiligung als Möglichkeit der Identifikation

In letzter Zeit rückt ein Modell wieder stärker ins Bewußtsein der Öffentlichkeit, das lange als sozialistisch verpönt war: Die Beteiligung der Mitarbeiter am Unternehmenserfolg durch Ausgabe von Aktien. Wenn, so die Argumentation der Befürworter, die Beschäftigten durch Zurückhaltung bei Lohnverhandlungen dem Unternehmen zu steigenden Gewinnen verhelfen, sollen sie dafür auch belohnt werden, indem sie an den steigenden Aktienkursen partizipieren. Es gibt gute Gründe dafür, dieses Modell auch auf Zeitarbeitsunternehmen anzuwenden. Unser „Produkt“ sind die Kompetenz und die Qualifikation unserer Mitarbeiter, den Preis dafür bestimmt der Markt. Weil jedoch der Marktpreis oft unter dem tariflich festgelegten Lohn liegt, leisten auch unsere Mitarbeiter in gewisser Weise Verzicht. Warum also nicht die Mitarbeiter dafür belohnen? Ein Mitarbeiterbeteiligungsmodell hätte noch weitreichendere Folgen. Jeder Beschäftigte hätte ein vitales Interesse am Erfolg der Firma, der ihm ja auch persönlich zugute kommt. Durch Koppelung an erreichte Qualifikation und Dauer der Firmenzugehörigkeit entstünde eine stärkere Identifikation mit dem Unternehmen und die Motivation zum Verbleib in der Firma. Im gemeinsamen Besitzanteil am Unternehmen läge auch das Moment, das alle Beschäftigten verbindet. Und schließlich wäre ein solches Modell ein Beitrag zum oft so leidigen Thema private Altersvorsorge.

Ziel: Erste Adresse für qualifizierte Arbeitskräfte

Auch in Zukunft werden Zeitarbeitsunternehmen andere Schwerpunkte bei der Internen Kommunikation setzen müssen als ihre Kunden und Partner. Gerade weil die Mitarbeiter – als das eigentliche Kapital und einzige „Produkt" der Zeitarbeitsfirmen – oft für mehrere Monate in anderen Firmen tätig sind, muss die Zeit zwischen den Einsätzen für den intensiven Dialog genutzt werden. Gerade die Heterogenität der Mitarbeiterstruktur macht die individuelle Ansprache wichtig. Dieses informelle, dialogorientierte Konzept der Internen Kommunikation macht uns jedoch auch flexibel für kommende Aufgaben. Wie andere Branchen sind Personaldienstleister einem ständigen am Markt orientierten Wandel ausgesetzt. Die heute nachgefragten Fähigkeiten und Qualifikationen unterscheiden sich grundlegend von jenen der Vergangenheit. Niemand kann absehen, wie die Struktur vom Zeitarbeitsunternehmen in zehn Jahren aussieht. Eines ist jedoch klar: Zeitarbeit wird „normaler" werden. Immer mehr hochqualifizierte Fachkräfte sehen ihre Lebensperspektive nicht mehr darin, 40 Jahre lang in derselben Firma zu arbeiten. Sie suchen nach Abwechslung, neuen Kontakten und Erfahrungen – auch und gerade dort, wo sie den überwiegenden Teil des Tages verbringen, am Arbeitsplatz.

Es gehört zu den Herausforderungen an die Zeitarbeitsunternehmen, sich als die erste Wahl für diese Menschen zu positionieren. Nicht als patriarchalisch strukturierte Betriebsfamilie, sondern als moderner und flexibler Dienstleister, bei dem Abwechslung und ständig neue Erfahrungen im Berufsleben garantiert sind. Interne Kommunikation versetzt uns in die Lage, auch unsere Mitarbeiter zu selbstbewussten Botschaftern des Unternehmens zu machen. Sie sollen sich als das fühlen, was sie sind: Kompetente Mitarbeiter, geschätzt als gute und freundliche Kollegen, die sich überall da bewähren, wo sie gebraucht werden.

Literatur

Friedrichs, Hans: Moderne Personalführung, München 1973.

Bentele, Günter/Steinmann, Horst/Zerfaß, Ansgar (Hrsg.): Dialogorientierte Unternehmenskommunikation, Berlin 1996.

4. Kapitel

Interne Kommunikation und neue Instrumente

Neue Informations- und Kommunikationsinstrumente erweitern das Spektrum der Mitarbeiteransprache. Intranet, Groupware und Business TV ermöglichen Aktualität, Schnelligkeit und Interaktivität. Corporate Events werden zu wichtigen Säulen der Unternehmenskultur. Allerdings muss der Einsatz neuer Informations- und Kommunikationsinstrumente sorgfältig erwogen und genau geplant sein. Nur im Zusammenhang mit dem klassischen Instrumentarium, als Ergänzung der persönlichen Kommunikation und Element einer umfassenderen Kommunikationsstrategie erfüllen diese Instrumente ihre besondere Funktion im Change-Prozess.

Faktor Mensch: Neue Regeln für die digitale Kommunikation

von Richard Bloomfield, Alyson Lamb und Bill Quirke, Synopsis Communication Consulting

Unternehmen scheitern bei dem Versuch, Daten und Informationen in einen Wettbewerbsvorteil zu verwandeln und demotivieren stattdessen nur ihre eigenen Mitarbeiter.

Unternehmen planen noch stärker als bisher in Technologien zu investieren, die heute schon Probleme bereiten, obwohl sie erkennen, dass es vor allem menschliche Barrieren sind, die einer effektiven Anwendung dieser Technologien im Wege stehen.

„Brainspace" – eine heiß umkämpfte Ressource

Die Grenzen der Kommunikation lassen sich nicht an der Zahl der Bäume ermessen, die noch gefällt und zu Mitteilungsblättern verarbeitet werden könnten, und auch nicht an der Zahl der Emails, die ein Mitarbeiter pro Tag versenden kann. Die Grenzen der Kommunikation sind bestimmt durch die Bereitschaft, den guten Willen und die zur Verfügung stehende Zeit, sich wirklich auf den „Kommunikator" einzulassen. „Mitarbeiter-Brainspace" ist ein seltener Rohstoff, mit dem sparsam umgegangen werden muss. Unternehmen, in denen diese Tatsache ignoriert wird, werden eines Tages feststellen müssen, dass sie selbst ignoriert werden.

Die Gründe:

- Den Mitarbeitern fehlt die Zeit, die erhaltenen Informationen aufzunehmen und zu verarbeiten.
- Informationen sind wenig durchdacht und schlecht präsentiert.
- Für Diskussionen über Grundsatzfragen und ihre Implikationen beziehungsweise für ein Feedback zu erforderlichen Korrekturmaßnahmen bleibt zuwenig Zeit.

- „Vanity Publishing" und Konkurrenz zwischen Angehörigen des höheren Managements um die Aufmerksamkeit und Zeit der Angestellten.
- Unkoordinierte und widersprüchliche Kommunikation.
- Überbeanspruchung durch zu viele Initiativen.

Durch die Kommunikationstechnologie hat sich diese Situation noch verschärft, da die Versendung von Nachrichten jetzt zu jeder Zeit und an alle und jeden möglich ist.

„Honey, IT Shrunk the Brainspace" oder:
Mein Kopf ist sowieso schon voll

Unternehmen schaden sich selbst, wenn sie große Mengen bedeutungsloser Informationen in Umlauf bringen. Die neuen Technologien verschlimmern die schlechten Angewohnheiten, die sich bereits eingeschliffen haben.

Die Bereitschaft der Mitarbeiter, die an sie gerichteten Nachrichten und Informationen überhaupt noch aufzunehmen, sinkt im selben Maß wie ihre Bereitschaft, denjenigen im Unternehmen, die lautstark ihre Aufmerksamkeit fordern, Zeit und Beachtung zu schenken. Die Informationstechnologie (IT) sorgt dafür, dass die Flutwelle der Informationen noch höher schwappt, die Mitarbeiter überfordert und mehr Zeit als eigentlich notwendig beansprucht.

Die Quantität der Informationen sagt jedoch nichts über ihren Wert. Diese Tatsache wird von Unternehmen häufig nicht erkannt. Irrelevante Informationen entwickeln sich sehr schnell zu einer Last, da in den Unternehmen immer mehr Informationen von immer geringerer Qualität aufgenommen und verbreitet werden.

Die Technologie eilt den Menschen voraus, die kaum noch in der Lage sind, mit ihr Schritt zu halten und sie sinnvoll anzuwenden. Die moderne Technik ist auf dem besten Wege, sich zu einem Teil des Problems statt zu einem Teil der Lösung zu entwickeln. Die Technologie wird übernommen und eingeführt, „weil sie da ist", ohne dass ihr Sinn und Zweck reflektiert würde.

Die Einführung von Kommunikationstechnologien wird von Technologen vorangetrieben, die sich zu wenig für die Arbeitsweise der Menschen und die Auswertung der Information interessieren.

König Kontext

Es mag sein, dass die Verantwortlichen, die in neue Technologien investiert haben, mittlerweile wenig Grund haben, sich darüber zu beklagen, dass Manager und Vorgesetzte die Kommunikation blockieren und filtern. Statt dessen beanstanden sie, dass es den Managern nicht gelingt, Informationen in den richtigen Zusammenhang zu stellen und ihnen Sinn und Bedeutung zu verleihen.

Manager können künftig nicht mehr allein nach dem Prinzip „Wissen ist Macht“ agieren; sie müssen lernen, dass Informationen nur in bestimmten Zusammenhängen sinnvoll sind. Im Reich der Informationen regiert „König Kontext“. Auch die Manager selbst müssen lernen, den größeren Zusammenhang zu sehen, um die Unternehmensziele selbst annehmen, die Werte verstehen und Informationen für ihre eigenen Teams interpretieren zu können.

„Face to Face“ statt Interface

Die intelligentere Nutzung der Technologie beim Verteilen von Informationen muss durch einen intelligenteren Umgang mit den Meetings ergänzt werden. 50 Prozent der Arbeitszeit werden durch Besprechungen, Konferenzen und so weiter in Anspruch genommen, und genau hier sind in Zukunft bedeutende Produktivitätssteigerungen möglich.

Durch Kommunikationstechnologie hat sich die informationstechnische Seite der Kommunikation verbessert. Doch die meisten Rückschläge und Schwierigkeiten bei der Nutzung des vollen Potentials der Technologie haben mit der menschlichen Seite der Kommunikation zu tun, damit, wie Menschen miteinander interagieren. Das ausschlaggebende Ergebnis unserer Studie ist daher, dass den Unternehmen das Managen der Verbindung zwischen Technologie und Mensch nicht gelingt. Der IT-Seite der Gleichung wird zu viel Wichtigkeit beigemessen, und genau dieser Umstand führt dazu, dass die primären Interessen der Unternehmen immer mehr in den Hintergrund gedrängt werden.

Unsere Studie zeigt, dass sich die Unternehmen zu sehr auf die Technologie verlassen und die menschliche Seite der Kommunikation nicht genügend berücksichtigen. Sie verwechseln Information mit Kommunikation. Informationen können über Drähte übertragen werden. Kommunikation geschieht von Mund zu Ohr. Mehr als die Hälfte der Befragten glaubt, dass die Technologie zwar den Informationsfluss, jedoch nicht die Kommunikation verbessert hat. Hierzu einige Kommentare der Befragten:

„Technologie ist lediglich ein Werkzeug. Sie trägt nicht zu einer Verbesserung der Internen Kommunikation bei, sondern schadet ihr sogar, da sie allzu oft dazu eingesetzt wird, den direkten, persönlichen Kontakt zu vermeiden."

„Technologie ist eins der Werkzeuge, die den Kommunikatoren zur Verfügung stehen. Wir müssen zwischen Informationsaustausch und Kommunikation unterscheiden lernen."

Die Unternehmen konzentrieren sich zu stark auf die Verteilung von Informationen und glauben, es handle sich hierbei um Kommunikation. Doch sie unterliegen einer Selbsttäuschung beziehungsweise erledigen im besten Fall nur die halbe Arbeit.

Nach wie vor steht die informationstechnische Seite zu sehr im Vordergrund. Ziel und Zweck der IT-Investitionen besteht auch weiterhin darin, das Informationsvolumen und die Übertragungsgeschwindigkeiten zu erhöhen. Doch dies birgt die Gefahr einer Informationsschwemme, die die betroffenen Mitarbeiter überfordert und es ihnen zunehmend schwer macht, die auf sie einströmenden Informationen aufzunehmen und zu verarbeiten.

Don't Shoot the Electronic Messenger

Eine überhöhte Wertschätzung der Technologie lenkt von einem sehr viel wichtigeren Thema ab, nämlich von der Frage, wie die Mitarbeiter eines Unternehmens sich gegenseitig sehen und aufeinander beziehen. Doch man darf es sich nicht zu leicht machen. Auch umgekehrt macht es wenig Sinn, den elektronischen Medien die Schuld dafür in die Schuhe zu schieben, dass sich die gängigen Managementpraktiken noch nicht auf die Anforderungen des digitalen Arbeitsplatzes eingestellt haben.

„Mitarbeiter-Networks" sind wichtiger als elektronische Netze

Die Aufgabe der Informationstechnologie – das Verteilen von Informationen – ist der erste, nicht der letzte Schritt im Kommunikationsprozess. Information gewinnt erst dann Sinn und Bedeutung, wenn sie in einen größeren, übergeordneten Zusammenhang gestellt wird.

Für einen effektiven Informations- und Wissensaustausch ist zweierlei wichtig: Menschliche Beziehungen, deren Grundlage Vertrauen ist, und ein gemeinsamer Kontext. Vertrauen und ein gemeinsamer Kontext stellen sich nicht allein über elektronische Netze her. „Mitarbeiter-Networks" sind wichtiger als elektronische Netze. Der Aufbau elektronischer Netze ohne Aufbau und Pflege der persönlichen Beziehungen bleibt ineffektiv.

Intensivinterviews

Methodologie

Wir untersuchten die Frage, wie mit Kommunikationstechnologie umgegangen wird, sowie Meinungen und Einstellungen zu diesem Thema. Wir haben sowohl messbare Daten als auch die Einstellungen und Beobachtungen der befragten Personen erfasst, und zwar mit Hilfe einer Reihe von Einzelinterviews, an die sich eine Fragebogenerhebung anschloss. Insgesamt konnten wir 130 Fragebögen von britischen und US-amerikanischen Unternehmen auswerten.

Wir führten 19 Intensivinterviews mit Repräsentanten britischer und US-amerikanischer Unternehmen durch, in denen die Einführung und Anwendung von Kommunikationstechnologie signifikant vorangetrieben wurde. Die Teilnehmer waren: Andersen Consulting, Barclays Bank, BP, BT, Cabinet Office, Digital Equipment, Ernst & Young, Glaxo Wellcome, Halifax Building Society, IDV, Lloyds TSB, Lotus Development Corporation, NatWest Bank, NatWest Markers, The Post Office, Price Waterhouse, Rover Group, SmithKline Beecham, Unisys.

Unsere Interviewpartner gehörten dem höheren Management an und waren als Geschäftsführer beziehungsweise in leitender Position in folgenden Bereichen tätig: Interne und Unternehmenskommunikation, Wissensmanagement, Personalwesen (Human Resources), Informationstechnologie (IT) und Strategie.

Fragebogenerhebung

Die Antworten der Fragebogenerhebung stammen aus mehreren (Wirtschafts)Sektoren. Die meisten Antworten erhielten wir aus den Bereichen Kommunikationswesen, Personalwesen (Human Resources) und Informationstechnologie (IT).

Von der Fragebogenerhebung erfasste Sektoren:

- Fertigung 23 %
- Finanzdienstleistungen 17 %
- Dienstleistungsunternehmen 14 %
- Einzelhandel 11 %
- Öffentlicher Sektor 7 %
- Telekommunikation 7 %
- Informationstechnologie 4 %
- Vertrieb 2 %
- Sonstige 15 %

Ergebnisse

Welche Bedeutung hat Kommunikation für den Geschäftserfolg? Wir fragten unsere Interviewpartner nach den drei Kernfragen ihres Geschäfts.

Geschäftliche Kernfragen:

• Differenzierung	49 %
• Entwicklung neuer Märkte	40 %
• Kostenkontrolle	33 %
• Standortübergreifende Koordination	31 %
• Wissensmanagement	29 %
• Dem Kunden zuhören	27 %
• Nutzung bestehender Märkte	24 %
• Personalanwerbung und -sicherung	24 %
• Produktentwicklung	18 %
• Lieferketten-Management	10 %
• Druck durch Verordnungen/Vorschriften	6 %

Personalabbau und Kostenkontrolle, die in der ersten Hälfte der 90er Jahre eine dominierende Rolle einnahmen, halten sich jetzt die Waage mit verstärkten Bemühungen um neue Kunden und die optimale Nutzung des vorhandenen „geistigen Kapitals". Die Kostenkontrolle gehört zwar immer noch zu den geschäftlichen Kernfragen, aber man ist sich verstärkt der Notwendigkeit der Wertschöpfung bewusst, und zwar durch

- eine für den Kunden erkennbare Differenzierung;
- die Entwicklung neuer Märkte.

Differenzierung ist ein Thema, das insbesondere für den Bereich Einzelhandel (75 Prozent) und den Bereich Telekommunikation/Informationstechnologie (64 Prozent) wichtig ist, während das Thema Kostenkontrolle vor allem für den Öffentlichen Sektor von Bedeutung ist (71 Prozent).

In den sich heute rasch verändernden Märkten setzen Differenzierung und Marktentwicklung Folgendes voraus: Flexibilität, Innovation, Wissenszugewinn und -austausch sowie das aus Erfahrung gewonnene Know-how („lessons learned") und die Anwendung der erfolgreichsten Praktiken („best practices"). Die Prioritäten, die sich hierbei herauskristallisieren, sind:

- Standortübergreifende Koordination;
- Wissensmanagement;
- dem Kunden zuhören.

Unternehmen waren noch nie daran interessiert, immer wieder neue und noch dazu kostspielige Lösungen für ein und dasselbe Problem zu entwickeln. Konsequente, wiederholbare globale Prozesse gewinnen an Bedeutung. Einer unserer Interviewpartner aus dem Bereich Global Retailing berichtete, wie wichtig es sei, Produkteinführungen schnell und zügig durchzuführen und dabei das „Unternehmensgedächtnis" zu nutzen. Die meisten der nachfolgend aufgezählten Technologien sollen einem verbesserten Wissens- und Informationsfluss in und zwischen Unternehmen dienen und den externen Markt mit der internen Unternehmenswelt verbinden, mit anderen Worten: Sie sollen Verbindungsglied sein zwischen den Fragen „Was geschieht da draußen?" und „Wie gehen wir die Dinge an?"

- Intranet,
- Email,
- Groupware (z. B. Lotus Notes, Collabra),
- Videokonferenzen,
- Business TV,
- elektronische Bulletin Boards,
- Faxkaskade (fax cascade),

- Video PC,
- Bildtelefon,
- Voice Mail.

Vorteile der neuen Technologien

Die Technologie verbessert die Interne Kommunikation, so die vorherrschende Meinung. Über zwei Drittel der Befragten meinen, dass die Kommunikation effizienter geworden sei. Ein weiteres Drittel meint, es sei noch zu früh, um hierüber eine Aussage zu machen. Nur ein Prozent der Befragten glaubt, dass die Technologie der Kommunikation geschadet hat.

Vorteile der neuen Kommunikationstechnologien:

- Verbesserter Informationsfluss 69 %
- Besserer Wissensaustausch 66 %
- Höherer Informationsstand der Belegschaft 61 %
- Konsequentere, widerspruchsfreiere Kommunikation 59 %
- Bessere Feedback-Möglichkeiten 58 %
- Kürzerer Arbeitszyklus 57 %
- Höhere Reaktionsbereitschaft 56 %
- Geringerer Zeitaufwand für die Suche nach Informationen 48 %
- Geringerer Kostenaufwand 45 %
- Bessere Beziehungen unter den Arbeitskollegen 40 %
- Gesteigerte Produktivität 36 %
- Veränderung der Unternehmenskultur 35 %
- Mehr Rechte und Befugnisse für die Belegschaft 27 %

Faktoren, die die Einführung neuer Kommunikationstechnologien steuern:

- Unterstützung neuer Arbeitsweisen 87 %
- Verfügbarkeit der neuen Technologien 75 %
- Veränderung der Unternehmenskultur 57 %
- Kosteneinsparungen 47 %
- Konkurrenzbedingte Herausforderungen 13 %

Das „Me-Too-Syndrom“

Technologie wird eingeführt, „weil sie da ist“ – sehr häufig ohne dass überlegt wird, ob die Einführung einer bestimmten neuen Technologie überhaupt Sinn macht. In unserer Studie waren 75 Prozent der Befragten der Meinung, dass eine Technologie nur deshalb eingeführt wurde, weil sie zur Verfügung stand.

Nachteile der neuen Technologien

Die Unternehmen sind sich im klaren darüber, dass mit den neuen Technologien große Vorteile verbunden sind. Kommunikatoren sind im allgemeinen „technophil“, nicht „technophob“ und betrachten Technologie als förderliches Instrument, das bei sinnvoller Anwendung vieles möglich macht. Und doch gibt es nach Meinung der Befragten auch ein paar schwerwiegende Nachteile.

Nachteile der neuen Kommunikationstechnologien:

- Informationsüberlastung 70%
- Es gibt Mitarbeiter, die von diesen Systemen ausgeschlossen sind 60%
- Inkompatible Systeme 52%
- Höherer Zeitaufwand zur Verarbeitung von Informationen 41%

- Quantitativ mehr, aber qualitativ schlechtere Information 34 %
- Beanspruchung von persönlicher Zeit 25 %
- Zeitverschwendung durch den Zwang, Informationen „abzugrasen“ 18 %
- Gesunkene Produktivität 5 %

Obwohl die Mehrzahl der Befragten unter dem Eindruck steht, dass die Kommunikation effizienter geworden sei, sehen mittlerweile sogar die „Technophilen“ Grund zur Besorgnis. Sie haben das Gefühl, dass die menschliche Seite der Gleichung zu kurz kommt und dass dies dringend einiger Korrekturmaßnahmen bedarf. Wie uns die Befragten mitteilten, sollen in ihren Unternehmen dennoch im Laufe der nächsten zwei Jahre weitere Kommunikationstechnologien eingeführt werden. Die wichtigsten davon sind:

- Intranet 73 %
- Email 27 %
- Groupware 24 %
- Extranets 23 %
- Voice Mail 22 %
- Videokonferenzen 20 %
- Elektronische Bulletin Boards 19 %

Wenn weiterhin ausschließlich in Technologie investiert wird – so die Befürchtung der Befragten –, besteht die Gefahr, dass sich die Situation verschärft, da das Verhältnis Mensch-Maschine noch weiter aus dem Gleichgewicht gerät.

Es sind die Menschen...

Einer effektiven Nutzung der Kommunikationstechnologie stehen vor allem die Menschen selbst im Wege: „Das Problem ist nicht die Technologie, sondern wie Menschen sie nutzen.“ Der menschliche

Faktor muss stärker berücksichtigt werden, da er die derzeit unternommenen Anstrengungen auszuhöhlen droht.

Haupthindernisse für die effektive Nutzung der Kommunikationstechnologie:

- Mangel an Einführung und Unterweisung 61 %
- Die Technologie wird nicht von der Kommunikationsstrategie gesteuert 55 %
- Inkompatible Systeme 50 %
- Zu wenige vereinbarte Normen und Anwendungsregeln 46 %
- Technophobie 45 %
- Mangel an Koordination zwischen den relevanten Abteilungen 40 %
- Zu wenig Zeit, um Informationen zu sammeln und zu verstehen 30 %
- Unsicherheit bei der Anwendung der neuen Technologien 25 %
- Fehlender Zugang zu den Kommunikationskanälen 25 %
- Missbrauch durch Mitarbeiter 17 %

Die IT-Abteilung – gute Partner, schlechte Führer

Ein Teil der Liebe zur Technologie wird von internen Zuständigkeiten gesteuert. Wir fragten die Teilnehmer der Studie, wer beziehungsweise welche Abteilung die treibende Kraft bei der Einführung der Kommunikationstechnologie ist.

Die treibenden Kräfte bei der Einführung von Kommunikationstechnologie:

- Informationstechnologie (IT) 59 %
- Kommunikationswesen 42 %

- Geschäftsführung/Vorstand 21 %
- Personalwesen (Human Resources) 8 %
- Organisation/Operatives Geschäft (Operations) 3 %

Meist ist die IT-Abteilung die treibende Kraft bei der Einführung neuer Kommunikationstechnologien. Die IT-Mitarbeiter gelten als gute Partner mit wenig ausgeprägten Führungsqualitäten. Dennoch sprachen sich die meisten für eine sehr viel weniger IT-dominierte Koalition aus.

Welche Abteilung sollte die Einführung von Kommunikationstechnologien leiten?

- Kommunikationswesen 65 %
- Geschäftsführung/Vorstand 46 %
- Informationstechnologie (IT) 43 %
- Personalwesen (Human Resources) 22 %
- Organisation/Operatives Geschäft (Operations) 15 %

Derzeit sind die meisten der Befragten (62 Prozent) der Meinung, dass die Arbeitsweise der Menschen und ihr Umgang mit Informationen von den Technologen zu wenig berücksichtigt werden.

„IT-Abteilungen werden im allgemeinen als das dysfunktionale Moment hinter den zahlreichen Anwendungen der Informations- und Kommunikationstechnologie betrachtet. Zumindest in diesem Bereich sollten sie ein Bündnis mit den Abteilungen Human Resources (Personalwesen) und Kommunikationswesen eingehen."

„Wichtig ist die partnerschaftliche Zusammenarbeit mit den Mitarbeitern der IT-Abteilung. Sich dieser Entwicklung gegenüber ablehnend zu verhalten, ist kontraproduktiv."

„Technologie erfüllt eine bestimmte Aufgabe und muss wie alle anderen Mechanismen sorgfältig gegen die Ziele der Kommunikation abgewogen werden. Sie soll keine Lösung sein, für die das passende Problem erst noch gefunden werden muss."

Weniger ist mehr

Volumen und Wert der bereitgestellten Information werden nicht deutlich genug unterschieden. 69 Prozent meinen, dass mehr Informationen verbreitet werden als genutzt werden können. Knapp über die Hälfte (52 Prozent) gab an, dass es im Bereich der Internen Kommunikation zwar einen Quantitätszuwachs, aber keinen Qualitätszuwachs gegeben habe. Die Unternehmen legen zu wenig Wert darauf, Rohinformationen in Mitteilungen zu verwandeln, die für die Befriedigung der Kundenbedürfnisse, für die Prozessoptimierung und die Senkung der Kosten relevant und wichtig sind.

„Ungereinigte, rohe Informationen" drohen zu einer sinnlosen Belastung zu werden, da die Unternehmen „immer mehr Informationen aufgreifen und verbreiten, deren Qualität jedoch nachlässt" (34 Prozent).

Zu viel Information ist unverdaulich

Unternehmen schaden sich selbst, wenn sie große Mengen an bedeutungsloser Information in Umlauf bringen. Die neuen Technologien verschlimmern die schlechten Angewohnheiten, die sich bereits eingeschliffen haben, wie zum Beispiel:

- Kommunikation nach dem Motto „absenden und vergessen". Informationen und Nachrichten werden versandt, ohne dem Leser ihre jeweilige Relevanz kenntlich zu machen, ohne anzugeben, für wen sie eigentlich bestimmt sind oder aus welchem Grund sie überhaupt versandt wurden, und ohne deutlich zu machen, welche Maßnahme oder Reaktion daraufhin erwartet wird.

- Die „Das hätten wir"-Mentalität. Sobald eine Nachricht abgeschickt wurde, wird einfach vorausgesetzt, dass der Empfänger sie erhalten und auch wirklich lesen wird.

- Ablenkung von den eigentlichen Aufgaben – Manager und Kollegen erwarten eine umgehende Reaktion, auch dann, wenn die von ihnen angeforderten Informationen vergleichsweise unwichtig sind.

- „Speaking globally to the locals“ – Kollegen, die die Hierarchien des Linienmanagements bewusst umgehen und so die vereinbarten Zuständigkeiten und Verantwortlichkeiten aushöhlen.
- Das Versenden relativ belangloser Informationen an „Gott und die Welt“, bei denen es dem Absender vor allem um die Aufwertung der eigenen Person geht.

Sekundenschnell abgeschickt – wochenlang ungelesen

Angesichts der Flut der auf sie einströmenden Informationen sehen sich die Empfänger mit der Notwendigkeit konfrontiert, zu selektieren und Prioritäten zu setzen. Die hierfür angewendeten Kriterien sind Glaubwürdigkeit und Nützlichkeit des Absenders sowie das Vertrauen, das ihm entgegengebracht wird. Es macht wenig Sinn, eine Nachricht in Sekundenschnelle weltweit zu versenden, wenn sie bei Erhalt nicht gelesen oder noch nicht einmal geöffnet wird.

Von der Datenautobahn direkt in den Papierkorb

Die Angestellten in Unternehmen sind nicht bereit, die Vielzahl der an sie gerichteten Informationen passiv zu konsumieren, denn sie wissen sehr genau, dass ihr persönliches Aufnahmevermögen Grenzen hat. Sie entwickeln Strategien, um mit diesem Informationsüberangebot fertigzuwerden – beispielsweise werden Emails von Absendern, die man für unwichtig hält, ungelesen in den Papierkorb geworfen oder man wartet ab, ob Nachrichten – sozusagen als Prüfstein ihrer Dringlichkeit – wiederholt gesendet werden, oder man verlässt sich ganz einfach darauf, dass wirklich wichtige Dinge sowieso vor dem Kaffeeautomaten zur Sprache gebracht werden.

Beziehungen bestimmen die Relevanz

Die Chance, mit einer Nachricht zu jemandem „durchzudringen“, ist größer, wenn zwischen Absender und Empfänger bereits eine Beziehung besteht. Die bereits bestehende Beziehung ist der Maßstab für die Relevanz, die der Nachricht beigemessen wird. Die Beziehungen der Mitarbeiter zueinander sind jedoch aufgrund des zunehmenden Arbeitsdrucks immer größeren Belastungen ausgesetzt.

Wichtigster Kommunikationskanal: Das persönliche Gespräch

Welche Kanäle werden genutzt?

- Kaskaden-/Team-Briefing
  Informationen zu betrieblichen Prozessen 73 %
  Informationen zum Unternehmen 56 %
- Email
  Informationen zu betrieblichen Prozessen 62 %
  Informationen zum Unternehmen 51 %
- Newsletters
  Informationen zu betrieblichen Prozessen 56 %
  Informationen zum Unternehmen 76 %
- Managementkonferenzen
  Informationen zu betrieblichen Prozessen 26 %
  Informationen zum Unternehmen 53 %
- Voice Mail
  Informationen zu betrieblichen Prozessen 23 %
  Informationen zum Unternehmen 8 %
- Elektronische Bulletin Boards
  Informationen zu betrieblichen Prozessen 16 %
  Informationen zum Unternehmen 13 %
- Groupware
  Informationen zu betrieblichen Prozessen 16 %
  Informationen zum Unternehmen 8 %
- Faxkaskade (fax cascade)
  Informationen zu betrieblichen Prozessen 11 %
  Informationen zum Unternehmen 9 %
- Videokonferenzen
  Informationen zu betrieblichen Prozessen 8 %
  Informationen zum Unternehmen 8 %

- Intranet
  Informationen zu betrieblichen Prozessen 7 %
  Informationen zum Unternehmen 14 %
- Telekonferenzen
  Informationen zu betrieblichen Prozessen 6 %
  Informationen zum Unternehmen 2 %
- Business TV
  Informationen zu betrieblichen Prozessen 3 %
  Informationen zum Unternehmen 9 %
- Video PC
  Informationen zu betrieblichen Prozessen 1 %
  Informationen zum Unternehmen 2 %

Wie die Umfrage zeigt, wird von den vorhandenen Kommunikationstechnologien lediglich Email in größerem Umfang genutzt, während Voice Mail und Groupware vergleichsweise wenig zur Übermittlung betrieblicher Informationen eingesetzt werden. Die wichtigsten derzeit genutzten Kommunikationskanäle sind immer noch persönliche Zusammenkünfte:

- Kaskaden-/Team-Briefing und
- Managementkonferenzen.

71 Prozent stimmten der Aussage zu, dass die „persönliche Kommunikation künftig noch wichtiger werden wird“. Der Sicherstellung der Effizienz der genannten Kommunikationsmittel kommt damit dasselbe Gewicht zu wie der Einführung neuer Kommunikationskanäle.

Die Relevanz der persönlichen Kommunikation trat im Verlauf unserer Studie sehr deutlich hervor. Die optimale Nutzung der elektronischen Kommunikation setzt voraus, dass auch im Bereich der persönlichen Kommunikation eine Verbesserung stattfindet. In den Unternehmen wird derzeit die für persönliche Zusammenkünfte vorgesehene Zeit gekürzt, um auf diese Weise mit dem Problem der als „grässlich“ empfundenen Meetings fertigzuwerden. Doch auf diese Weise werden die menschlichen Beziehungen zwischen Mitarbeitern allmählich ausgehöhlt. Ihre Bereitschaft, Informationen von Menschen, die sie gar nicht kennen, zu beachten und aufzunehmen, sinkt.

Gleichzeitig stimmten 89 Prozent der Befragten unserer Studie der folgenden Aussage zu: „Wir müssen die Zeit, die uns für persönliche Kommunikation zur Verfügung steht, besser nutzen."

„Die Technologie macht es möglich, dass Informationen von relativ hoher Qualität die Empfänger schneller erreichen. Sie spart Zeit und Geld, doch sie ist kein Ersatz für die persönliche Kommunikation. Persönliche Kommunikation hängt eher vom Verhalten und den Fähigkeiten der Führungskräfte des Unternehmens ab."

Das mittlere Management als fehlendes Glied

Es sind die Angehörigen des mittleren Managements, die am stärksten von den neuen Technologien betroffen sind. Sie betrachten sich selbst bereits als eine vom Aussterben bedrohte Spezies. Mit Hilfe der Technologie wird das mittlere Management übersprungen, das bisher als Verteilungsinstanz für Informationen fungierte (zum Beispiel durch Team-Briefings). Dabei stand es stets in Verdacht, Informationen zu blockieren und zurückzuhalten. Doch wozu soll der Manager noch gut sein, wenn die Technologie die Aufgabe der Informationsweitergabe erfüllen kann und sein Wissensvorsprung immer weiter zusammenschrumpft?

Der unmittelbare Vorgesetzte stellt für die Angestellten die vertrauenswürdigste Informationsquelle dar, wie sie selbst übereinstimmend berichten. Indem der Manager übersprungen wird, wird sozusagen die Person ausgeschaltet, die aufgrund ihrer Position prädestiniert dafür ist, die „nackten" Informationen mit Sinn und Bedeutung zu füllen.

Wer ist von Kommunikationstechnologie am stärksten betroffen?

- Mittleres Management 58 %
- Mitarbeiter 25 %
- Vorstandsmitglieder 23 %

- Supervisoren/Teamleiter 20 %
- Geschäftsführung/Vorstand 8 %

„Face Time" retten

Angesichts der Tatsache, dass wir immer mehr Zeit vor unseren Bildschirmen zubringen, müssen wir der Zeit, die wir im persönlichen Gespräch mit unseren Kollegen verbringen, eine größere Wertschätzung entgegenbringen – in einigen Unternehmen ist in diesem Zusammenhang bereits der Begriff „face time" eingeführt worden. Um die neuen Technologien optimal nutzen zu können, müssen wir lernen, mehr aus der Zeit zu machen, die wir im persönlichen, direkten Kontakt mit anderen verbringen.

„Die direkte, persönliche Kommunikation sollte den Zusammenhang vorgeben, in den die wichtigsten technologischen Entwicklungen hineingestellt werden. Deren Aufgabe sollte es sein, die direkte, persönliche Kommunikation zu unterstützen, nicht umgekehrt."

„Harte" und „weiche" Blockaden

Es gibt zwei Kategorien von Blockaden, die der effektiven Nutzung der Kommunikationstechnologie im Wege stehen:

- „Hard Wiring"-Blockaden (Systeme und ihre Kompatibilität),
- „Soft Wiring"-Blockaden (die menschliche Nutzung dieser Systeme beziehungsweise die bevorzugten Arbeitsmethoden).

„Hard Wiring"-Blockaden

Unsere Analyse hat ergeben, dass es im Bereich „Hard Wiring" vier Hauptblockaden gibt, die eine effektive Anwendung der Technologie behindern:

- Inkompatibilität:
  Systeme, die nicht miteinander kommunizieren können.

- Zugangsbeschränkungen:
  Die meisten kommunikationstechnischen Systeme sind, wie es scheint, ursprünglich für „Schreibtischpersonal" konzipiert worden. Die Bereitstellung von Kommunikationstechnologie für mobiles Personal stellt höhere technische Anforderungen und ist mit höheren Kosten verbunden. Einer unserer Interviewpartner kommentierte die derzeitige Situation folgendermaßen: „Die Kluft zwischen denen, die Zugang zu einem PC haben, und solchen, bei denen dies nicht der Fall ist, wird immer größer. Mitarbeiter, die sich nicht in Reichweite eines PCs befinden, laufen Gefahr, vergessen oder übergangen zu werden."

- Fehleranfälligkeit:
  Zum einen bedeutet die Abhängigkeit von der Computertechnik, dass ein Zusammenbruch der Systeme zu einem völligen Arbeitsstillstand führen kann. „Da wir uns immer mehr von elektronischen Medien zur Speicherung und zum internen Transport von Informationen abhängig gemacht haben, haben wir eine Situation geschaffen, in der wir im Falle eines technischen Versagens über keine adäquaten Sicherungs- und Reservesysteme verfügen. Dieser Umstand ist derzeit eins der größten Risiken, denen unser Unternehmen ausgesetzt ist."

  Zum anderen stellt auch die Langsamkeit, mit der solche Systeme mitunter arbeiten, ein Problem dar. Mit zunehmender Zahl der Online-Nutzer wächst die Gefahr, dass auf der Datenautobahn nichts mehr geht. Langsame Suchfunktionen und lange Download-Zeiten können für den Anwender sehr frustrierend sein und den praktischen Wert der Kommunikationstechnologien in Frage stellen.

- Inhalt:
  Systeme sind nur so glaubwürdig wie die von ihnen übermittelten Informationen. Die Bereitschaft der Anwender, das, was sie auf dem Bildschirm sehen, für Unsinn zu erklären und einfach abzuschalten, ist ohnehin sehr groß. Ein weiteres Problem ist die Pflege und ständige Aktualisierung der Inhalte, damit sie ihren Informationswert behalten. Denn die damit betrauten Mitarbei-

ter haben oft gar keinen echten Bezug zum eingespeisten Inhalt. Eines der befragten Unternehmen hat sich diesem Problem gestellt und die Angabe von Absender und Gültigkeitsdauer der Information auf allen Intranet-Seiten zur Pflicht erhoben.

Für den Wissensaustausch und die Wissensnutzung müssen Motivationen geschaffen werden, beispielsweise durch altbewährte Techniken wie zum Beispiel die Leistungsbeurteilung und finanzielle Anreize. Manche Firmen haben bereits Gratifikationen für die Weitergabe und Nutzung von Wissen eingeführt. Beispielsweise belohnt ein amerikanisches Forschungslabor die Top 100 seiner „Knowledge-Sharers" (Mitarbeiter, die zur Weitergabe ihres Wissens bereit sind) mit einer Einladung zu einer jährlich stattfindenden Konferenz in einem Ferienort.

„Soft Wiring"-Blockaden

Was den Umgang von Menschen mit Technologie betrifft, haben wir vor allem folgende Probleme identifiziert:

- Techno-Analphabetismus:
  Nicht alle Mitarbeiter haben ausreichende Kenntnisse über die Nutzungsmöglichkeiten und das Potential der Kommunikationstechnologie. Wir deckten zahllose Beispiele von Missbrauch oder falschem Gebrauch von Email auf, die auf unzulängliche Sprachkenntnisse oder auf mangelndes Wissen über den richtigen Gebrauch zurückzuführen waren. Ein paar Beispiele:

  - Die Antwort wird statt nur an den Absender an alle Adressen in der Verteilerliste versandt.
  - Eine Bitte beziehungsweise Aufforderung wird sowohl an den Adressaten als auch an dessen Vorgesetzten geschickt, um die Erledigung der Aufgabe zu erzwingen.
  - Versand übergroßer Dateianlagen.
  - Besonders peinlich:
    Per Email informierte ein Manager jeden Mitarbeiter seines

weltweit operierenden Unternehmens über den von ihm gesponserten Schwimmwettbewerb in Nottingham.

Die Sekretärin eines Spitzenmanagers hatte eine Affäre mit ihrem Chef, die zu einem großen Teil auf regem Email-Verkehr beruhte. Doch dann unterlief ihr ein peinlicher Fehler: Ein besonders leidenschaftlicher Brief landete nicht nur in der Mailbox des Geliebten, sondern auch bei allen anderen leitenden Angestellten des Unternehmens.

„Ich bin entsetzt über das Ausmaß der Zeitverschwendung, die dadurch entsteht, dass Leute mit für sie völlig irrelevanten Informationen geradezu bombardiert werden, und das nur, weil sie eine Email-Adresse haben.“

- Technophobie:
  Angehörige des höheren Managements, die oft schon ein gewisses Alter erreicht haben, sind möglicherweise an der Einführung neuer Kommunikationstechnologien am wenigsten interessiert.

  „Das größte Hindernis für moderne Kommunikationssysteme ist die Technophobie auf der Ebene des höheren Managements und der Vorstandsmitglieder.“

  „Das größte Hindernis ist das Versäumnis der Nichtnutzer auf Topmanagement-Ebene, die Bedeutung der Kommunikationstechnologie anzuerkennnen.“

Mangelnde Schulung und Unterstützung

Art der Schulungsangebote

• Präsentationstechniken	91 %
• Gesprächsführung/Diskussionsleitung	69 %
• Coaching	60 %
• Effizientes Schreiben	56 %
• Effizientes Sprechen	54 %
• Effizientes Zuhören	41 %

- Kulturübergreifendes Training 26 %
- Email/Voice-Mail-Umgangsformen 25 %
- Intranet-Anwendung 24 %

Die Unternehmen vernachlässigen ergänzende Bereiche (zum Beispiel Schulungen), die jedoch zur Sicherstellung der Rentabilität der in die Technologie investierten Mittel unerlässlich sind. Die Einführung neuer Technologien bedeutet neuen Schulungsbedarf – insbesondere im Bereich Email und Intranet –, denn die neuen Kommunikationstechnologien können bei richtiger Nutzung ausgesprochen elegant und äußerst leistungsfähig sein. Die Philosophie, die hinter vielen neuen Medien steht, unterstützt und fördert Offenheit und die Erweiterung von Befugnissen und Rechten. Die neuen Technologien eröffnen dem Endnutzer erhebliche Einflussmöglichkeiten, und allein daraus ergibt sich, dass die ordnungsgemäße Anwendung durch gezielte und effektive Schulungsmaßnahmen sichergestellt werden muss.

Der Schwerpunkt der meisten Schulungsmaßnahmen liegt aber weiter auf den traditionellen Fähigkeiten und Techniken, die Ausbildungsmaßnahmen im Bereich moderner Technologien sind relativ begrenzt:

- Nur 25 Prozent bieten Schulungsmaßnahmen im Bereich Email/Voice-Mail-Umgangsformen;
- nur 24 Prozent bieten Schulungsmaßnahmen im Bereich Intranetnutzung.

Interessanterweise widmet sich ein sehr breites Schulungsangebot den grundlegenden Schreibtechniken für Manager, um dem Problem des „Management-Jargons“ zu begegnen.

Neue Regeln für den digitalen Arbeitsplatz

Die Unternehmen haben Kommunikationstechnologie eingeführt, um den Informationsfluss zu verbessern. Doch daraus müssen Wissen und die Fähigkeit zu weisen Entscheidungen hervorgehen, auf deren Grundlage ein Wettbewerbsvorteil aufgebaut werden kann.

Über die Möglichkeit der schnellen Informationsübermittlung hinaus müssen Unternehmen ihren Mitarbeitern Gelegenheiten zum Dialog und zur Interaktion bereitstellen.

Bionische Kommunikation – halb Mensch, halb Maschine

Wenn das Ziel die optimale Kombination von Mensch und Maschine ist, müssen Unternehmen die folgenden drei Fähigkeiten besitzen. Sie müssen in der Lage sein, Informationen

- abzurufen – das heißt, sie müssen auf Wissen und Information zugreifen können,
- zu teilen – das heißt, sie müssen die Fähigkeit besitzen, Informationen zu integrieren und weiterzugeben,
- zu strukturieren – das heißt, sie müssen es verstehen, aus Informationen Sinn und Bedeutung herauszufiltern.

Unternehmen mit effektiver Kommunikation haben einen Wettbewerbsvorteil:

- Kommunikation muss die Informationen werten und nicht einfach nur verbreiten.
- Es kommt darauf an, den eigentlichen Sinn und die Bedeutung einer Information herauszufiltern.
- Informationstechnologie, Informationsmanagement und Interne Kommunikation müssen integriert werden.

Das Gleichgewicht von Informations- und Interaktionstechnologie

Kommunikation besteht aus zwei Elementen: Information und Interaktion.

- Information bezeichnet die Übertragung und den Erhalt von Nachrichten, Daten und Konzepten.

- Interaktion beschreibt, wie Menschen sich gegenseitig wahrnehmen und aufeinander beziehen.

Erfolgreiche Kommunikation erfordert beides: Information und Interaktion.

In „Interaktionstechnologie" investieren

Unternehmen müssen ihr Fachwissen im Bereich „Hard Wiring" durch ein Verständnis menschlicher „Schaltpläne" ergänzen. „Intelligente Unternehmen" wissen, dass das Gehirn ihrer Angestellten das letzte Glied in der Informationskette ist, und investieren Zeit und Geld in das „Soft Wiring", das heißt: Sie setzen sich nicht nur mit den Möglichkeiten auseinander, per „Hard Wiring" Informationen bereitzustellen, sondern auch mit den Denk- und Reaktionsstrukturen ihrer Mitarbeiter.

Investitionen im Bereich Informationstechnologie müssen durch Investitionen im Bereich „Interaktionstraining" ergänzt werden, das heißt durch Coaching der Mitarbeiter mit dem Ziel, sie für den Umgang miteinander zu sensibilisieren und ihnen ihre eigenen Denkprozesse und Reaktionen bewusst zu machen.

Zeit für die Kommunikation einplanen

Mitarbeiter brauchen Zeit, um Informationen zu durchdenken, auf sie zu reagieren und sie zu diskutieren – je mehr sie mit Informationen „zwangsgefüttert" werden, desto weniger können sie damit anfangen.

Feedback-Kanäle bereitstellen

Damit es nicht beim bloßen Verteilen von Informationen bleibt, müssen Feedback-Kanäle eingerichtet werden, denn Kommunikation ohne Feedback ist keine Kommunikation.

Gelegenheiten für Gespräche und Diskussionen schaffen

Unternehmen stehen vor der Aufgabe, dem Rohstoff Information Bedeutung und Relevanz zu verleihen. Lokale Relevanz entsteht aus der Diskussion mit Kollegen – ein weiteres Argument für das Gleichgewicht zwischen persönlicher Kommunikation und Kommunikationstechnologie.

Bessere Nutzung der persönlichen Zusammenkünfte

Es wird geschätzt, dass über 50 Prozent der Arbeitszeit von Besprechungen und Konferenzen in Anspruch genommen wird. Meetings sind keine Arbeitsunterbrechungen, sondern Teil unserer Arbeit. Gerade im Bereich der Interaktionstechnologie (also der Frage, wie gut wir zusammenarbeiten, wie wir mit der persönlichen „Chemie" umgehen und wie wir die Treffen strukturieren) können Produktivitätssteigerungen erzielt werden.

Eine intelligentere Art der Nutzung der Technologie zur Informationsweitergabe muss durch einen intelligenteren Umgang mit Treffen, Besprechungen und so weiter ergänzt werden. Die eher knapp bemessene Zeit für das persönliche Gespräch sollte nicht mit bloßem Informationsaustausch verschwendet werden.

Kontext herstellen

Neue Technologien ermöglichen Unternehmen die Umstrukturierung der Arbeitsweise ihrer Mitarbeiter, doch sie wirken sich unter Umständen nachteilig auf das Gefühl der Betriebszugehörigkeit und die Betriebstreue aus. Kommunikationstechnologie – pur genossen – kann zu digitaler Fragmentierung führen, zu isolierten Individuen, deren einzige Verbindung zum Rest des Unternehmens per Computerterminal stattfindet.

Der Kontext ist wichtig, und zwar aus folgenden Gründen:

- Die meisten Unternehmen möchten ihre Mitarbeiter mit Rechten und Befugnissen ausstatten, was jedoch nur dann Erfolg verspricht, wenn die Einzelnen unternehmenskonform denken. „The bigger picture" – das Verständnis für die Notwendigkeit von Veränderungen, die Identifizierung mit der Firma, für die man arbeitet, und das Wissen darum, wie die verschiedenen Einzelteile des Unternehmens zusammengehören -, das ist der zu vermittelnde Kontext.

- Der Kontext fördert das Gefühl von Betriebszugehörigkeit und -treue. Die meisten Firmen sehen dabei vor allem den Wettbewerbsvorteil, der durch Teamwork und Wissensaustausch entsteht. Doch der Kontext spielt eine noch wichtigere Rolle, denn er wirkt sozusagen als „innerbetrieblicher Klebstoff".
- Der Kontext macht es den Menschen leichter, sich im Wirrwarr verschiedener Informationsquellen und Kommunikationskanäle zurechtzufinden. Wenn man weiß, wo man ist und wohin man will, ist es leicht, eine Landkarte zu lesen. Das Fehlen von Kontext erzeugt Unruhe und Angst, da man auf der Suche nach Orientierungspunkten bereit ist, nach jedem Strohhalm zu greifen.

Vom Nachrichtenübermittler zum Lehrer

Im Daten- und Kommunikationszeitalter besteht die Aufgabe des Managers vor allem darin, den Mitarbeitern den größeren Zusammenhang zu verdeutlichen und ihnen als Lehrer und Trainer zur Seite zu stehen.

„Das Linienmanagement-Training in den Bereichen Kommunikationsplanung, -kompetenz und -technologie ist wichtiger denn je. Die Technologie sorgt für einen höheren Informationsstand der Belegschaft, doch es ist Aufgabe des Linienmanagers, Informationen in den richtigen Zusammenhang zu stellen."

Die Rolle des mittleren Managements hat sich definitiv verändert. Da diese Manager nicht mehr als Verteilungsinstanz für Informationen gebraucht werden, sollten sie als Lehrer und Berater ihres Mitarbeiterstabs agieren und der Kommunikation mehr Wert verleihen. Zu ihren zukünftigen Aufgaben sollte Folgendes gehören:

- Coaching und Gesprächsführung/Diskussionsleitung;
- Kontext schaffen und Feedback geben, um andere in die Lage zu versetzen, auf dem aufzubauen, was sie schon wissen;

- die Funktion eines vertrauenswürdigen Beraters und „Redakteurs“, der seine Leute mit den wichtigsten Informationsquellen vertraut macht und ihnen hilft, irrelevante Informationen und Informations-Chaos zu „umschiffen“.

Die „Luftverkehrskontrolle“

„Mitarbeiter-Brainspace“ ist ein seltener Rohstoff, der planvoll und überlegt eingesetzt werden muss.

Die Notwendigkeit einer Eindämmung der Informationsflut wird den Unternehmen ein anspruchsvolleres Informations- und Interaktionsmanagement abverlangen. Es wird unumgänglich sein, sich vom derzeitigen „Ölraffinerie-Modell“ der Kommunikation zu verabschieden, das lediglich darauf abzielt, immer noch mehr Nachrichten durch die Kommunikationspipelines zu pumpen. Auch im Bereich Kommunikation ist mittlerweile eine „Luftverkehrskontrolle“ vonnöten, die es erlaubt, den Überblick über die Kommunikationsaktivitäten zu behalten. In einer Zeit, in der die Möglichkeiten wie auch die Notwendigkeit der Kommunikation so sprunghaft anwachsen und Zeit und Geduld so wertvoll sind, haben die Unternehmen nur eine Wahl: Selbstregulierung oder Informations-Chaos.

Schulterschluss der Kommunikatoren

Informationstechnologie, Informationsmanagement und Interne Kommunikation müssen integriert werden. Zur Zeit sind die verschiedenen Teile des Kommunikations-Puzzles auf die Funktionen Personalwesen, Unternehmenskommunikation, Informationstechnologie, Marketing und Organisation/Operatives Geschäft (Operations) verteilt. Erfolg stellt sich nur dann ein, wenn es gelingt, all diese Teile richtig zusammenzusetzen.

Kommunikatoren sind nicht daran interessiert, die Technologie zu kontrollieren – sie wollen zusammenarbeiten. Sie wissen, dass sich das Puzzle aus verschiedenen Teilen zusammensetzt und die Gefahr darin besteht, das IT-Teil für das ganze Puzzle zu halten. Die besten Unternehmen verbinden Kommunikation und Technologie und nutzen diese Verbindung zu ihrem Vorteil. Sie wissen, dass Kommunikation ein Prozess ist, der auf Zusammenarbeit beruht.

„Mentale Schaltpläne“ und Bewältigungsstrategien

In einer von Informationsfülle geprägten Umgebung bleibt den Menschen nur eine Wahl: Entweder sie opfern ihre gesamte Zeit dafür, alle ihnen zur Verfügung stehenden Informationen zu lesen, oder aber sie setzen Prioritäten, und zwar nach eigenen Kriterien.

Menschen treten nicht als neutrale Wesen in ein Unternehmen ein, sondern bringen ihre eigenen Vorurteile, Wahrnehmungen und Wahrnehmungsfilter mit. Es geht also weniger um die Frage, was wir unseren Mitarbeitern sagen sollten, als vielmehr darum, wie wir „Brainspace“ reservieren können – und zwar für die Nachrichten, die wir für wirklich wichtig halten. Auch in der Welt der Werbung können wir beobachten, dass es nicht mehr nur darum geht, Werbezeit oder Plakatwände einzukaufen. Der Trend geht zu einer Werbung, die sorgfältig darauf abgestimmt ist, die Aufmerksamkeit einer genau definierten Zielgruppe zu erregen.

Werbungtreibende wissen, dass die Bereitschaft der Menschen, sich mit ihren Anzeigen zu beschäftigen, minimal ist. Unter Berücksichtigung der Ergebnisse der Marktforschung achten sie sehr sorgfältig darauf, den Zuschnitt und das Design ihrer Werbung auf eine ganz bestimmte Zielgruppe auszurichten.

Diese Disziplin muss auch unternehmensintern angewandt werden. Statt uns lediglich auf die Bereitstellung und „Lieferung“ von Information und die Schaffung von immer mehr Informationsquellen zu konzentrieren, müssen wir verstehen lernen, wie Menschen Dinge wahrnehmen und nach welchen Kriterien sie Prioritäten setzen.

Das Kommunikationswesen neu positionieren

Um am digitalen Arbeitsplatz erfolgreich zu sein, muss das Kommunikationswesen

- Richtlinien bereitstellen, mit deren Hilfe das „Brainspace-Management“ verbessert werden kann;

- gemeinsam mit den „Schlüsselkommunikatoren“ zu einer Übereinkunft über die Zahl der zulässigen „Schlüsselnachrichten“ kommen – in Anerkennung der Tatsache, dass die Kapazitäten der Kommunikationskanäle sowie Zeit und Aufnahmebereitschaft der Mitarbeiter beschränkt sind;
- eine stärkere Verbindung zwischen Unternehmensstrategie, geschäftlichen Prioritäten und Kommunikationsstruktur herstellen;
- sich aktiver um das Management der potentiellen Kunden bemühen, um die Qualität der zur Weitergabe bestimmten Informationen zu verbessern.

Schulungsangebote bereitstellen

Manchen Unternehmen genügt es, neue Technologien zu erwerben; die Frage nach der optimalen Nutzung dieser Systeme interessiert sie weitaus weniger. Doch es ist nicht genug, auf jeden Schreibtisch einen PC zu stellen und dafür zu sorgen, dass alle Mitarbeiter Zugang haben. Damit sich solche Investitionen wirklich auszahlen, muss allen Beteiligten ein grundlegendes Verständnis dafür vermittelt werden, was diese Technologie leisten kann.

Wenn Sie wirklich mit Hilfe der Kommunikationstechnologie einen Wettbewerbsvorteil erzielen wollen, sollten Ihre Mitarbeiter mehr können, als den PC auf ihrem Schreibtisch zur Textverarbeitung zu nutzen.

Kommunikation ist ein Prozess, kein Produkt

Kommunikation bedeutet, Annahmen und Vermutungen auszutauschen und Information in einen gemeinsamen Kontext zu stellen. Wenn dies nicht geschieht, werden Informationen von den einzelnen Mitarbeitern in einen subjektiv geprägten Zusammenhang gestellt und mit eigenen Anliegen und Sorgen in Verbindung gebracht. Wenn Kommunikation lediglich als Instrument gesehen wird, mit dem man Nachrichten verteilen kann (diese Nachrichten haben leider nur allzu oft mit Kürzungen und dem berühmten „Wir müssen den Gürtel enger schnallen“ zu tun), dann gehen der Kontext wie auch die positive Wertung der Kommunikation verloren, was zu einer Aushöhlung des in das Management gesetzten Vertrauens führen kann. In dem Fall werden die Mitarbeiter Informationen aus ihrer persönlichen Position heraus dekodieren und filtern und eine feindliche Haltung des Unternehmens voraussetzen. Kommunikation als Prozess bedeutet, Menschen an einem logischen Prozess, einem Gedankenprozess zu beteiligen. Wenn das Ziel darin besteht, die Einstellungen von Menschen zu verändern, müssen diese Menschen den Prozess selbst durchlaufen, es ist nicht genug, ihnen lediglich das Resultat dieses Prozesses auszuhändigen.

Der Kommunikationsprozess – Information und Interaktion

Kommunikation beginnt mit Inhalt – mit Daten, Informationen, Ideen, Konzepten. Die Bereitstellung von Inhalten allein ist jedoch keine Kommunikation, sondern nur Verbreitung von Information. Damit Kommunikation entstehen kann, müssen Menschen befähigt werden, diese Information zu verarbeiten und sie auf ihre individuelle Situation anzuwenden. Mit anderen Worten: Sie müssen in der Lage sein, diese Informationen in einen Zusammenhang zu stellen und dem ihnen bereits bekannten Puzzle ein neues Teil hinzuzufügen. Doch hierbei gibt es eine entscheidende Stufe. Wir lernen nur, wenn wir das uns Mitgeteilte ausprobieren können. Effiziente Kommunikation ermöglicht den Menschen, die Implikationen ihres Handelns zu erforschen, zu probieren und zu verstehen. Dieses Erforschen geschieht in optimaler Weise durch ein Gespräch. Ein Gespräch ist mehr als bloßes Miteinanderreden, es ist ein Prozess, der zu einem gemeinsamen Verständnis führt, das den Weg zu neuen und außerordentlich effizienten Arten der Zusammenarbeit ebnet. Effiziente Kommunikation ist untrennbar mit Feedback verbunden. Feedback ist das Verbindungsglied zwischen dem, was durch Gespräche gelernt wurde, und dem Inhalt weiterer Kommunikation.

Kommunikationstechnologie liefert Inhalt (Daten und Information) und fördert das Feedback, während der persönliche Dialog das Verständnis für die größeren Zusammenhänge fördert und Gespräche über Inhalte und Know-how ermöglicht.

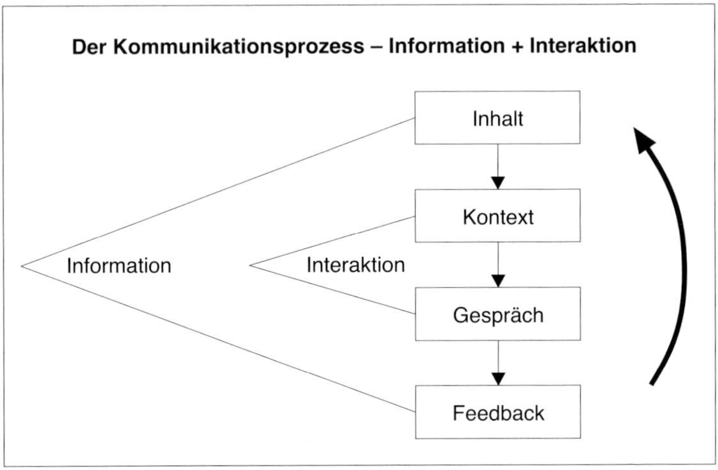

Abbildung 8: Der Kommunikationsprozess

Im Brennpunkt des Geschehens

Der Einsatz von Business TV im Rahmen der Internen Kommunikation

von Dr. Ulrich Fieger und Johannes Dürr,
SATCOM GEMINI GmbH

Das magische Wort heißt Kommunikation. Es gibt keine schnellere Bewegung in den letzten Jahren als die im Bereich der Kommunikation, und es werden neue Anwendungen und Märkte sein, die sie vorantreiben – Märkte, von denen wir heute noch nichts wissen.

Unser Alltag ist geprägt von Veränderungen, neuen Gesetzen, Reformen und der Währungsunion. Internationale Märkte rücken immer mehr zusammen, und die Zugänge werden durchlässiger. Die Lebenszyklen des Wissens verkürzen sich ständig, und wer dem Wettbewerbsdruck standhalten will, muss ständig die neuesten Entwicklungen im Auge behalten. Der Übergang von der Industriegesellschaft zur Wissensgesellschaft ist vollzogen. Unternehmen müssen daher auf die Entwicklung reagieren. Das bedeutet: Auch die aktuelle und schnelle Information und Schulung im Unternehmen sollte gewährleistet sein. Deutschlands führende Unternehmen haben dies bereits erkannt und optimieren ihre Interne Kommunikation, ihre internen Marketingaktionen sowie die Aus- und Weiterbildung mit Business Television.

Das neue Mitglied im Unternehmen

Die Goldgräberzeiten sind vorbei. Konzerne und Unternehmen erwarten heute Kundenorientierung, Dienstleistung und Integration von Technik, die Berücksichtigung betriebswirtschaftlicher Aspekte, innovative Ideen und eine sinnvolle intentionale Verknüpfung mit neuen Technologien. Die Business-TV-Branche bekommt allmählich einen klaren Blick, um die Zukunft in einem weiter boomenden Markt planen zu können. Dies alles bedingt auch eine neue Art von Kommunikation sowie neue Kommunikationswege. Aber nicht nur die Kommunikation mit den Kunden, sondern auch die Mitarbeiterkommunikation wird immer wichtiger. Bereits 1989 entwickelte der Geschäftsführende Gesellschafter der SATCOM GEMINI GmbH Stuttgart zusammen mit der Mercedes-Benz AG das Sendekonzept für das firmeninterne TV-Projekt AKUBIS (Automobil KUndenorientiertes Broadcast Informations System), das als Meilenstein und Pionierleistung im Bereich Business TV in Deutschland gilt.

Auch andere Unternehmen, wie beispielsweise die Adolf Würth GmbH & Co. KG, die Deutsche Bank AG, die Mannesmann Mobilfunk GmbH oder Sony Deutschland realisieren heute mit dem Content Provider SATCOM GEMINI GmbH digitales, interaktives Business TV oder auch „Management by TV". Das in Stuttgart und Frankfurt/Main ansässige Unternehmen arbeitet zielgruppenorientiert, entspricht kundenspezifischen Kommunikationswünschen, perfektioniert mit seinem professionellen Team auch mediendidaktische Anforderungen und versteht sich als Fullservice-Provider in Sachen Business TV und Business Multimedia.

Wenn es nach dem Willen der Multimediaexperten geht, sollen Business TV und Business Multimedia wie ein Unternehmensmitglied vollständig ins Unternehmen integriert werden. Alle multimedialen Plattformen sollen miteinander vernetzt, verkabelt und elektronisch gesichert werden. Mit den Möglichkeiten des Internets, Intranets, Extranets und allen anderen multimedialen Plattformen stehen sowohl innovative Instrumente in der Kundenkommunikation als auch neue Vertriebs-, Marketing-, Public Relations- und Eventwege zur Verfügung. So stellen sich heute die Business-TV-Anbieter das Unternehmen der Zukunft vor.

Die Architekten der Branche sind dabei, diese Visionen zu realisieren. So erschließen sich durch Business TV und Business Multimedia immer mehr Möglichkeiten.

Das Interesse an der Umsetzung dieser Visionen zeigt auch die jährlich wachsende Zahl der Business-TV-Anbieter in Deutschland. Nur wenige arbeiten professionell auf einem hohen Qualitätsstandard. Experten rechnen daher mit einer starken Marktbereinigung auf der Anbieterseite. Die Nachfrage der Marktseite wird – so das Ergebnis der Umfragen in ausgewählten Unternehmen – in den nächsten drei Jahren deutlich steigen. Die Vorteile des Business TV – darin sind sich auch alle Unternehmen einig – liegen in einer verbesserten Unternehmenskommunikation durch aktuelle und direkte Informationsvermittlung und eine effizientere Aus- und Weiterbildung, die dem Unternehmen darüber hinaus auch Zeit- und Kostenvorteile bringt.

Das Business TV im Studio (Bild und Ton) wird mit Hilfe eines Encoders komprimiert und verschlüsselt in digitaler Technik über den Äther geschickt. Mehrere ISDN-Kanäle werden zu Audio- und Videoverbindungen gebündelt und bilden so einen terrestrischen Rückkanal zur Zentrale. Zum Empfang der digitalen Daten sind als Minimalkonfiguration eine Parabolantenne sowie ein Satellitenempfänger mit Digitaldecoder (Integrated Receiver Decoder IRD) notwendig. Selbstverständlich ist es auch zusätzlich möglich, die ISDN-Übertragungsstrecken für das klassische Videoconferencing zu nutzen.

On-Air

Im Falle der Daimler-Benz AG werden so zum Beispiel Vertragshändler aus dem In- und Ausland mit den Besonderheiten der A-, M-, E-Klasse oder des CLKs zum Thema Karosserie, Fahrwerk, Motor und so weiter vertraut gemacht.

Via Satellit werden die Informationen an Dutzende von eigens eingerichteten Empfangsräumen übertragen. In der Regel werden Satelliten benutzt, die dem DVB-Standard (Digital-Video-Broadcasting) entsprechen und Deutschland beziehungsweise Europa ausleuchten (Astra, Eutelsat, Kopernikus, Intelsat, Panamsat).

Für die sichere Übertragung von Binärdaten werden spezielle Fehlerkorrekturverfahren, zum Beispiel FEC (Forward-Error-Correction) oder CRC (Cyclic Redundancy Check/Zyklische Blockprüfung), verwendet; die Bezeichnung Binärdaten kennzeichnet in diesem Zusammenhang alle Daten, die nicht als Videodaten im MPEG-Format vorliegen. Dazu gehören beispielsweise Steuerda-

Rückkanaltechniken:

Medium	Möglichkeiten/Eigenschaften
Audio/Video	■ Personen aus den Außenstellen sind im Studio zu sehen ■ durch die Face-to-Face-Kommunikation via Bildschirm entsteht persönliche Nähe zum Teilnehmer und damit eine Identifizierung mit dem Medium ■ ein hohes Maß an Authentizität und Glaubwürdigkeit wird erreicht ■ Dokumente können übermittelt und visualisiert werden ■ direkter Dialog findet statt
Telefon	■ in der Regel überall verfügbar ■ direkter Dialog ■ geläufiges Kommunikationsmedium ■ häufig ausreichende Lösung ■ kostengünstig
Fax	■ in der Regel überall verfügbar ■ direkter Dialog ■ geläufiges Kommunikationsmedium ■ häufig ausreichende Lösung ■ kostengünstig
Email	■ modernes Medium ■ unternehmensintern verfügbar ■ Dokumente (Dateien) übermittelbar ■ kostengünstig
Intranet	■ ergänzendes Medium ■ Plattform, übergreifend

teien, CBT(Computer Based Training)- und Multimedia-Programme sowie Datenbanken.

Der Sendeablauf wird von jeweils bis zu 20 Teilnehmern (pro Station) in den zugeschalteten Außenstationen am Bildschirm verfolgt. Der Clou dabei: Jede Empfangsstation ist mit Monitoren, einer Ka-

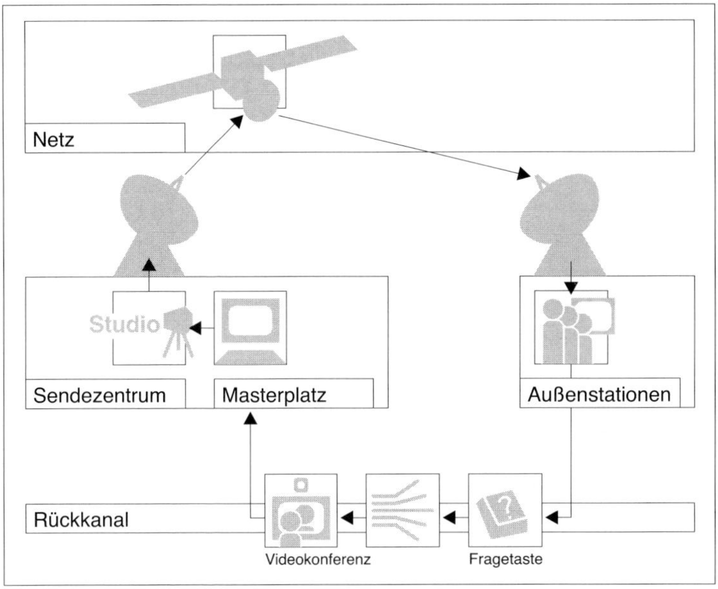

Abbildung 9: Funktionsschema digitales und interaktives TV

mera, einem Mikrofon sowie einer Fragetaste ausgerüstet. Tauchen Fragen auf, genügt ein Tastendruck, und Business TV wird interaktiv. Die Zuschauer können den Moderator oder Trainingsbeauftragten live ansprechen, und ihr Bild wird ins laufende Programm eingeblendet. Als beispielsweise durch den sogenannten Elchtest Fahrwerksänderungen bei der A-Klasse vorgenommen werden mussten, wurden die Daimler-Benz-Manager aus ganz Europa via Business TV über die technischen Nachbesserungen auf dem Laufenden gehalten. Mit Seminaren wäre dies nicht möglich gewesen. Dazu hat der Konzern mittlerweile 26 der insgesamt 43 Niederlassungen in Deutschland mit digitalen Empfangseinrichtungen ausgestattet. Insgesamt 4 500 Mitarbeiter werden so innerhalb von vier Wochen auf die Mercedes-Benz-Klassen geschult – früher wären all diese Mitarbeiter über mehrere Monate hinweg nach Stuttgart gereist.

Bei der Umsetzung dieser Fakten bietet Business TV natürlich einen hervorragenden Ansatzpunkt. Zum Beispiel auch bei der Reinhold-Würth-Gruppe aus dem hohenlohischen Künzelsau, deren Kernkompetenz auf dem Markt im Verkaufen liegt. Deshalb entschied sich die Adolf Würth GmbH & Co. KG frühzeitig dafür, live und ohne Filter direkt mit ihren Außendienstmitarbeitern, begleitet von wichtigen Markt- und Brancheninformationen zu Produktschulungen und Unternehmensnews, die neue Form der Unternehmenskommunikation zu nutzen. Das betrifft die Bereiche Auto/Cargo, Metall/Elektro/Sanitär, Holz und Bau. Aus einem modernen Fernsehstudio werden somit bis zu 700 Mitarbeiter in mittlerweile 32 Außenstationen – und das regelmäßig im Wochenturnus – in einstündigen Live-Sendungen informiert, geschult und trainiert.

Als eines der ersten ganztägigen Business-TV-Projekte sendet die europäische Großbank Deutsche Bank AG via Satellit mit Beginn des dritten Quartals 1998 bundesweit in 1 200 Filialen ihre Informationen rund um den Euro. Hier widmet man sich ausschließlich dem Kerngeschäft des Unternehmensbereichs Privat- und Geschäftskunden (UB P). Das Programmkonzept ist strukturiert in: Telelearning und Teleteaching, Aus- und Weiterbildung mit vertriebsunterstützenden Aspekten (Journal P) sowie Managementtraining nach der Maxime: „Business Television für die Mitarbeiter der Deutschen Bank AG heißt auch mehr Zufriedenheit bei den Kunden". Bei Live-Sendungen bietet ein sogenanntes Call-In-Center die Chance, eine große Zahl von Anrufen, Email- und Fax-Eingängen anzunehmen und für die Sendung aufzubereiten. Der Moderator im Studio erhält über einen Monitor ständig Informationen von außen und kann über entsprechende Technik und Tastaturen mit den Zuschauern live kommunizieren.

Business TV – und das Unternehmen lebt

Ganz problemlos ist diese neue Form der Fort- und Weiterbildung allerdings nicht. Mancher Mitarbeiter muss erst mühsam daran gewöhnt werden, seine Instruktionen via Monitor oder PC zu erhalten. Diese Akzeptanz zu schaffen ist auch das erste und wichtigste

Ziel der Macher hinter den Kulissen. Deshalb ist der Erfolg von Business TV sehr eng mit der Fokussierung der Inhalte verknüpft. Wie der Name schon sagt: Der Begriff hat mit dem „Machen von Fernsehen“, mit Redaktionen und Redakteuren, Medieningenieuren, Medien- und Kommunikationspsychologen und Mediendidaktikern, eben mit Themen und Inhalten und deren didaktischer Aufbereitung zu tun. In Anbetracht der Wichtigkeit der Inhalte ist ein sogenannter Medienverbund unumgänglich. Definiert wird dieser Medienverbund mit Schulung per Bildschirm, ob es sich hierbei nun um Fernseh- oder PC-Monitor, die CD-ROM zur Nachbearbeitung und Ergänzung, Dokumentation und Vertiefung und/oder zusätzlich das gedruckte Buch als traditionelles Medium zur Wissensvermittlung handelt. Internet, Intranet und Extranet dienen als weitere Möglichkeit zur nachbearbeitenden Lernstoffaufnahme und -vertiefung. Wichtig ist, dass die Einsatzbereiche frühzeitig definiert werden und Redundanzen mit anderen Maßnahmen und Medien vermieden werden. Nur so lassen sich Kosten einsparen und der Wettbewerbsfaktor „Zeitgewinn“ effizient ausschöpfen.

Unternehmenschancen und -risiken

Für alle Unternehmen standen daher folgende Chancen bei der Einführung von Business TV im Vordergrund:

- Generelle Verbesserung der Unternehmenskommunikation;
- Kosten- und Zeitersparnis;
- schneller und intensiver Dialog mit den Teilnehmern; ungeklärte Fragen können sofort flächendeckend geklärt werden;
- wenig Kommunikations- und Informationsverluste;
- Transparenz des Geschehens in der Zentrale fördern; durch Befragung während der Liveschaltung erfahren die Vorgesetzten von ihrer Mannschaft die aktuelle Marktstimmung;
- Kritik und Anregungen der Mitarbeiter aus den Filialen in der Zentrale wahrnehmen und genau deren Probleme lösen;

- interaktiver, aktueller, zeitgleicher und flächendeckender Kommunikationsverteilerdienst;
- effektive, wirtschaftliche und gezielte Aus- und Weiterbildung; die Information kommt zum Teilnehmer – nicht umgekehrt. Mit Telelearning lässt sich die bisherige Schulung sinnvoll ergänzen. Dabei wird eine einheitliche Qualität gewährleistet;
- Transfer von Know-how direkt zum Arbeitsplatz;
- persönliche Einbeziehung der Teilnehmer in Sendungen durch Interaktion, dadurch Nähe zur Basis;
- geringerer Zeitaufwand für die Informationsaufnahme und damit mehr Zeit für die Kunden;
- Face-to-Face-Kommunikation über große Entfernungen;
- emotionale Ansprache der Teilnehmer durch Stärkung des „Wir-Gefühls“ und der Corporate Culture.

Business TV ist kein Fernsehen im herkömmlichen Sinn. Genau deshalb birgt dieses Medium auch Risiken, nämlich dann, wenn es nicht ziel- und bedarfsorientiert sowie rezipientengerecht konzipiert und eingesetzt wird.

Die Akzeptanz der Zuschauer ist der wichtigste Erfolgsfaktor für Business TV. Sie ist abhängig vom Erkenntnisgewinn und Nutzen, den die Mitarbeiter im Alltagsgeschäft umsetzen können, und nicht vom Unterhaltungswert einer Sendung. Der persönliche Kontakt wird deshalb nie durch eine allzu technische Kommunikation ersetzt werden können. Auf ihm basiert schließlich auch ein großer Teil des Erfolgs der Konzerne und Unternehmensgruppen. Ohne diese Basis je aus den Augen zu verlieren, werden sich Banken, Versicherungen, Bausparkassen, Automobilkonzerne, Handelsunternehmen, Finanzdienstleister, Verbände und so weiter in zunehmendem Maße mit weiteren Formen der Interaktion beschäftigen, um mangelnde Transparenz und den langsamen Informationsfluss in ihren Unternehmen zu vermeiden.

Trend zu einem Business Learning Network

Die Möglichkeiten und die Symbiose des Mediums Business TV mit allen anderen multimedialen Systemen – hier im speziellen Fall zusammen mit dem Intranet – sind bei weitem noch nicht ausgeschöpft. Durch den multimedialen technologischen Fortschritt verlagert sich der Fokus von der technischen Umsetzung hin zur konzeptionellen und organisatorischen Gestaltung intelligenter und überzeugender Business-TV-Komplettlösungen. Das Ziel ist unverkennbar: Der Trend zu einem, wie wir es nennen, Business Learning Network. Die Herausforderung besteht darin, dem Wunsch nach individuellem, interaktivem Lernen am PC gerecht zu werden. Die Gründe sind offensichtlich. Das Intranet, in Kombination mit Business TV, hat für die Geschäftswelt einen deutlichen Nutzen: Zum einen wird die Kommunikation verbessert, zum anderen kann Information schneller zeit- und ortsunabhängig distribuiert werden und ist aktuell verfügbar. Dies gilt sowohl innerhalb des Unternehmens für Führungskräfte und Mitarbeiter als auch für ausgewählte Geschäftspartner. Diesen Prozess bezeichnet man als „information sharing". Der Einsatz des Business Learning Intranetwork wird aber nur dann erfolgreich sein, wenn die Kombinationsfunktionen gut durchdacht, die erforderlichen Sicherheitsaspekte berücksichtigt und die Intranet-Produkte sowie Intranet-Services zusammen mit Business TV auf die spezifischen Anforderungen des Unternehmens zugeschnitten werden.

Visionen beginnen stets mit Fragen. Aber schon heute ist absehbar, dass sowohl bei einer lokalen als auch globalen Verfügbarkeit von Netzen eine Integration von Business TV erfolgen wird. Letztendlich wird es möglich sein, auf jedem PC innerhalb eines Standorts Business TV von einem zentralen Media-Server vor Ort oder dezentral abzurufen. Der Rückkanal läuft momentan noch über ISDN-Leitungen. Er wird aber im Zuge der Ausweitung des Corporate Networks auch bald durch neue Netzstrukturen und intelligente Software abgelöst werden. So bietet das Business Learning Intranetwork nicht nur die Möglichkeit der interaktiven Rückmeldung, sondern die vielfältigsten Einsatzmöglichkeiten wie den Austausch von Daten und Dokumenten, Datenbankanwendungen, Email, Online-Services, Schulung und Weiterbildung der Mitarbeiter. Durch die Integration des Mediums Business TV in das Intranet erhalten die Rezipienten innerhalb des Firmennetzes völlig neue Funktionalitäten:

- Empfangen und Betrachten von Videofilmen (MPEG 1 bis MPEG 4), wobei neben dem Betrachten von Live-Sendungen eine gleichzeitige Aufzeichnung auf Festplatte erfolgt;

- Verwalten und Betrachten des aufgezeichneten Filmmaterials mit Hilfe einer HTML-basierenden Benutzeroberfläche (zum Beispiel unter Nutzung eines standardisierten „Browsers");

- variable Bandbreite, beispielsweise zwischen 64 Kbit/s und 8,44 Mbit/s, bei der Satellitenübertragung. Diese Flexibilität ermöglicht sowohl den preiswerten Filetransfer über Nacht als auch Live-Übertragungen mit höchster Wiedergabequalität;

- interaktive Kommunikation via Satellit und Rückkanal (siehe Rückkanaltechniken);

- Software-Pflege und -Updates per Satellit.

Schon heute ist diese Kommunikation unter Berücksichtigung hoher Sicherheitsstandards Realität. Als Media Server können neben Unix- und Linux-Systemen auch Windows- und NT-Plattformen eingesetzt werden. Die Inhouse-Übertragung erfolgt über das vorhandene lokale IP-Netzwerk. Da das System sich der WEB-Technologie bedient, ist auf der Client-Seite am Arbeitsplatz nur ein Web-Browser mit Plug-In oder eine TV-Client-Software erforderlich. „IP-Multicasting" steckt hinter dieser Anwendung. Das bedeutet, dass es mehreren Empfängern gleichzeitig möglich ist, die Daten von einem Sender zu empfangen. Dadurch wird das Netz nur mit einem Video-Datenstrom belastet. Moderne Protokolle sind heute bereits in der Lage, selbständig die Bandbreite zu verändern (dynamische Bandbreitenadaption). Die Qualität wird so an die Echtzeitanforderungen des Systems angepasst.

IP-Multicasting und Datenkompression

Um hochwertiges Video über Intranet zu liefern, ist MPEG (Moving Pictures Experts Group) momentan der beste Kompressionsstandard. Andere Verfahren wie Indeo und Quicktime liefern nicht die erforderliche Qualität, um entsprechende Applikationen effektiv auszuführen. MPEG dagegen stellt, für einen im Ethernet befindlichen Host, die geforderten Videoqualitäten bereit. Gleichzeitig ist dieser Standard der einzige Fullmotion-Kompressions-Algorithmus in Broadcast-Qualität, der als ISO Standard (International Standardisation Organisation) anerkannt ist. Die Schlüsselkomponenten für ein videofähiges Intranet sind demnach:

- MPEG-Encoding-Equipment für gute Video-Live-Übertragungen und Speicherung komprimierter Videos auf einem Server,
- MPEG-Decoder für Client Workstations,
- Client-Server-Applikation, die auf HTML-Technik basieren,
- entsprechende Video-Server-Strukturen,
- ein Netzwerk-Backbone, das die notwendigen Ressourcen für Videoapplikationen bereitstellt.

Aus technischer Sicht ist das größte Problem die zur Verfügung stehende Bandbreite. Spezielle Multimedia-Intranet-Lösungen stellen heute bereits eine Bandbreite von 10 Mbit/s für videofähige Workstations zur Verfügung. Dieser Wert ist Voraussetzung für eine optimale Übertragung von MPEG 1- und MPEG 2-Datenströmen. Allerdings entspricht in den Unternehmen die Netz-Infrastruktur nicht immer diesen Anforderungen. Entsprechend müssen Einbußen bei der Qualität und der Geschwindigkeit hingenommen werden. Die Übertragung von Multicast-Videodaten via Satellit eröffnet somit auch dem klassischen Business TV neue Perspektiven.

Kostenrelevante Faktoren

Wer sich mit dem Thema Business TV und den damit verbundenen Kosten auseinandersetzt, wird sehr schnell merken, dass in der Literatur nicht mehr als ein paar Beispielkalkulationen zu finden sind. Diesen Rechnungen geht jeweils eine sehr lange Palette von Prämissen voraus, die den Kalkulationen zugrundeliegen. Die Kunden erwarten deshalb eine direkte Beratung vom Content Provider. Eigene Vertriebsbeauftragte vor Ort können diesen Markt am besten einschätzen und die Kunden hinsichtlich Produktion und Realisation kompetent beraten sowie die Möglichkeiten des Business TV aus Erfahrung darlegen. Daher wird im Rahmen dieses Beitrages auf eine Kostenkalkulation verzichtet, da diese Unternehmens- und Business-TV-Szenarien zu konstruiert sind, um eine differenzierte Aussage über den ökonomischen Aspekt von Unternehmensfernsehen zu treffen. Es ist nicht möglich, anhand von Beispielkalkulationen sinnvolle Schlussfolgerungen zu treffen, auf deren Basis dann in Erwägung gezogen wird, ob sich ein eigener Firmenkanal für ein Unternehmen lohnt oder nicht. Es gibt zu viele Faktoren sowohl auf Unternehmens- als auch auf Programmgestaltungsseite, die die dabei entstehenden Kosten extrem beeinflussen können.

Da eine sinnvolle Betrachtung der Kosten den Rahmen dieses Beitrags sprengen würde, wird an dieser Stelle auf Details verzichtet und lediglich auf die Probleme hingewiesen.

Bei der Konzeption eines firmeneigenen Fernsehprogramms gibt es viele Komponenten, die den finanziellen Aufwand für ein Unternehmen nachhaltig beeinflussen. Dabei kann man zwischen technischen und redaktionellen Faktoren unterscheiden, die den Kostenrahmen festlegen.

- Erfolgt der Signaltransport der Fernsehdaten vom Sendestudio oder vom mobilen Übertragungswagen zu den Empfangsstationen analog (terrestrisch) oder digital?

- Werden die Bild- und Tondaten direkt vom Sendestudio an den übertragenden Satelliten weitergegeben oder ist ein Content-Provider mit Senderegie zwischengeschaltet?

- Welche Satelliten müssen eingesetzt und angemietet werden (zum Beispiel Eutelsat), damit die entsprechende Reichweite vorhanden ist, um alle Empfangsstationen auszuleuchten?

- Wie viele Empfangsstationen sind vorhanden beziehungsweise müssen eingerichtet oder angemietet werden?
- Welche technischen Netzwerkstrukturen sind bei den Empfängern bereits vorhanden? Verfügen die Außenstationen über die nötigen Empfangs- und Sendegeräte (zum Beispiel Decoder)?
- Welche technischen und datenübergreifenden Anforderungen werden an die Rückleitungen ins Sendestudio gestellt? Gibt es die Möglichkeit der Interaktivität und der Nutzung bestehender Netzwerkstrukturen im Unternehmen, zum Beispiel LAN(Local Area Network)-, MAN(Metropolitan Network)-, WAN(Wide Area Network)- oder ATM(Asynchronous Transfer Mode)-Strukturen? Welche Datenmengen können neben dem Tagesgeschäft in den Strukturen übertragen werden?
- Welche Studionutzung ist gewünscht? Wird die Sendung aus einem firmeneigenen oder angemieteten Studio ausgestrahlt? Handelt es sich um eine feste oder mobile Senderegie?
- Ist die notwendige Produktionstechnik im Studio vorhanden oder muss sie von einem Content Service Provider gestellt werden? Wer stellt und ist verantwortlich für das Studioteam (Kamera, Sende- und Schnittregie, Redaktion und so weiter)?

Neben den technischen gibt es auch die redaktionellen Faktoren, die nach folgenden Aspekten zu berücksichtigen sind:

- In welchem Rhythmus wird gesendet? Handelt es sich um einen regelmäßigen Sendebetrieb oder werden nur spezielle Events, Pressevorstellungen, Managergipfel, Tagungen, Konferenzen, Symposien, Kongresse übertragen?
- Wie lange ist die Sendedauer der einzelnen Programme? Handelt es sich jeweils nur um kurze Beiträge zu einem Thema oder dauert der Beitrag mehrere Stunden?
- Wie aufwendig werden die Sendungen produziert? Sind viele Vorproduktionen (zum Beispiel Non-Linear Editing, Teaser, Trailer) nötig? Kommen viele Grafiken (On-Air-Design) oder 2D/3D-Animationen zum Einsatz?

- Wer übernimmt die redaktionelle Betreuung (Chefredaktion)? Das Unternehmen selbst oder werden Fachleute hinzugezogen?

Anhand der aufgezeigten Komponenten kann leider nicht festgelegt werden, welches die jeweils günstigere Alternative ist. So ist es unter Umständen für ein Unternehmen billiger, ein Sendestudio selbst einzurichten als ständig zu mieten. Das hängt davon ab, ob der Sendebetrieb regelmäßig oder nur ab und zu aufgenommen wird. Der wirtschaftliche Break-even-Point liegt hier für jedes Unternehmen anders und ist daher im Vorfeld genauestens zu eruieren. Evaluationsstudien zum Thema Business TV in bereits etablierten Unternehmen können dies belegen. Wie schwierig es daher ist, für Business TV eine sinnvolle Musterkalkulation darzulegen, geht aus diesen Ausführungen deutlich hervor. Häufig ist der 'Make-or-Buy-Aspekt' die entscheidende Komponente für die anfallenden Kosten.

Maßgeblich ist allerdings auch die spezielle Situation im Unternehmen und vor allem die Funktion, die das Firmenprogramm erfüllen soll. An diesen Zielvorgaben orientieren sich dann das gesamte Sendekonzept und die technische Ausstattung.

Generation X

Man darf jedoch gespannt sein, mit welchen Nachrichten von Business TV wir und die nachfolgenden Generationen in Zukunft noch zu rechnen haben. So bietet die rasante multimediale Entwicklung des Internets, Intranets und Extranets für Business TV eine Reihe interessanter und innovativer Möglichkeiten, das wachsende Wissenspotential mittels modernster Angebote für die Bildung zu nutzen und auf veränderte Bedingungen des Marktes schnell, aktuell und effektiv zu reagieren. Momentan wächst eine neue Generation X heran, die PC und TV bereits erheblich mehr nutzt als vorangegangene Generationen und damit auch eine deutlich höhere Affinität zu neuen Medien und den daraus resultierenden Formen von Business TV und Multimedia besitzt. Durch diese neuen multimedialen Möglichkeiten verschaffen sich Unternehmen den entscheidenden Vorsprung vor der Konkurrenz. Sie stellen sich auf diese Weise den Anforderungen der Zukunft und können damit im Rahmen ihrer Business-Reengineering-Aktivitäten ihre Geschäftsprozesse in Richtung Kunde ausrichten. So werden sich künftig sowohl das Intranet als auch Business TV für die Unternehmenskommunikation durchsetzen. Was liegt daher näher als das mittelfristige Verschmelzen beider Ansätze!

Daher muss es auch eine der wichtigsten Aufgaben der Politik der Zukunft sein zu verhindern, dass sich unsere Gesellschaft in „have“ und „have nots“ spaltet, nämlich in Menschen, die einen Anschluss an das globale Wissen dieser Welt haben und in den Genuss von Bildung kommen, und in solche, die davon ausgeschlossen bleiben.

Literatur

Babiel, Dieter/Dürr, Johannes: who is who in multimedia bildung, Heidelberg 1998.

Brossmann, Michael/Fieger, Ulrich: Business Multimedia – Innovative Geschäftsfelder strategisch nutzen, Frankfurt/Wiesbaden 1998.

Dürr, Johannes: Wie Phoenix aus der Asche – Die Metamorphose von Online und TV, Westdeutscher Rundfunk Intendanz (WDR), Köln 1996.

Dürr, Johannes: Multimedia am Arbeitsplatz, cp-report spezial, Hamburg 1997.

Fieger, Ulrich: Alles was Sie schon immer über Ihre Weiterbildung wissen wollten, Wiesbaden 1994.

Lindo, Wilfried: Business TV und Intranet, Funkschau, Berlin 1998.

Feste feiern

Der Einsatz von Corporate Events im Rahmen der Internen Kommunikation

von Michael Kaschytza M.A., LIVING MEDIA Interact, Agentur für Eventmarketing GmbH, und
Arnd Schäfer, LIVING MEDIA Motivation, Agentur für Seminare und Training GmbH

Der Schein trügt

Die Gäste – rund 1 000 Mitarbeiter und Kunden eines Versicherungsunternehmens – werden mit noblen VIP-Fahrzeugen am Bahnhof und Flugplatz in Empfang genommen. Livrierte Chauffeure parkieren die Fahrzeuge von Selbstanreisenden. Ein roter Teppich führt ins Entree einer stilvoll dekorierten Kongresshalle. Lichter leuchten, Stimmung kommt auf, erste Kanapees werden gereicht. Champagner, Bier und Saft fließen. Smalltalk macht sich breit. Links eine fast geschlossen wirkende Gesellschaft in dunklem Tuch und langen Roben. Rechts eine eher lockere Schar, bei der schon mal ein Goldkettchen über lichtem Brusthaar oder an nicht ganz so schmalen Fesseln blitzt. Nicht zu übersehen, wo sich Innendienst und Frontkämpfer wohl fühlen – die einen bei Champagner, die andern mögen's gern etwas herzhafter. Die hohen Tore öffnen sich zu einem festlich geschmückten Saal: Jeder der geladenen Gäste wird zu seinem Platz geleitet, weiter vorne die Manager und Leitenden, rechts die von der Zentrale, links der Außendienst. Freundliche und zuvorkommende Ober bringen den Aperitif. Und Wasser für die wenigen Abstinenten weiter vorne. Auf der Bühne beginnt eine ästhetisch choreographierte Show rund ums Hauptthema des Abends: Das 150jährige Jubiläum des Versicherers, keiner der ganz großen Konzerne, sondern ein Mittelständler von vielen, die im beginnenden Europageschäft irgendwo in der Mitte stehen – und irgendwie etwas abseits. Klassische Musik aus den Gründerjahren des Unternehmens setzt ein. Der Vorstandsvorsitzende taucht im dunklen Dreiteiler im Spotlight auf und hält eine knappe, kurze Rede, in der vom „Aufbruch ins Neue Jahrtausend" die Rede ist, während draußen vor den Fenstern Hunderte von weißen Ballons gen Himmel schweben. Und spricht seligen Blicks – wenn er mal gerade von seinem Manuskript aufschaut – von „unserem Erfolg" und „unserer Unternehmenskultur". An den Tischen wird leise gemurmelt. Nicht an denen weit vorne, wo fast andächtig gelauscht wird. Sondern an denen weiter hinten, dort, wo die einfacheren Mitarbeiter sitzen, die etwas irritiert mit ihren kleinen Give-Aways – Zugaben vom großen Unternehmen für den kleinen Angestellten – spielen und fast unisono skandieren: „Der erzählt uns doch wieder was vom Pferd."

750 000 DM später – so viel hat der Abend gekostet – ist die Firma so weit wie vorher. Die Mitarbeiter sind immer noch demotiviert, weil gerade eine Sparwelle verordnet worden ist und zehn Prozent der Belegschaft um ihren Job bangen. Ein neuer Investor steht vor der Tür, durch den die Zukunft der Zentrale vollkommen im Dunkeln liegt. Heile Welt? Nur für einen Abend. Aber auch nur in den Augen derer, die ein derartiges Corporate Event als singuläre Maßnahme planen – aus purer Verlegenheit oder aus der Not geboren, irgendetwas tun zu müssen.

Und sei es, ein Jubiläum zu feiern, das man eben feiern muss. Das aber kontradiktorisch wirkt, auf Deutsch: Ein Schuss, der nur zu leicht nach hinten losgeht.

Nicht, weil der Event unprofessionell geplant geworden wäre. Alles stimmte bis ins Detail, von A wie Anreise über E wie Essen bis Z wie Zugabe. Sondern weil der Event von der Strategie her falsch angelegt war. Als Solo-Veranstaltung ohne Vor- und Nachher. Ohne Einbettung in eine Gesamtmaßnahme. Ohne Rücksicht auf die Befindlichkeiten, Ängste, Sorgen und Probleme derer, die fröhlich hätten mitfeiern sollen, aber keine Antworten auf ihre existenziellen Fragen bekamen: Die Mitarbeiter. Dem nur zu oft vergessenen „human capital", bei solchen Events zurückgestuft auf die Rolle von Statisten im großen Spiel um Öffentlichkeit, Glanz und Ehre von Unternehmen und ihren Topmanagern.

Die Mitarbeiter wurden nicht ernst genommen, sitzen gelassen an ihren edel gedeckten Tischen, statt sie emotional zu packen, sie einzubinden in einen Abend mit Mehrwert, an dessen Ende jeder ganz ehrlich sagen kann: „Der hat mir etwas gebracht", einen Abend voller Emotion und Aktion, einen psychologischen Reigen von Einfühlsamkeit und Glaubwürdigkeit, einen Event voller Interaktion und Involvement, der einen jeden zu seiner persönlichen Erkenntnis führt: Zum Commitment für das Unternehmen. Oder auch dagegen. Auch das kann passieren, wenn der Abend Stellung bezieht.

Notwendigkeit von Motivation und Event

Mit einem Akt aus Verlegenheit oder aus der Not geboren haben Motivation und Events nichts gemein. Nur werden sie im landläufigen Sinne immer noch und viel zu oft als „nice to have" angesehen. Es gibt keine Strategie. Es gibt kein Budget. Die Kosten für Motivation und Event – zwei Bereiche, die man eigentlich gar nicht explizit trennen kann – werden unter dem Rubrum „Sonderausgaben", jedoch nicht unter „Investition" geführt. Das ist grundfalsch. Denn die Investition in eine Motivation-und-Event-Strategie, die Vordenker im Sinne des verbindenden Elements „Involvement" als eine Einheit sehen, rechnet sich – auf Heller und Pfennig.

Nach einer aktuellen Berechnung des Instituts für Arbeitsmarkt- und Berufsforschung der Bundesanstalt für Arbeit in Nürnberg fehlten die rund 30 Millionen deutschen Beschäftigten im Jahr 1997 an durchschnittlich 9,2 Arbeitstagen. Das war zwar der niedrigste Krankenstand seit der Wiedervereinigung – 1996 betrug die Fehlzeitenquote noch 10,4 und 1995 gar 11,4 Tage –, doch die Zahlen sind alarmierend. Denn sie bedeuten nichts anderes, als dass bei einem 1 000-Mitarbeiter-Unternehmen (bei angenommenen 220 Arbeitstagen pro Jahr) 42 Mitarbeiter ständig nicht da sind.

Das entspricht bundesweit einem krankheitsbedingten Ausfall von 2,11 Milliarden Arbeitsstunden. 1996 waren es noch 2,42 Milliarden und 1995 sogar 2,7 Milliarden Arbeitsstunden. Über 80 Prozent der Unternehmen, die sich an einer Umfrage des Instituts der Deutschen Wirtschaft beteiligt haben, beklagen denn auch eine „große oder sehr große Belastung“ durch die Kosten der Fehlzeiten. Andererseits fällt bei allen Untersuchungen dieser Art die erstaunlich geringe Neigung auf, gründliche Ursachenforschung zu betreiben: Nach Arbeitsklima, Arbeitszufriedenheit, Identifikation mit dem Unternehmen, Selbständigkeit und Verantwortung bei der Arbeit und Teamarbeit sowie dem – oft entscheidenden – Verhalten der Vorgesetzten. Nur nicht zu tief stochern, lautet nur zu oft die Devise. Ein netter Event, ein schöner Abend mit viel Wein, Weib und Gesang wird’s schon richten. Mitnichten.

Wieder einmal wurden 750 000 DM, wie zum Beispiel für das 150-Jährige des eingangs erwähnten Versicherungsunternehmens, zum Fenster hinausgeworfen. Wenn jeder der 1 000 Gäste 750 Mark als Prämie bekommen hätte, wäre mehr erreicht worden als mit dieser glamourösen Art der Geldvernichtung.

Von der Weihnachtsfeier zum Corporate Event

Natürlich gibt es Events, die als Einzelmaßnahmen durchaus ihre Berechtigung haben und auch gut sind, wie sie sind. Ohne große Interaktion, Involvement und Commitment, ohne große Botschaft bis auf die von Friede, Freude, Eierkuchen. Weihnachtsfeiern zum Beispiel. Doch auch hier ist Vorsicht geboten. Zu schnell kann aus einer fröhlichen Feierstunde ein Akt der Demotivation werden, bei dem statt Festtagslaune Frust und Unzufriedenheit geboren werden.

Die „gemeine“ Feier – ob zum Geburtstag, Jubiläum, Weihnachten oder auch zur Werkseröffnung oder zum Start eines Produkts – war der Anfang des modernen Begriffs Event. Eines Fachworts übrigens, das die Agentur Living Media Anfang der 80er Jahre aus Amerika importiert und sich als erste deutsche Agentur ins Handelsregister hat eintragen lassen. Damals war der Begriff für Deutschland absolut neu. Heute ist er zwar in aller Munde, jedoch immer noch nicht klar umrissen.

Während Gablers Wirtschaftslexikon zum Begriff „Event" bis heute schweigt und auch das dtv-Lexikon die Stelle zwischen Johannes Evens (= CDU-Politiker und Gewerkschafter) und Eventualbudget (= zusätzliche Staatsausgaben) freilässt, verrät das Deutsche Fremdwörter-Nachschlagewerk von Lingen zwar nicht, was wir unter dem Begriff verstehen, aber es verdeutlicht zumindest eines, was die meisten derjenigen vergessen, die Events planen: „Event ist die Zeit zwischen dem Ende der einen und dem Beginn der nächsten Tätigkeit", definiert Lingens Lexikon und reiht dieses „Event" zwischen die Schlagwörter Evasion (= Flucht) und Eventration (= Hängebauch). Damit wird der Begriff „Event" zwar nicht so definiert, wie ihn die Marketingbranche sieht; er tritt aber in eine neue, nur zu oft vergessene Dimension: Der Event wird zum Höhe-, Start- oder besser Fokussierpunkt einer längerfristigen, sich immer wieder schleifenartig perpetuierenden und progressiven Entwicklung.

Corporate Events als Fokussierpunkt der Internen Kommunikation

Jedes Unternehmen braucht seine Mitarbeiter nicht (nur) als Erfüllungsgehilfen der ihnen zugewiesenen Tätigkeiten, sondern benötigt neben ihrem Engagement und ihrer Selbstverantwortung besonders ihren kreativen Input, ihre Gedanken, ihre Ideen. Solo-Events hergebrachter Machart decken – wenn sie schlecht konzipiert sind – weder das eine noch das andere ab, schaffen aber – wenn sie gut konzipiert sind – zumindest eine neue Ebene des Engagements. Ein Event jedoch, der mit bestem Wissen und Gewissen als Corporate Event bezeichnet und als solche Investition auch budgetiert werden sollte, ist mehr als das: Ein Event ist ein Fokussierpunkt, an dem die Kreativität aller freigesetzt wird. Das geschieht nicht durch Veranstaltungen, in denen die Teilnehmer fast in ihren Sesseln einschlafen, sondern durch psychologische und pädagogische, jedoch nicht als solche erkennbare Techniken, die die Teilnehmer aus ihrer persönlichen Abwartehaltung, ihrer Zuschauermentalität herausreißen, sie herausholen aus der nur allzu bequemen Komfortzone, hinein in Aktion und Interaktion, in Gedankenaustausch und Lernprozess, in ein Involvement, das Körper und Geist einbezieht. Das funktioniert gewiss nicht mit tradierter Lehrer-Schüler-Didaktik, sondern in Form und nach Art moderner Stilmittel der Kommunikationswelt sowie heutiger Sichtweisen, entlehnt aus Theater, Musical oder Fernsehen.

Ein derartiger Fokussierpunkt funktioniert nicht ohne Vorbereitung und schon gar nicht ohne Nachbereitung. Wer mit dem Menschen arbeitet, darf ihn nie alleine lassen oder unvorbereitet mit Situationen konfrontieren, mit denen er nicht fertig werden kann.

In der Vorbereitungszeit werden deshalb sogenannte Sensibilisierungsphasen vorgeschaltet, in denen im besten Falle ein „Event-Scout“ oder „Involvement-Scout“ im Unternehmen nach dem sucht, was ein Unternehmen erfolgreich macht oder eben nicht. Das sind meist jene Dinge, die in keinem Business-Plan verankert sind, aber die verantwortlich sind für Stimmung, Teamgeist, Identifikation und Zufriedenheit. Ergänzend dazu werden Techniken der klassischen Marktforschung eingesetzt – wie Mitarbeiterinterviews, Video-Interviews, Explorationen, Befragungen und Analysen bis hin zum Benchmarking.

Phase 2 ist dann der eigentliche Event, im besten Falle als Startpunkt einer Entwicklung. In Phase 3 findet die Nachbereitung statt, die von einer Woche bis hin zu einem Jahr oder noch länger dauern kann. In dieser Zeit wird das umgesetzt, was in der Sensibilisierung herausgefunden und auf einem Event angestoßen wurde. Das geschieht mit vielen einzelnen großen wie kleinen Maßnahmen, im Team oder in Gruppen, in Filialen oder innerhalb einzelner Hierarchieebenen. Dort passiert das, was in deutschen Unternehmen viel zu selten passiert: Die Verknüpfung von Event und Involvement zum „Invent“. Hier vollzieht sich ein Quantensprung, der Unternehmen nach vorne bringt: Commitment zum Unternehmen entsteht einzig und allein durch selbst erlebte und durchlebte Invents. Dafür steht eine bekannte Formel, die manchem von Einsteins Relativitätstheorie her bekannt vorkommen mag: $E = mc^2$. Wobei E für Event, M für Motivation und C für Commitment stehen. Das heißt: Events wirken erst durch das Äquivalenz-Produkt aus Motivation und Commitment:

$$E = mc^2$$
$$\textit{Event} = \textit{Motivation x Commitment}^2$$

Vom Event zum Invent, oder: Was der Theaterregisseur Augusto Boal mit Events zu tun hat

Klassische Empfänge und Galas, wie das 150jährige Jubiläum des Versicherungsunternehmens, sind etwas für Honoratioren, die sich an edel gedeckten Achtertischen wohl fühlen. Und sich bei Smalltalk – bei 78er Brunello zum Lamm-Carré an Rosmarin-Jus – auch wohl fühlen können. Denn Probleme haben sie keine. Nicht, dass nicht alle Mitarbeiter gerne lecker essen oder gut trinken würden, doch sie entlarven das Ganze zu schnell als das, was es ist: Panem et circenses: Brot und Spiele fürs Volk.

Das Volk rebelliert. Will nichts almosenhaft vorgesetzt bekommen, wenn Probleme den eigentlichen Alltag bestimmen. Probleme mit der Unternehmenskultur oder -philosophie, mit der Haltung und den Aktionen von Vorgesetzten, mit Entscheidungen und deren scheinbarer Willkürlichkeit, mit der Arbeit im Team, mit Hierarchien, mit Selbstverantwortung oder Fremdbestimmung oder aber mit sich selbst. Mit der eigenen Karriere oder Stagnation, mit fehlendem Zeitmanagement, mangelnder Kreativität, mit Angst, Zaudern, Unsicherheit, Handlungsunfähigkeit.

Theater hat mehr mit Events und noch mehr mit Invents zu tun, als man auf den ersten Blick meinen könnte. Natürlich gleicht ein Event einer Aufführung. Selbstverständlich wird ein Event choreographiert und im Sinne guter Dramaturgie aufgebaut. Freilich wird mit den Mitteln guter Inszenierung gearbeitet, mit Licht und Schatten, Effekten und Überraschungen, mit Musik und Tönen, mit Schmeichelndem für alle Sinne, ob Auge, Ohr, Mund oder Hand. Doch Events gehorchen einer anderen, weit grundlegenderen Dramaturgie, die bereits in den 70er Jahren von Augusto Boal – dem brasilianischen Theaterregisseur und Theaterguru – „erfunden“

wurde und auch heute nur von wenigen Spezialisten für Eventmarketing angewandt wird. „Normale“ Events sind eben weit weniger Arbeit. Aber: Sie bringen dem Unternehmen auch weit weniger, schon gar keinen „return on investment“.

Wenn Topmanager und Event-Spezialisten auch nur den Kernsatz Boals „Ich weiß, dass ich nicht klüger bin als meine Zuschauer“ beherzigen würden, wäre schon viel gewonnen. Noch mehr wäre allerdings erreicht, wenn die tradierte Beziehung „Eventveranstalter/Unternehmen“ auf der einen Seite und „Mitarbeiter“ auf der anderen Seite neu definiert würde. „Ich war wie alle anderen ein Künstler in der Klausur seiner Theaterrituale, seiner Vorurteile und üblichen Lügen“, schaut Boal düster in seine eigene Vergangenheit. „Ich begann, die alte Beziehung Schauspieler/Zuschauer zu verachten, genau wie jedes andere Subjekt/Objekt-Verhältnis, das einen Menschen dazu verurteilt, Zuschauer des anderen zu sein, des anderen, der immer mehr zum Übermenschen, zum Menschenfeind wird.“

Genau so kommt einem „kleinen“ Angestellten mit 42 000 Mark Jahresgehalt zuzüglich Weihnachts- und Urlaubsgeld und von seiner Gewerkschaft erkämpfter 1,5prozentiger Lohnerhöhung ein Event vor, bei dem 750 000 DM an einem Abend in die Luft gepustet werden. Wenn diese 750 000 Mark ihm allerdings das Gefühl vermittelt hätten, für sich selbst eine Erkenntnis gewonnen zu haben, einen Mehrwert bekommen zu haben, der ihn persönlich in seinem (Arbeits-)Leben weiterbringt, ihn berührt, aufweckt, ihn motiviert und als das nimmt, was er ist: Ein wertvoller Mensch, der sich mit all seiner Kraft engagieren will. Für sein Unternehmen. Für seine Arbeit. Und damit nicht zuletzt für sich selbst.

Genau hier brechen die Dramaturgien klassischer Events, die aufgrund ihrer Strategie nie den dialektischen Sprung zum Invent schaffen können. „Dem Zuschauer wird ein fertiges Kunstprodukt vorgeführt, das ohne sein Zutun entstanden ist“, sagt dazu Boal. „Wir schafften darum den herkömmlichen Theaterproduzenten und -zuschauer ab und machten das Volk zum Produzenten seines eigenen Theaters.“ Denn Theater- oder in unserem Falle Eventmachen muss doch nicht heißen, dass „Produzenten einem Konsumenten eine Ware verkaufen". Nur kommt es einem oft so vor, dass Events durch schiere Größe, Wucht und Luxus die Gäste erschlagen sollen: Masse statt Klasse.

Weit sinnvoller ist: Interaktion statt Reaktion. Denken statt Berieselnlassen. Agieren statt Rezipieren. Dieser Ansatz macht aus Events Invents. Macht aus „Feiern" einen Fokussierpunkt für eine positive Entwicklung im Sinne des Change-Managements.

Doch auch hier ist der Event nur ein Punkt in einer Entwicklung, die sich wie ein ganz gewöhnlicher Haarzopf darstellt.

Der Event ist die dichteste Stelle, an der alles oder vieles bisher Geleistete (oder Versäumte) kulminiert. Diese Verdichtung muss nun nach vorne und hinten gestreckt, kräftig prolongiert werden. In die Vergangenheit, um die Gegenwart und Zukunft erklären zu können. Vor allem aber in die Zukunft, um das bei einem Event Erreichte vertiefen und – im besten Sinne des Wortes – formen zu können.

Von der Erwachsenen-Pädagogik zur Unternehmens-Talkshow

Gerade die Verknüpfung von Event und Motivation ist eine Strategie der Zukunft. Nur eine, die bisher leider nur zu oft an den Systemen und sehr hierarchischen Unternehmensstrukturen scheitert. Die Personalentwicklung war lange Zeit eine reine und ursächliche Sache der Personalabteilung. Marketing und Vertrieb konnten dabei selten steuernd eingreifen. Doch die Rezession (sie hat mehr Gutes, als man denkt) und die wachsende Gleichberechtigung der operativen Abteilungen schaffen langsam eine Öffnung, eine zaghafte Hinwendung zu ganzheitlichen Strategien, die Events und Motivation in einen ursächlichen und zeitlichen Zusammenhang setzen. Das sind keine rein technokratischen Methoden-Seminare mehr, sondern auf Unternehmen und deren Anforderungen zugeschnittene Workshops zur Lösung der dringendsten Probleme mit Vorgesetzten und Mitarbeitern – als Individuen und im Team.

An dieser Stelle setzt eine komplexe Motivationsstrategie an, bei der Events und Motivation vernetzt werden. Und zu der auch Boal einen Beitrag, eine Technik hat: Das „Unsichtbare Theater". Bei diesem Instrument wissen die Zuschauer – die Mitarbeiter – nicht, dass sie Zuschauer sind, und sind daher gleichzeitig auch Akteure. Boal: „Sie agieren gleichberechtigt mit den Schauspielern, die ihnen nur eines voraus haben: Sie wissen, was gespielt wird. Zugleich werden die Schauspieler zu Zuschauern." Dieses Theater und dieser Motivations-Event, die sich von ihren traditionellen Ritualen der Erwachsenen-Pädagogik befreien, brauchen nicht die Bühne als Schauplatz: „Jeder Schauplatz wird zur Bühne für die Dauer der Handlung."

Der neue Typus der Motivation innerhalb der Personalentwicklung ist ein ganz einfacher und auch sehr moderner, an dem Boal seine hellste Freude hätte: Weg von der „Erwachsenen-Schulbildung" hin zu interessanten, mitreißenden Workshops mit Entertainment-Charakter. Weg von der „Flipchart-Misshandlung" hin zu emotionalen, packenden und involvierenden Events. Moderne Unternehmen brauchen mitreißende Workshops statt langweiliger Flipchart-Präsentationen. Manager von heute wollen packende Talkshows statt dröger Pädagogik und psychologisch durchsichtiger Therapie. Mitarbeiter von heute benötigen individuell auf Unternehmen und handelnde Personen maßgeschneiderte Mehrwert-Angebote statt ewig gleicher Trainings. Aber genau das beherrscht die Trainer-Gilde allein einfach nicht. Denn dazu braucht es das Wissen um Inszenierung, Dramatik, Faszination und Einzigartigkeit. Und deshalb braucht es die Synergie und vor allem die gegenseitige Befruchtung von Personaltraining und Event, von zwei Dienstleistern der Unternehmen, die bisher eigentlich nur recht wenig miteinander zu tun hatten.

Auch hier lautet der Schlüsselbegriff der Zukunft „Involvement". Denn nur durch innere Bewegung, durch aktive Auseinandersetzung und vor allem durch das Erleben von Situationen – beispielsweise Outdoor, Grenzerfahrungen oder Improvisations-Theater (Boal lässt grüßen) – entwickeln sich Menschen als Einzelpersonen und im Team weiter.

Das System basiert rein auf dem Prinzip des selbstverantwortlichen Handelns und dem Erleben und Verstehen sowie Finden und Annehmen selbstgefundener Spielregeln. Denn erst Selbsterfahrungen, die den Menschen in seiner gesamten Person involvieren, schaffen jene erlebbaren Commitments, die in Menschen auch etwas bewegen und auslösen. Und genau das brauchen Unternehmen von heute: Mitarbeiter, die sich zu einer Aufgabe, einem Unternehmen, einem Stil, einer Philosophie oder zu einem Team bekennen.

Dieses durch Involvement geschaffene, erlebte und dadurch aus eigenem Willen verinnerlichte Commitment ist dann auch mehr eine betriebswirtschaftliche Größe denn eine Frage der Mitarbeiterentwicklung. Denn Effizienz und Engagement heißen die Zauberworte erfolgreicher Unternehmen. Und diese Zauberworte entstehen nur in den Köpfen von Mitarbeitern, die sich aufgrund eigenen Erlebens und eigener Selbstverantwortung innerhalb selbstgefundener Spielregeln committen – für ein Unternehmen, für eine Aufgabe. Oder aber dagegen. Auch das kommt vor und ist besser als ein Mitarbeiter, der das Team durch seinen Missmut, seine eigene Unzufriedenheit und negative Stimmung demotiviert.

Planung und Eingliederung von Events in Unternehmens-CI

Viel zu wenige Unternehmen, die Events planen, gehen strategisch vor. Es gibt kein Budget, kein Ziel, kein Motto, keine Verantwortlichen auf Top-Ebene. Ausnahmen bestätigen die Regel. Doch landläufig begegnet man eher Zufalls-Aktionen als strategischen Maßnahmenpaketen. Noch viel zu selten wird ein Event als das verstanden, was es ist: Ganz normaler Bestandteil einer komplexen und vernetzten Kommunikationspolitik. Aber ein Bestandteil, der weit mehr ist als ein „Feier-Abend“, weit mehr als nur ein „Fest für Mitarbeiter und Kunden“: Ein Event kann ein sehr wichtiger initiierender Impuls sein. Wenn (!) er als solcher angelegt ist.

Richtig verstandene Events sind schon lange keine Bonbons mehr für Mitarbeiter oder Kunden, sind keine lästigen Pflichten oder plumpe Gelegenheiten, den Vorstand in Szene zu setzen, sondern ein wichtiger Meilenstein innerhalb der Unternehmenskommunikation – ein Stein, der ins Wasser geworfen seine Kreise zieht – intern wie extern. Und der, damit keine unliebsamen Interferenzen auftreten, am besten in ein breit gefächertes Maßnahmenpaket von Motivation bis Public Relations eingebunden ist. Diese Einbindung schafft eine Metaebene, bei der dann auch die vier wichtigen „I"-Schlagworte guter Events richtig angebracht sind: Initiierung, Integration, Interaktion, Involvement.

Diese strategischen Events müssen natürlich in die Corporate Identity und die Corporate Culture eines Unternehmens eingebunden sein. Natürlich zählen dazu Details wie Firmenfarbe, -schrift, Logotype, Motto und Philosophie. Doch weit wichtiger sind die soften Faktoren, die ungeschriebenen Verhaltensweisen, das – neuhochdeutsch – „behaviour" eines Unternehmens. Deshalb wird nicht nur der Schulterschluss zwischen Event und Motivation notwendig, wie es zum Beispiel bei LIVING MEDIA Interact (Events) und LIVING MEDIA Motivation (Mitarbeiterentwicklung, Training, Motivation) der Fall ist, sondern verstärkt auch die Verbindung zu und die enge Kooperation mit CI-Agenturen. Denn mehr und mehr ist es nötig, neu zu implantierende oder sich aufgrund von „Mergers and Acquisitions" ändernde Unternehmens-CIs und -Leitlinien nicht nur zu entwerfen und zu formulieren, sondern auch durchzusetzen und im Unternehmen zu verankern – oft über Jahre hinweg.

Neben den harten und soften Faktoren gibt es einen weiteren und meist vergessenen Fakt: Den Stil. Zu einem Produktionsunternehmen passt nun mal besser ein bodenständiges Einweihungsevent in einer Fertigungshalle als eine edle Gala in der Semper-Oper.

Doch was genau zu welchem Unternehmen passt und was nicht, zeigt erst die langjährige Erfahrung eines Generalisten in Sachen Event. Der vermag einen wie auch immer gearteten Unternehmensstil zwar nicht auf einen Blick zu erkennen, besitzt aber das Instrumentarium und das Know-how, für jedes Unternehmen, für jeden Stil und für jeden Anspruch den adäquaten Rahmen und vor allem die passende Strategie zu finden.

Grundfalsch ist es auf jeden Fall, sich einen Schuh anzuziehen, der eine Nummer zu groß oder aber eine Nummer zu klein ist. Beides ist gleich schmerzhaft. Denn wenn der Stil eines Events von dem des Unternehmens so stark abweicht, dass die Mitarbeiter oder Kunden falsche kommunikative Signale empfangen, gibt es Irritationen oder noch Schlimmeres: Des-Orientierung, Des-Information, Des-Illusionierung.

Genau aus diesem Grund gibt es eigentlich keine notwendigen oder nicht-notwendigen Events, keine drögen oder engagierten, sondern nur zwei Kategorien: Es gibt nur gute und schlechte Events. Das Entweder-Oder hängt jedoch nicht von Butterbrot und Brezn, Bier oder Wein, Sekt oder Champagner, Würstel oder Hummer ab, sondern von der Strategie und der Stimmigkeit, deren Zusammenspiel entweder Glaubwürdigkeit schafft oder aber Desorientierung erzeugt. Auf Kosten des Unternehmens. Aber auch und besonders auf Kosten der Mitarbeiter oder Kunden.

Aus Schein wird Wirklichkeit

Die Gäste – rund 1 000 Mitarbeiter und Kunden eines Versicherungsunternehmens – werden mit edlen VIP-Fahrzeugen am Bahnhof und Flugplatz in Empfang genommen. Livrierte Chauffeure parkieren die Fahrzeuge von Selbstanreisenden. Ein roter Teppich führt ins Entree einer stilvoll dekorierten Halle. Lichter leuchten, Stimmung kommt auf, erste Kanapees werden gereicht. Champagner, Bier und Saft fließen. Smalltalk macht sich breit. Bunt gemischt unterhalten sich Manager in dunklem Tuch und deren Ehefrauen in langen Roben mit einer eher lockeren Schar, dem Außendienst – froh, sich mal austauschen zu können über dies und jenes.

Schnitt. Das Beispiel, die Szenerie kommt bekannt vor. Jedoch sind Kleinigkeiten anders. Und: Gerade die Details bestimmen den Erfolg oder Misserfolg eines Events. Wenn es denn Grenzen zwischen Innen- und Außendienst gibt, dürfen diese nicht fortgeschrieben werden, sondern müssen – natürlich möglichst behutsam – aufgebrochen werden. Durch eine gewollte Begegnung im Foyer, durch eine inszenierte Vermischung bei Tisch, durch Gesprächsmoderatoren, die die Tischgespräche im Fluss halten und jeden am Tisch einbeziehen. Wenn das alleine nicht reicht, müssen Motivations-Events vor- und nachgeschaltet werden. Outdoor-Trainings zum Beispiel mit gemeinsamen Abseilübungen, wo sich jeder auf jeden verlassen muss. Oder Orientierungs-Wanderungen, wo jeder seine speziellen Fähigkeiten in ein Team einbringen kann.

Auf der Bühne beginnt eine ästhetisch choreographierte Show rund ums Hauptthema des Abends. Klassische Musik aus den Gründerjahren des Unternehmens setzt ein. Der Vorstandsvorsitzende taucht im dunklen Dreiteiler im Spotlicht auf und hält eine knappe, prägnante Rede, in der vom „Aufbruch ins Neue Jahrtausend" die Rede ist, während draußen vor den Fenstern Hunderte von weißen Ballons gen Himmel schweben. Und spricht ehrlichen und offenen Blicks – unterstützt durch absolut freie und rhetorisch brillante Rede – von „unserem Erfolg" und „unserer Unternehmenskultur". Nickt hier jemandem zu, nimmt dort mit einem anderen Blickkontakt auf und eröffnet eine Talkrunde, an der Vorstand, Topmanager, Betriebsräte und einfache Angestellte, aber auch Kunden und Lieferanten bunt gemischt teilnehmen und offen und ehrlich parlieren und die Runde öffnen zu einem engagierten Saal-Gespräch.

Was ist geschehen?

Nach der Beauftragung und dem Briefing der Event-Agentur hat die Agentur ein Event-Konzept vorschlagen, das auf einer Untersuchung basiert, die im Unternehmen selbst durchgeführt werden musste. Im weiten Vorfeld wurde durch einen Event-Scout eine empirische Erhebung gestartet, um die Durchsetzung von Visionen und Leitlinien, aber auch Fakten bezüglich Zufriedenheit, Selbstverantwortung, Führungsstil und Teamgeist sowie Chancen und Herausforderungen, aber auch Ideen und Verbesserungsvorschläge zu eruieren.Aufgrund des Briefings und des durch Erhebung und Event-Scout notwendig gewordenen Rebriefings wurde eine Strategie entwickelt, die für das oben beschriebene Event auf folgenden Pfeilern basiert:

- Edler, aber dem Unternehmen angemessener Rahmen,
- gemischte Sitzordnung,
- Stärkung des Selbstwertgefühls (Choreographie aus der Historie),
- zukunftsträchtige Metaphern (steigende Ballons),
- offene Talkrunde und Mitsprachemöglichkeit für alle.

Doch ein Singulär-Event ist zu wenig. Nun muss das, was an einem Abend angelegt, angetreten und in Bewegung gesetzt worden ist, verstärkt werden. Das geschieht wiederum durch die strategische Vernetzung von Event und Motivation, die auf den Erkenntnissen und der Arbeit einer durch Vertreter aller Hierarchien und der Event-Agentur besetzten Involvement-Development-Group basiert.

In dieser nur dem Vorstand unterstellten Arbeitsgruppe wird gemeinsam ein über zwei Jahre angelegter Maßnahmenkatalog für die Einbindung aller Mitarbeiter und Unternehmensbereiche für Motivationsmaßnahmen wie Events oder Incentives erarbeitet.

Dieser konzertante Motivations-Reigen soll dafür sorgen, dass sich die Mitarbeiter zum Unternehmen bekennen. Jedoch nicht durch Überzeugungsarbeit von außen, sondern durch Selbsterfahrung von innen. Jede Erkenntnis, die selbst gewonnen ist, ist tausendmal wichtiger als eine angenommene Lehrmeinung.

Die geplanten „Verstärkungs-Events" können aufgegliedert sein nach Hierarchien oder Abteilungen (zum Beispiel Innen-/Außendienst), aber auch bunt gemischt werden, um die Teamfähigkeit zu erhöhen. Selbstverständlich sind sie zugeschnitten auf die jeweiligen Probleme und Herausforderungen und bieten ein erhebliches Plus: Nämlich einen hohen persönlichen Mehrwert für jeden Teilnehmer. Ob Selbsterfahrung, Grenzerfahrung oder Selbstverantwortung und Commitment – jeder Teilnehmer nimmt aus einem derartigen Ereignis eine persönliche Erkenntnis mit, auch wenn sie heißen mag: „Love it, change it, leave it."

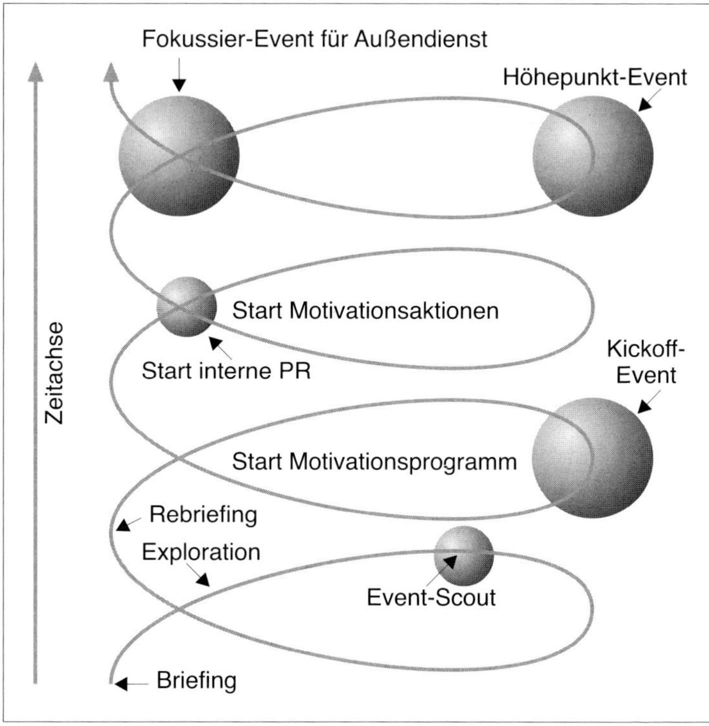

Abbildung 10: Event-Maßnahmen-Schleife

5. Kapitel

Interne Kommunikation und Unternehmenskultur

Die Unternehmenskultur bildet den Resonanzboden für die Interne Kommunikation und bestimmt wesentlich die Art und Weise, in der im Unternehmen miteinander kommuniziert wird. Deshalb ist ihre Berücksichtigung für die Planung sowie den taktischen und strategischen Einsatz interner Maßnahmen von größter Bedeutung. Umgekehrt wirkt sich die Qualität der Internen Kommunikation auch auf die Kultur eines Unternehmens aus. So wird Interne Kommunikation zu einem Spiegel der Unternehmenskultur und zugleich zu einer ihrer wichtigsten Voraussetzungen.

Partnerschaftliche Unternehmenskultur und die Rolle von Information und Kommunikation

Forschungsergebnisse der Bertelsmann Stiftung und der Hans-Böckler-Stiftung

von Michael Stäbler, Bertelsmann Stiftung

Zum Begriff der partnerschaftlichen Unternehmenskultur

Grundlagen des Konzepts „Partnerschaftliche Unternehmenskultur"

Die Bertelsmann Stiftung und die Hans-Böckler-Stiftung engagieren sich seit 1992 gemeinsam in dem Themenfeld der Unternehmenskultur. Dabei konzentrierten sich die gemeinsamen Aktivitäten zu Beginn auf ein praxisorientiertes Forschungsprojekt mit der Gesamthochschule Kassel. Dabei sollten Fragen beantwortet werden wie beispielsweise: Welche Bausteine weist eine zukunftsorientierte Unternehmenskultur auf? (Beyer/Fehr/Nutzinger 1994, Seiten 7-10).

Dabei zeigte der Blick in die Praxis, dass die nachhaltige Bewältigung neuer Herausforderungen in denjenigen Unternehmen besser gelang, in denen eine partnerschaftliche Unternehmenskultur gelebt und gepflegt wurde. Aus den Forschungsergebnissen entstanden mehrere Publikationen sowie Folgeaktivitäten, die heute noch aktuell sind. So bieten die beiden Stiftungen unter anderem ein erfolgreiches Qualifizierungs- und Beratungsprogramm an. Um eine effizientere Prozessgestaltung zu ermöglichen und ein Lernforum Unternehmenskultur anbieten zu können, entwickelt die Bertelsmann Stiftung augenblicklich einen „Monitor Unternehmenskultur". Die Ergebnisse einer Umfrage, die für die zweite Auflage des „Handbuchs Unternehmenskultur" durchgeführt wurde, lassen auf die hohe unternehmerische Bedeutung einer partnerschaftlichen Unternehmenskultur schließen.

Elemente einer partnerschaftlichen Unternehmenskultur sind:

- Gemeinsam getragenes Leitbild,
- umfassende Information und offene Kommunikation,
- partnerschaftliche Zielvereinbarungsprozesse,
- strategische Personalentwicklung,
- kooperative und partizipative Führung,
- beteiligungsoffene Produktions- und Arbeitsformen (Teamarbeit, Gruppenarbeit etc.),
- Gewinn- und/oder Kapitalbeteiligung für die Mitarbeiter,
- Konfliktfähigkeit und Lern- sowie Veränderungsbereitschaft.

(aus: Beyer/Fehr/Nutzinger 1994, Seite 35)

Es gilt an dieser Stelle zu klären, welches Konzept den Untersuchungen zur partnerschaftlichen Unternehmenskultur zugrundeliegt.

Theoretische Fundierung und Konzept einer partnerschaftlichen Unternehmenskultur

Von einer partnerschaftlichen Unternehmenskultur als Gestaltungsideal auszugehen, setzt voraus, dass eine Organisation spezifische Ausprägungen kultureller Elemente in gleichem Maße wie die Ausprägung einer Strategie oder einer Struktur besitzt. Das Vorhandensein unternehmenskultureller Elemente und deren Ausformung manifestieren wiederum Werte von Teilnehmern der Organisation.

Die zugrundeliegenden Werte und Einstellungen werden von den Teilnehmern der Organisation eingebracht. Doch lediglich die Manifestationen, die Kulturelemente an sich, sind direkt veränderbar. Ein Leitbild oder ein Führungssystem kann verändert werden. Zugrundeliegende Werte entziehen sich jedoch direkter Veränderung. Elemente einer Unternehmenskultur können allerdings in einem kommunikativen Prozess des organisationalen Wandels gestaltet werden. Dieser Wertewandel wird durch die Interaktion von partnerschaftlichen Elementen – wie zum Beispiel partizipativer Führung und zugrundeliegenden Werten – angeregt und gefördert. Den Teilnehmern der Organisation werden dadurch Hilfestellungen beziehungsweise Handlungsalternativen angeboten. Sie werden angeregt, andere Handlungsweisen auszuprobieren und ihre Werte zu reflektieren.

Die Gestaltungselemente, die eine partnerschaftliche Unternehmenskultur zum Ausdruck bringen, basieren auf der Grundhaltung, dass jeder Mitarbeiter nicht nur leistungsfähig, sondern auch leistungswillig ist, wenn ihm die angemessenen Rahmenbedingungen zur Verfügung stehen. Das setzt ein Umfeld voraus, welches Freiräume schafft und Vertrauen sowie Verbindlichkeit zwischen den Akteuren aufbaut.

Partnerschaftliche Unternehmenskultur ist nur eine mögliche Ausprägung von Unternehmenskultur. Sie bezieht sich auf ganz bestimmte Werte und postuliert, dass eine partnerschaftliche Ausprägung der Unternehmenskultur ein erfolgreiches Muster für vitale Unternehmen darstellt.

Im Zuge der Aktivitäten der beiden Stiftungen zum Thema partnerschaftliche Unternehmenskultur wurde dabei immer wieder deutlich, dass das Element „Information und Kommunikation" einen zentralen Platz in der Unternehmenskultur einnimmt. Der Stellenwert von Information und Kommunikation in der partnerschaftlichen Unternehmenskultur lässt sich mit dem Blutkreislauf im Körper, mit der Bedeutung des Wasser auf der Erde vergleichen.

Elemente einer partnerschaftlichen Unternehmenskultur

Die folgende Auflistung der Elemente einer partnerschaftlichen Unternehmenskultur soll Aufschluß darüber geben, auf welche Weise das Element „Information und Kommunikation" zu einer partnerschaftlichen Unternehmenskultur beiträgt. „Information und Kommunikation" stellt zwar ein Element einer partnerschaftlichen Unternehmenskultur dar, liegt aber eher quer zu den anderen Elementen.

Im weiteren Verlauf des Beitrags werden die hier aufgeführten Elemente einer partnerschaftlichen Unternehmenskultur in ihrem Zusammenwirken genauer beleuchtet. Die Abfolge der Elemente stellt somit auch eine inhaltliche Gliederung des Textes dar.

Leitbild: Bei der Erarbeitung eines Leitbildes entstehen unzählige Möglichkeiten, sich innerhalb eines Unternehmens über die Ziele, die Wege und das Miteinander zu informieren und einen Konsens abzustimmen.

Das Leitbild selbst informiert die Mitarbeiter, die Kunden, die Lieferanten, die Öffentlichkeit und kommuniziert das Selbstverständnis und die Handlungsweise der Organisation.

Zielvereinbarungen: Die konkreten Ziele werden auf Basis der kommunizierten Strategien und Oberziele vereinbart. Sie dienen der Führungskraft und dem Mitarbeiter als informatorische Grundlage für Leistungskorridore und Handlungsrahmen.

Partizipative Führung: Die Beteiligung der Mitarbeiter an der Leistungserbringung fordert eine transparente Teilung der Kompetenzen, der Verantwortung und der zielführenden Informationen.

Lern- und Veränderungsbereitschaft: Information beziehungsweise Feedback liefern Aufschluss über menschliches Verhalten. Lernen bedeutet – vereinfacht ausgedrückt – Veränderung. Um sich zu verändern, muss dem Menschen ein handlungsrelevanter Anreiz kommuniziert werden.

Beteiligungsoffene Arbeitsformen: Beteiligungsoffene Arbeitsformen bedeuten die verstärkte Übernahme von Tätigkeiten und Verantwortungen in eher dezentralen Einheiten. Dies funktioniert nur bei sachgerechtem Informationsfluss.

Kapitalbeteiligung: Mitarbeiter, die an ihrem Unternehmen beteiligt sind, haben einen größeren Bedarf an Informationen über die Situation ihres Unternehmens. Sie zeigen nicht nur mehr Interesse, sondern entwickeln auch wesentlich mehr Verständnis für unternehmerische Entscheidungen.

Strategische Personalpolitik und Mitarbeiterqualifizierung: Auf Basis der Zielvereinbarungen werden die individuellen Stärken und Schwächen zwischen Führungskraft und Mitarbeiter kommuniziert. Eine darauf aufbauende strategisch und individuell relevante Weiterqualifizierung erhält dadurch Transparenz, Verständlichkeit und Verbindlichkeit. Voraussetzung für gegenseitige Verbindlichkeit ist allerdings eine konsistente und strategisch verankerte Personalpolitik, die von einem glaubwürdigen Personalmarketing bis zu einem systematischen Beschäftigungsmanagement reicht.

Die Aufzählung verdeutlicht die zentrale Rolle Interner Kommunikation in einer partnerschaftlichen Unternehmenskultur. Ein partnerschaftlicher Umgang verlangt eine bestimmte Qualität der Internen Kommunikation, nämlich vertrauensvolle Kommunikation.

Vertrauen als Basis einer Partnerschaft

Wie oft erleben wir Situationen in unserem Berufsleben, in denen wir uns auf der Basis von suboptimaler Information entscheiden (müssen) und die getroffene Entscheidung sich hinterher als schlecht herausstellt?

Es stellt sich die Frage, ob wir uns durch eine rechtzeitige Verständigung über unsere Situation und Zielmatrix nicht wesentlich besser stellen könnten. Das Gefangenen-Dilemma – ein Beispiel aus der Spieltheorie – kann für den beruflichen Alltag manchen Erkenntnisgewinn beispielhaft zutage fördern. Das Gefangenen-Dilemma sei an dieser Stelle kurz erläutert. Ausgehend von rationalen Akteuren stellt sich zwei Gefangenen die Wahl,

- den Mitgefangenen zu verraten und dafür entlassen zu werden oder
- ihn zu decken und eine harte Strafe zu riskieren, falls er selbst von dem Mitgefangenen verraten wird, oder
- im Falle der Kooperation (beide Gefangene bleiben schweigsam) nur eine geringfügige Strafe wegen eines kleineren Delikts zu kassieren.

Das Gefangenen-Dilemma wird zum Dilemma, wenn sich die Gefangenen nicht über ihre Zielmatrix/Zielhierarchie austauschen (können). Ähnliche Informationssituationen kommen regelmäßig in Verhandlungen und Teams vor. Das Ergebnis für die Individuen wie auch die Organisationen sind in jeder Hinsicht suboptimal und weit weg von einer sogenannten „Win-Win-Situation", in der jeder Beteiligte einen Nutzen aus der offenen und vertrauensvollen Kommunikation hat. Die Spieltheorie hat in weiteren Versuchen langfristig erfolgreiche Kooperationsregeln identifiziert. Die Empfehlung lautet, dass jede Interaktion vertrauensvoll beginnen und im weiteren Verlauf einem „Wie du mir, so ich dir" folgen sollte. Diese Empfehlung ist allgemein unter „Tit-for-tat" bekannt.

Vertrauensvolle Information hat nicht nur in Teamsituationen eine Bedeutung. Sie spielt auch in der Ordnung der Gesamtunternehmung eine wichtige Rolle.

Warum sind Information und Kommunikation in Unternehmen mit dezentralen Strukturen so wichtig?

Handelnde brauchen Orientierung

In den letzten Jahren nahm die Dynamik auf den Märkten zu, sei es durch massiven Preisdruck oder durch die verstärkte Notwendigkeit, laufend innovative Lösungen auf dem Markt platzieren zu müssen. Die Leistungserstellung orientiert sich immer mehr an der „individualisierten Massenfertigung", das heißt: Maßgeschneiderte Lösungen zu Preisen der Massenproduktion.

Sich näher an den Bedürfnissen ihrer Kunden zu orientieren können Unternehmen durch dezentrale Strukturen und eine innovative Kommunikationskultur erreichen. Mit der Zunahme von Dezentralität entsteht innerhalb einer Organisation jedoch die Gefahr, dass die zentrifugalen Kräfte die zentripedalen überwiegen. Unterschiedliche Kräfte können in der Folge in divergierende Richtungen streben und eine kaum zu kontrollierende Eigendynamik entwickeln.

Kann ein Leitbild orientieren?

Schriftlich niedergelegte Orientierungen, die konsistent gelebt und regelmäßig aktualisiert werden, können eine Orientierungsfunktion übernehmen. Sie manifestieren und kommunizieren die Unternehmensziele, die Ziele des täglichen Handelns und die Grundwerte, die dieses Handeln bestimmen. Sie vermitteln eine Soll-Vorstellung und können als informatorischer Kit ein wichtiges Gegengewicht zu den zentrifugalen Kräften in einer dezentralen Organisation ausüben.

Aber nicht nur in dezentralen Strukturen, auch in zentral organisierten Einrichtungen verlangen die Akteure nach einer Orientierung. Eine authentische Orientierung kann nur vermittelt werden, wenn der Bezug zu verlässlichen Daten vorhanden ist.

Dabei ist es oftmals gar nicht so einfach, selbst wenn der Wille zur Information und Kommunikation vorhanden ist, auf derartige Daten zurückzugreifen. Es kann an entscheidenden betrieblichen Kennzahlen fehlen, die eine Fortschreibung oder Umorientierung der unternehmerischen Aktivitäten verdeutlichen. Es kann auch an klaren Vorstellungen fehlen, die einer Handlungsorientierung zugrundegelegt werden könnten. Ganz zu schweigen von weichen Zielen, die sich nicht so einfach in harten Fakten ausdrücken lassen. Hierzu soll in diesem Zusammenhang auf die Literatur zum Thema der „Balanced Scorecard" (englisch: ausbalanciertes Berichtswesen) verwiesen werden. Dort werden in Form einer Matrix vier Zieldimensionen von der Ebene der strategischen Ziele auf die Ebene möglicher Kennzahlen(-ziele) dekliniert. Die Zieldimensionen umfassen dabei die Finanz-, Kunden-, unternehmensinterne und die Lern-/Entwicklungsperpektive. Werden mit Hilfe der „Balanced Scorecard" Ziele formuliert, verfügen die Akteure der Unternehmung zum einen über eine hervorragende Datenbasis und zum zweiten über eine Grundlage für die spezifische Ausformulierung der konkreten Handlungsziele sowie der Handlungskorridore. Auf dieser Grundlage können nun auch die Ziele des Führungsverhaltens, der externen und internen Kundenorientierung sowie der Qualitätsstandards angegangen werden. Eine Form der Orientierung für die Handlungsausrichtung der Akteure kann zum Beispiel ein gemeinsam erarbeitetes Leitbild sein (Kaplan/Norton 1997).

Enstehungsprozess einer tragfähigen Handlungsorientierung

Mit der Skizzierung der Entwicklung eines Leitbilds soll beispielhaft die Entstehung einer tragfähigen Handlungsorientierung aufgezeigt werden. Da ein Leitbild als Handlungsorientierung für alle Mitarbeiter einer Unternehmung fungiert, sollten sich idealiter möglichst alle Mitarbeiter einer Unternehmung an der Formulierung beteiligen können. Es ist empfehlenswert, als ersten Schritt eine inhaltliche Orientierung von der obersten Managementebene zur Verfügung zu stellen.

Auf Basis dieser strategischen Orientierung wird in einem zweiten Schritt von einem repräsentativen Arbeitskreis ein erster Entwurf eines Leitbilds erarbeitet. Der Entwurf wird den Führungskräften zur Diskussion zur Verfügung gestellt. Nach der Einarbeitung dieser Reaktionen wird der aktualisierte Entwurf den Mitarbeitern kommuniziert und von diesen in verschiedenen Arbeitskreisen überarbeitet. Der Leitbildentwurf wird wiederholt so lange überarbeitet, bis eine möglichst große Übereinstimmung aller Beteiligten erreicht ist. Dabei geht es um das gemeinsame Tragen des Prozesses und des Ergebnisses.

Ein solcher Prozess ist hochgradig kommunikativ und lebt von der Transparenz und Information, die den Beteiligten zur Verfügung gestellt wird. Die Beteiligten, seien es die Mitarbeiter oder das Management, sind darauf angewiesen, dass sie vollständige Informationen zur Unternehmenssituation, Unternehmensstrategie, Marktausrichtung und Marktplazierung oder auch zum Kundenfeedback und zur internen Kundenorientierung bekommen.

Symbolisches Management und Kommunikation

„Was man als realisierte Unternehmenskultur beobachten kann, ist vor allem eine raffinierte Pflege der Kommunikationsgewohnheiten des Unternehmens.“ (Baecker 1998) Die Akzeptanz bei den

Mitarbeitern und somit die Leistungskraft eines Instruments (wie des Unternehmensleitbilds) steht und fällt mit dem Grad der authentischen Einbindung und der Informiertheit der Beteiligten.

Schließlich beweist sich erst in der gelebten Realität, ob die Mitarbeiter und das Management die Orientierung als solche akzeptieren und leben. Hier setzt dann auch ein symbolhaftes Handeln des Managements ein, welches einen wechselseitigen Prozess initiiert. Das konsistente Kommunizieren, Vorleben und Weiterentwickeln der Handlungsziele sowie der Grundwerte einer Unternehmung durch das Management hauchen den in Papierform verewigten Leitbildern und Unternehmensverfassungen erst das notwendige Leben ein. Aber auch hier hätte die Symbolik des Vorlebens nur beschränkte Wirkung, wenn man nicht dem alten Spruch Folge leistete: „Tue Gutes und rede darüber!"

Die Interne Kommunikation bekommt hier eine zentrale Bedeutung: Sie soll das symbolhafte Handeln direkt und die Grundwerte und Handlungsorientierung indirekt vermitteln. Die Menschen innerhalb einer Organisation richten ihr Handeln mit einer größeren Wahrscheinlichkeit an gemeinsamen Werten und Zielen aus, wenn ihnen Letztere glaubwürdig kommuniziert werden.

Der gelungene Einsatz der Sprache im Führungsverhalten kann enorme Motivationspotentiale bei den Mitarbeitern ans Licht bringen. So macht es einen Unterschied, ob ich von „meiner Sekretärin" spreche oder von „meiner Mitarbeiterin". Ein Weiterbildungsangebot zum Thema „Kommunikation" zeigt den Mitarbeitern, welchen Stellenwert eine gelungene Kommunikation im Unternehmen einnimmt. Dies wird um so wichtiger, je deutlicher erkannt wird, dass nahezu jede Kommunikation einen „Führungsprozess" bedeutet.

Weshalb sind Information und Kommunikation beim Führungsverhalten so wichtig?

Die bisherigen Ausführungen zeigten, dass die gelebte Unternehmenskultur sich in der Qualität der Informationen, der Qualität des

Informationsflusses sowie dem Umgang der Menschen mit den Informationen zeigt. Wer oder was prägt diese Unternehmenskultur dann maßgeblich?

Grundsätzlich wird die Unternehmenskultur durch alle Mitarbeiter in alle denkbaren Richtungen ausgeformt. Im wesentlichen wird sie durch die Führungskräfte geprägt und gestaltet. Schließlich agieren Führungskräfte an exponierter Stelle und bieten sich als Reibungsflächen sowie Identifikationsfiguren an. Unternehmenskultur wird daher im Kern durch die Art und Weise des Interaktionsverhaltens der Führungskräfte geprägt.

Die wirtschaftliche Situation hat sich in den letzten Jahren stark verändert. Als strukturelle Reaktion entstanden neue Arbeitsformen wie Teamarbeit oder teilautonome Arbeitsgruppen. Dabei erhalten Mitarbeiter wie Führungskräfte neue Aufgaben. Es entstehen neue Anforderungen an das Interaktionsverhalten. Die Mitarbeiter sollen sich verstärkt selbst organisieren. Die Führungskraft soll diesen Prozess der Selbstorganisation moderierend erleichtern und weniger im klassischen Sinne führen. Selbstorganisation funktioniert im Austausch mit der systemrelevanten Umwelt, das bedeutet: Austausch von Informationen innerhalb und zwischen Subsystemen. Angemessenes Reagieren erfordert handlungsrelevante Informationen über das System selbst wie auch über die Umweltbedingungen. Das Team benötigt in diesem Fall eine Schaltstelle, einen „Information-Provider und Coordinator“, der die Informationen der Subsysteme der Umwelt filtert und koordiniert sowie zwischen den Subsystemen moderiert.

Im Grunde ist die Bezeichnung Führungskraft daher irreführend. Führungskräfte sind nicht mehr die Zugesel von früher, sie sind Filigrantechniker der persönlichen Interaktion. Sie sind innerhalb systemischer Austauschprozesse vorgenetzt geschaltet. Die Vorge-Netzten haben in bestimmten Situationen, zum Beispiel bei dringendem Handlungsdruck, durchaus die Aufgabe, die Mitarbeiter im klassischen Sinne zu führen, das heißt: Die Mitarbeiter zu motivieren, anzuleiten, den angemessenen Weg zu wählen und gegebenenfalls voranzuschreiten. Führen im traditionellen Sinne bedeutet

Führen soll hier verstanden werden als:

- Rahmen schaffen für flexibles Handeln und Lernen,
- Orientierung vermitteln durch die Kommunikation von Sinn und Werten,
- partnerschaftliches Verhalten vorleben,
- Information, Kompetenzen und Verantwortung delegieren.

aber nicht zwingend, Informationen zu teilen. Führen bringt nicht zwingend mit sich, die Geführten in einen wissenden Zustand zu versetzen, und impliziert keineswegs Selbstorganisation und Selbständigkeit bei den Geführten. Daher fehlt im klassischen Führungs- und Informationsverhalten der Führungskraft die Voraussetzung, um in komplexen und dynamischen Umwelten schnell und situationsadäquat handeln zu können. Um diese Voraussetzung zu schaffen würde die Führungskraft in einer partnerschaftlichen Unternehmenskultur daher treffender mit „Information Provider" charakterisiert werden.

Dem „Information Provider" stellt sich in einer partnerschaftlichen Unternehmenskultur die Aufgabe, den einzelnen Mitarbeitern und Teams eine qualitativ hochwertige Selbstorganisation zu ermöglichen.

Hierzu kann sich der Vorge-Netzte neben Informationsgesprächen, Einführungsgesprächen für neue Mitarbeiter und Rückkehrgesprächen mit Mitarbeitern nach langer Krankheit verschiedenster Kommunikationsforen bedienen. Eine kleine Auswahl soll hier vorgestellt werden:

Führungsgespräche: Jährliche Führungsgespräche ermöglichen dem einzelnen Mitarbeiter, Information über sein Verhalten, seine Leistungen, seine Fertigkeiten und Potentiale zu erhalten. Gleichzeitig ermöglichen Führungsgespräche dem Vorge-Netzten, Auskunft über die Hoffnungen, Befindlichkeiten und Ziele des Mitarbeiters zu bekommen. Diese gegenseitige Information stellt eine wichtige Voraussetzung für den partnerschaftlichen Umgang dar. Führungsgespräche helfen somit, die Mitarbeiter ihren Stärken ent-

Aufgaben der Führungskraft/des Vorge-Netzten:

- Systematische Qualifizierung sicherstellen und Mitarbeiter darüber informieren/einbeziehen,
- kurze Feedbackschleifen entwickeln, abstimmen und einrichten,
- Führungsinstrumente konsistent einsetzen,
- effektive Informationsvermittlung betreiben,
- interne Kommunikationsinstrumente entwickeln, abstimmen und anwenden,
- zielführende Arbeits- und Kommunikationsformen einrichten.

sprechend zu fördern und einzusetzen sowie den Mitarbeitern einen Handlungsrahmen zur Orientierung zu vermitteln.

Coaching-Gespräche: Bei aktuellem Anlass (Präsentation, Angebotslegung, Motivationstief) kann ein Vier-Augen-Gespräch Wunder wirken. Der Coach bietet beispielsweise konstruktives Feedback oder seine Hilfe bei der Suche nach einer Lösung an. Dabei ist der konstruktive und fördernde Umgang das zentrale Elemente. Von Feedback-Gesprächen mit Sofortwirkung bis zu langfristiger Orientierung durch das offene, konstruktive Feedback sind mannigfache Variationen denkbar. Wichtig ist, dass Coach und Coachee bestimmte Regeln beachten (Landsberg 1998).

Führungskräftebeurteilung: Die regelmäßige Führungskräftebeurteilung durch einzelne Mitarbeiter anonym oder – besser – offen und diskursiv durch das Team, informiert den Vorge-Netzten über positive Erfahrungen der Mitarbeiter mit ihm und verbesserungswürdiges Verhalten seinerseits. Konstruktive Kritik durch die Mitarbeiter gibt dem Vorge-Netzten frühzeitig Aufschluss über Verhalten, Formulierungen, Defizite, die von den Mitgliedern des Teams als demotivierend oder leistungshemmend wahrgenommen werden.

Die Pflege der Kommunikationsgewohnheiten sollte in jedem Fall auf Methode und Moral basieren. Die Führung eines Unternehmens, einer Abteilung oder eines Projektteams soll dabei auf Berechenbarkeit und Verlässlichkeit als Kommunikationsbasis zurückgreifen. Das bedeutet auch in einer partnerschaftlichen Kultur nicht die Pflege einer „Friede-Freude-Eierkuchen"-Mentalität, sondern das klare Aufzeigen eines Handlungskorridors und der erwartbaren Konsequenzen beim Verlassen dieses Handlungskorridors beziehungsweise beim Nichterreichen der vereinbarten Ziele. Dies kommuniziert und ermöglicht Handlungs- sowie Risikospielraum.

Nur im Rahmen solch klarer, bekannter Zielvorstellungen sowie unternehmerischer Informationen und entsprechender Mitsprachemöglichkeiten schafft eine Gewinn- und/oder Mitarbeiterkapitalbeteiligung mehr Identifikation und Motivation bei den Mitarbeitern. Ohne entsprechende Rahmenbedingungen besteht die Gefahr, dass das Beteiligungsinstrument ins Gegenteil umschlägt.

Hilfestellung für eine partnerschaftliche Kommunikation

Um die oben genannten Führungsinstrumente in einer partnerschaftlichen Unternehmenskultur mit Leben zu füllen, werden im Folgenden drei effektive und zentrale „Hilfestellungen" aufgeführt, die als Grundregeln einer partnerschaftlichen und erfolgsorientierten Kommunikation gelesen werden sollten.

Es handelt sich dabei um

- das Feedback,
- die Ich-Botschaft und
- die kommunizierte Wahrnehmung.

Konstruktives Feedback (kurz: Feedback): Das Anfordern oder Anbieten von Feedback ist eine Voraussetzung, um eine konstruktive Gesprächsatmosphäre zu schaffen. In dem Augenblick, in dem jemand Feedback gibt, ohne die Bereitschaft des Gegenübers erfragt zu haben, ob überhaupt ein Wunsch danach besteht und ob es der richtige Zeitpunkt dafür ist, wird der Feedback-Empfänger selten konstruktiv mit dem Feedback umgehen können. Ressourcenverschwendung auf beiden Seiten und eine Verschlechterung der Beziehungsqualität kann die Folge sein.

Das gewünschte oder angebotene Feedback anzunehmen fällt leichter, wenn der Empfänger die folgenden goldenen Regeln beachtet: Der Feedback-Empfänger sollte sich immer klar darüber sein, dass jeder Mensch eine andere Sichtweise auf die Welt hat. Dabei können Anregungen und Hilfestellungen oder ganz neue Ansätze aus einem Feedback entstehen. In der Wissenschaft geht man im Sinne der popperschen Erkenntnistheorie davon aus, dass Erkenntnis nur gewonnen wird, indem Ansichten, Meinungen und Standpunkte widerlegt (falsifiziert) werden. Diese Perspektive auf die Erkenntnisgewinnung hilft im Alltag, andere Meinungen beziehungsweise Feedback anzunehmen. Das bedeutet für den Empfänger, offen und gut zuzuhören, nur bei Nichtverstehen nachzufragen sowie Rechtfertigungen zu unterlassen (!!!).

Dem Feedback-Empfänger fällt es leichter, Feedback anzunehmen und konstruktiv umzusetzen, wenn der Feedback-Geber die folgenden Grundregeln beachtet: Ein gutes Feedback sollte Informationen zu den konkreten Aktionen, um die es in dem Feedback geht, den wahrgenommenen Auswirkungen dieser Aktionen sowie den gewünschten Auswirkungen/Resultaten enthalten. Diese Informationen übermittelt der Feedback-Geber am besten so konkret beschreibend wie möglich in Ich-Formulierungen. Das Feedback darf nur subjektive Wahrnehmungen enthalten. Absolute Wertungen sind zu unterlassen. Selbstverständlich soll der zeitliche Bezug noch herstellbar und das Feedback dem Sachverhalt angemessen sein. Um das Feedback als Anregung zu erfahren, darf der Feedback-Empfänger keinen Zwang erfahren. Er soll seine eigene Meinung zum Geschehen selbst bilden können.

Ich-Botschaften: In den Feedback-Regeln klingt bereits an, dass die Welt jeweils aus subjektiver Sicht wahrgenommen wird und eine absolute Wahrheit daher nicht formuliert werden kann. Anstelle unverbindlicher „Man-Formulierungen“ oder anklagender „Sie-Sätze“ bedeutet dies in Führungsgesprächen, Moderationen, Feedback-Situationen und so weiter die sprachliche Umsetzung mittels klarer Ich-Botschaften. Diese Aussageform ist frei von versteckten Vorwürfen. Sie ist transparent und gibt Auskunft über die Wahrnehmung des Sprechers und die Konsequenzen daraus. Wiederum bleibt die Freiheit der Meinungsfindung bestehen und lässt Raum für einen konstruktiven Dialog auf partnerschaftlicher Basis.

Kommunizierte Wahrnehmung: Einfach, effektiv und motivierend ist der Drei-Schritt „Wahrnehmen – Messen – Kommunizieren":

- Beobachten Sie aufmerksam, was Ihre Mitarbeiter leisten und nehmen Sie dieses wahr!
- Messen Sie die wahrgenommene Leistung.
- Bringen Sie die ersten beiden Schritte zum Ausdruck.

Statt „Ach ja, Sie haben die Briefe fertig" kann das folgendermaßen klingen: „Ich habe gesehen, dass Sie die Briefe alle noch fertigbekommen haben. Sie haben sehr zügig daran gearbeitet".

Sie können an sich selbst feststellen, wie wichtig es Ihnen ist, dass Ihre Mitmenschen Ihnen signalisieren, dass Sie als Person mit ihrem Tun (positiv) wahrgenommen werden. Die Einhaltung dieser Kommunikationsregeln stellt eine gute Voraussetzung für partnerschaftliches Handeln dar. Zu einer partnerschaftlichen Unternehmenskultur gehört auch, dass Arbeitnehmervertretung und Arbeitgeber in einem regelmäßigen und konstruktiven Dialog stehen und abgestimmt handeln.

Information und Kommunikation zwischen Management und Betriebsrat

Die Bedeutung einer ausreichenden und angemessenen Information der Arbeitgeber- wie auch der Arbeitnehmerseite sowie einer partnerschaftlichen Kommunikation soll vereinfacht und beispielhaft am Thema Personalplanung dargestellt werden. Dabei soll an dieser Stelle auf die wichtige Tradition der Mitbestimmung und das ihr zugrundeliegende Regelwerk von Information und Kommunikation verwiesen werden. Die angemessene Darstellung der Rolle von Information und Kommunikation in der Mitbestimmung und in den unterschiedlichen Tarifsystemen in Deutschland würde den Rahmen dieses Beitrags sprengen. Die Mitbestimmung ist jedoch – vor allem unter dem Aspekt einer konstruktiven Kommunikation und ausreichender Information zur Verbesserung der Qualität und Absicherung von betrieblichen Entscheidungen – ein zentraler Punkt in einer partnerschaftlichen Unternehmenskultur. Es sei an dieser Stelle auf die einschlägige Literatur zur Mitbestimmung verwiesen (Bertelsmann Stiftung/Hans-Böckler-Stiftung 1998, Nagel u. a. 1996).

Im Folgenden soll anhand der Personalplanung beispielhaft die Rolle von Information und Kommunikation im Rahmen der konstruktiven Zusammenarbeit des Arbeitgebers mit dem Betriebsrat verdeutlicht werden.

Personalplanung und Information

Im Rahmen der personalplanerischen Tätigkeiten des Arbeitgebers hinsichtlich des gegenwärtigen und zukünftigen Personalbedarfs sowie der daraus folgenden personellen Maßnahmen ergibt sich aus Paragraph 92 des Betriebsverfassungsgesetzes (BetrVG) eine Informationspflicht des Arbeitgebers, die er rechtzeitig und umfassend gegenüber dem Betriebsrat wahrzunehmen hat. Dabei hat er mit dem Betriebsrat über Art und Umfang der erforderlichen Maßnahmen und über die Vermeidung von Härten zu beraten.

Die Zusammenarbeit zwischen der Geschäftsführung und dem Betriebsrat rekurriert also auf gesetzliche Mindestforderungen an das Informations- und Kommunikationsverhalten des Arbeitgebers. Eine rechtzeitige Unterrichtung und umfassende Information des Betriebsrats wird dabei gefordert.

Dadurch wird der Betriebsrat in die Lage versetzt, den Arbeitgeber über Art und Umfang erforderlicher Maßnahmen zu beraten. Dies wird vor allem dann spannend, wenn sich eine personelle Überkapazität abzeichnet. Im Rahmen eines systematischen Beschäftigungsmanagements, welches nicht nur die unternehmerischen Transaktionskosten senken, sondern gleichzeitig eine mitarbeiterorientierte Beschäftigungsstabilisierung verfolgen soll, nimmt die rechtzeitige und umfassende Information des Betriebsrats eine zentrale Stellung ein. Die darauf aufbauende Abstimmung zwischen Management und Betriebsrat hilft, bereits im Vorfeld betrieblicher Problemsituationen Einigung zu erzielen. Werden anhand einer mittelfristigen Personalplanung die nötigen Daten generiert und zwischen Management und Betriebsrat diskutiert, können flexibilisierende personalpolitische Maßnahmen rechtzeitig avisiert und abgestimmt werden. Dieses systematische Zusammenspiel auf der Basis rechtzeitiger Information ermöglicht langfristig den Aufbau einer Vertrauenskultur. Schließlich erleben die Mitarbeiter, dass bei konjunkturellen Schwankungen rechtzeitig Maßnahmen ergriffen werden, die eine Beschäftigung im eigenen Betrieb stabilisieren.

Geht es beim systematischen Beschäftigungsmanagement als Konzept um eine Minimierung extremer Schwankungen bei den betrieblichen Beschäftigtenzahlen, so zielt eine kontinuierliche Weiterqualifizierung der Mitarbeiter neben der Flexibilisierung ihrer Einsatzfähigkeit innerhalb des Unternehmens auch auf eine Erhöhung ihrer generellen „Employability". Eine strategieunterstützende Personalentwicklung nutzt dem Arbeitgeber wie dem Arbeitnehmer, wenn sie unter bestimmten Gesichtspunkten betrieben wird. Den Nutzen verdeutlichen zahlreiche Beispiele krisengeschüttelter Betriebe, die die Rückkehr in die Gewinnzone der Tatsache verdanken, dass sie bei wieder anziehender Auftragslage auf hochqualifizierte und motivierte Mitarbeiter zurückgreifen können.

Kommunikation von Zielgrößen als einer strategischen Personalentwicklung

Systematisches Beschäftigungsmanagement basiert, wie bereits gezeigt, auf den Informationen einer mittelfristigen Personalplanung, die in enger Abstimmung mit den unternehmerischen Planzahlen erstellt wurde. Auf dieser Grundlage soll den Unternehmern ein möglichst klares Bild zukünftiger Beschäftigungsentwicklungen zur Verfügung gestellt werden. Diese Abbildung der Zukunft wird sich in der gelebten Realität nie so materialisieren. Dennoch stellt sie für flankierende Maßnahmen eine ausgezeichnete Basis dar. Durch die Informationen der qualitativen Personalplanung wird beispielsweise deutlich, welche Qualifikationen die Mitarbeiter momentan aufweisen und welche sie für eine zukünftige Leistungserstellung aufweisen müssen. Das qualifikatorische Ziel ergibt sich demnach aus den Unternehmenszielen, die sich zum Beispiel in Absatz-, Investitions- und Produktionsplanung manifestieren. Die Qualifizierung der Mitarbeiter richtet sich in der Konsequenz in erster Linie an den erforderlichen Qualifikationen aus, die aufgrund der geplanten Leistungserstellung benötigt werden.

Wie oben angedeutet kommt hier die Führungskraft als Vermittler zwischen den unternehmerischen Zielen zur Sicherung des Arbeitsplatzes und den individuellen Zielen beziehungsweise Stärken und Schwächen der Mitarbeiter ins Spiel. Nur durch angemessene Information über die unternehmerischen Ziele und die daraus folgenden Anforderungen an die Mitarbeiter können die Führungskräfte in den dezentralen Einheiten ihre Aktivitäten zielgerichtet umsetzen. Andererseits sind die Maßnahmen nur durch die Kommunikation mit ihren Vorgesetzten für die Mitarbeiter einsichtig. Die Motivation, an Qualifizierungsmaßnahmen teilzunehmen, ist nicht per se vorhanden, sondern muss in vielen Fällen erst geweckt werden.

Indem die Führungskraft mit den Mitarbeitern die gemeinsamen Handlungsziele bespricht, die Unterstützung bei der Zielerreichung zum Beispiel mit Hilfe qualifizierender Maßnahmen zusichert und deren Nutzen für den Mitarbeiter wie auch das Unternehmen verdeutlicht, ist die Wahrscheinlichkeit groß, dass die Qualifizierungsmaßnahme für beide Seiten zum Erfolg wird. Vorausgesetzt wird allerdings immer, dass der Führungskraft und der Personalabteilung die richtigen Informationen zum Bildungsbedarf nicht nur von der unternehmerischen Anforderungsseite, sondern auch von der Seite der Mitarbeiter anhand einer Bedarfs- und Potentialanalyse zur Verfügung stehen.

Anstatt einer Zusammenfassung

Die Bedeutung von Information und Kommunikation in den unterschiedlichen Elementen der Unternehmenskultur sollte in den obi-

Zehn ironische Anregungen für einen Unternehmer zum Thema Information und Kommunikation in einer partnerschaftlichen Unternehmenskultur:

- Kommunizieren Sie keines Ihrer unternehmerischen Ziele!
- Streuen Sie falsche Hinweise über Anlässe und Gründe für unternehmerische Entscheidungen aus!
- Noch besser: Informieren Sie nur einen eingeschworenen Kreis unter Geheimhaltungsauflage über Ihre Gründe und Motive für eine unternehmerische Entscheidung.
- Wenn Sie schon unbedingt informieren wollen, dann vertrauen Sie auf den informellen Informationsaustausch oder auch die stille Post, die arbeitet ohnehin viel zielgenauer und schneller.
- Enthalten Sie sich jeglicher Kommunikationsmedien wie zum Beispiel Mitarbeiterzeitung, persönlich adressierter Informationsschreiben, Rundbriefe, Umläufe oder gar öffentlicher Versammlungen.
- Sollten Sie dennoch auf Gedeih und Verderb Kommunikationsmedien einsetzen wollen, berichten Sie lediglich über Lapidares und Beiläufiges, damit Sie Ihre Mitarbeiter nicht mit unnötigen Informationen belästigen.
- Sollten Sie eine Veränderung planen, hüten Sie sich davor, rechtzeitig transparent zu machen, welcher Nutzen für die Beteiligten damit verbunden werden kann.
- Widerstehen Sie auch jeglicher Versuchung, ihre Mitarbeiter in irgendeiner Weise fit zu machen und zu qualifizieren. Die mannigfachen Möglichkeiten wie Trainings zu Feedback-Gesprächen, Präsentationstechniken, Kommunikationsverhalten, Teamentwicklungen beleben nur das Beratungsgeschäft.
- Geben Sie niemandem ein konstruktives Feedback. Sie erhöhen so die Wahrscheinlichkeit, dass eventuelle Lernerfahrungen und Veränderungsprozesse im Keime ersticken.
- Oder aber: Geben Sie laufend Feedback. Und beachten Sie, dass nur Sie den Stein der Weisen besitzen. Damit ersparen Sie sich und Ihrer Umwelt viele Diskussionen!

gen Ausführungen verdeutlicht werden. Es ging dabei nicht darum, einmal mehr zu erwähnen, dass alles irgendwie mit allem zusammenhängt, sondern dass es bei der Ausgestaltung einer partnerschaftlichen Unternehmenskultur auf die konsistente Abstimmung der informatorischen und kommunikativen Faktoren ankommt. Eine stringente, glaubwürdige und umweltspezifische Ausgestaltung der Unternehmensstrategie, des Leitbilds, des Führungsverhaltens, der Führungsgrundsätze, der Personalpolitik und des Umgangs zwischen Belegschafts- und Arbeitgebervertretern ist daher der entscheidende Faktor für erfolgreiche und vitale Unternehmen.

Literatur

Baecker: Internes Papier „Es gibt immer noch Bedarf an Unternehmenskultur“, Witten 1997.

Bertelsmann Stiftung/Hans-Böckler-Stiftung (Hrsg.): Vorteil Unternehmenskultur – Leitfaden für die Praxis, 6 Bände, Gütersloh 1994, 7. Auflage 1996 (Unternehmensbeispiele einer partnerschaftlichen Unternehmenskultur, Erfolgs- und Mitarbeiterorientierung, dargestellt und beschrieben von Anwendern in der Praxis).

- Band 1: Unternehmensleitbild und Unternehmensverfassung,
- Band 2: Dezentrale Strukturen und unternehmerisches Denken,
- Band 3: Information, Kommunikation und Partizipation im Unternehmen,
- Band 4: Zusammenarbeit von Unternehmensführung und Betriebsrat,
- Band 5: Materielle Beteiligung und Vermögensbildung,
- Band 6: Fortschreibung der Unternehmenskultur.

Bertelsmann Stiftung/Hans-Böckler-Stiftung (Hrsg.): Vorteil Unternehmenskultur, Gütersloh 1996 (Zusammenfassung des gemeinsamen Forschungsprojektes der Hans-Böckler-Stiftung und der Bertelsmann Stiftung zum Thema partnerschaftliche Unternehmenskultur).

Bertelsmann Stiftung/Hans-Böckler-Stiftung (Hrsg.): Mitbestimmung und neue Unternehmenskulturen – Bilanz und Perspektiven, Gütersloh 1998 (Abschlußbericht der Kommission Mitbestimmung, bilanziert die Mitbestimmung in Deutschland unter verschiedensten Perspektiven, abschließend Empfehlungen für ihre Weiterentwicklung).

Beyer, Heinrich/Fehr, Ulrich/Nutzinger, Hans G.: Vorteil Unternehmenskultur: partnerschaftlich handeln – den Erfolg mitbestimmen, Gütersloh 1994, 7. Auflage 1996.

Dierkes, Meinolf/Haehner, Katrin/Raske, Birte: Theoretisches Konzept und praktischer Nutzen der Unternehmenskultur, in: Bullinger, Hans-Joerg/Warnecke, Hans Juergen (Hrsg.), Neue Organisationsformen im Unternehmen: Ein Handbuch für das moderne Management, Berlin 1996, Seiten 315-332.

Kaplan, Robert S./Norton, David P.: Balanced Scorecard: Strategien erfolgreich umsetzen, aus dem Amerikanischen von Peter Horváth, Stuttgart 1997 (der Klassiker zur „Balanced Scorecard").

Landsberg, Max: Das Tao des Coaching – Effizienz und Erfolg durch meisterhafte Führung, Frankfurt/New York 1998 (Erläuterungen zum Potential einer gelungenen Kommunikation zwischen Führungskraft und Mitarbeitern in Form des konstruktiven Feedbacks, mit umsetzungsorientierten Beispielen und Anleitungen).

LeMar, Bernd: Kommunikative Kompetenz – Der Weg zum innovativen Unternehmen, Berlin u.a. 1997 (Methoden und Übungen zur Kommunikationsfähigkeit im betrieblichen Ablauf).

Nagel, Bernhard/Riess, Birgit/Rüb, Stefan/Beschorner, Andreas: Information und Mitbestimmung im internationalen Konzern, Baden-Baden 1996.

Pawlowski, Klaus/Riebensahm, Hans: Konstruktiv Gespräche führen – Fähigkeiten aktivieren, Ziele verfolgen, Lösungen finden, Reinbek bei Hamburg 1998 (Verhaltensempfehlungen, die aufzeigen, wie Gespräche vorbereitet, gesteuert, analysiert und bewertet werden können, um eine Win-Win-Situation herzustellen).

Pfeffer, Jeoffrey: Competitive Advantage through People, Boston 1994 (umfassende Darstellung der Potentiale einer Mitarbeiterorientierten Unternehmensführung im Zeitalter des zunehmenden Wettbewerbsdrucks; Ausführungen und Daten zur beispielhaften Aktivierung des Mitarbeiterpotentials).

Schultz, Majken: On studying organizational cultures: diagnosis and understanding, Berlin u. a. 1995 (der Klassiker der 90er Jahre zum Verständnis und zur Diagnose von Unternehmenskultur).

Trice, Harrison M./Beyer, Janice M.: The cultures of work organizations, Englewood Cliffs 1993.

Zur Person

Die Autorinnen und Autoren

Die Autorinnen und Autoren

Diethelm Bender, Jahrgang 1941, ist Geschäftsführer der Manpower Deutschland GmbH. Nach einer Lehre zum Maschinenschlosser und Abschlüssen als Chemischer Facharbeiter und Industriemeister/Chemotechniker absolvierte er eine betriebswirtschaftliche Ausbildung. 1971 kam er zur Manpower Deutschland GmbH. Seit 1975 ist er Mitglied der Geschäftsleitung, seit 1979 Geschäftsführer, seit 1992 Alleingeschäftsführer.

Richard Bloomfield ist diplomierter Psychologe und gehört zum leitenden Beraterstab von Synopsis Communication Consulting, London. Zu Beginn seiner beruflichen Laufbahn war er in der Marktforschung tätig und führte Studien im Bereich der Mitarbeiter- und Kommunikationsforschung durch. Anschließend arbeitete er für die Deloitte Consulting Group als Senior Berater für Personalwesen und Change-Management. Er betreute eine Vielzahl von Kunden bei der Umsetzung groß angelegter innerbetrieblicher Umstrukturierungsprogramme und beriet sie in den Bereichen Kommunikation, Umstrukturierung und Training. 1997 wechselte er von der NatWest Group, einer der größten Banken Großbritanniens, wo er als Change-Berater tätig war, zu Synopsis. Seither betreute er die Rover Group, Unilever, Rolls-Royce, The Post Office und die NatWest Bank. Zusammen mit Bill Quirke und Alyson Lamb verfasste er die Synopsis-Studien „The Human Factor: New Rules for the Digital Workplace“ und „Talking Business – New Rules for Putting Communication to Work“.

Egbert Deekeling, Jahrgang 1955, ist Diplomsoziologe und seit 1987 Kommunikationsberater. Von 1991 bis 1995 war er Geschäftsführer bei ABC/EUROCOM, Düsseldorf. Seit 1995 ist er Geschäftsführender Gesellschafter von Deekeling & Fiebig, Agentur für Kommunikation GmbH, seit 1999 Deekeling Kommunikation GmbH, Düsseldorf. Er berät namhafte deutsche Unternehmen im Bereich der Führungs- und Mitarbeiterkommunikation im Rahmen von Change-Prozessen.

Ulrike Dönitz, Jahrgang 1943, studierte in Marburg und München Volkswirtschaft, bevor sie nach ihrem Examen 1968 ins Referat Volkswirtschaft der Bayerischen Vereinsbank AG eintrat. Zwei Jahre später übernahm sie die Leitung des Büros Öffentlichkeitsarbeit. Von 1989 bis 1998 leitete sie die Abteilung Öffentlichkeitsarbeit und Werbung. In dem mit der Hypo-Bank AG fusionierten Unternehmen – der HypoVereinsbank AG – ist sie für die Interne Kommunikation zuständig.

Dipl.-Ing. Johannes E. Dürr, Jahrgang 1969, studierte Medientechnik an der Hochschule für Druck und Medien Stuttgart und diplomierte für die Intendanz des WDR Köln zum Thema „Die Metamorphose von Online und TV". 1996 war er Rental Manager bei Brähler ICS Network Königswinter im Bereich AV-Systeme, drahtlose Interaktionssysteme und Konferenzanlagen sowie freiberuflich als Berater und Autor von Multimedia-Anwendungen tätig. Seit 1997 ist er Redakteur und Produktionsleiter bei CD-ROM-, Intranet- und Internetproduktionen der SATCOM GEMINI GmbH, Stuttgart. Daneben lehrt er als Dozent an der Multimedia Akademie Friedrichshafen und am FBD-Bildungspark Stuttgart. Darüber hinaus ist er Autor von Fach- und Buchpublikationen rund um das Thema „Business Learning Network".

Norbert Fiebig, Jahrgang 1958, studierte Deutsche Literaturgeschichte, Deutsche Philologie und Mittelalterliche Geschichte in Köln und Freiburg. Nach dem Abschluss als Magister Artium war er bei ECON-CONSULT, Wirtschafts- und Sozialwissenschaftliche Beratungsgesellschaft, Köln, und bei ABC/EUROCOM, Düsseldorf, tätig. Seit 1995 ist er Geschäftsführender Gesellschafter von Deekeling & Fiebig, Agentur für Kommunikation GmbH, seit 1999 Deekeling Kommunikation GmbH, Düsseldorf. Seine Beratungsschwerpunkte sind Corporate Communications und Interne Kommunikation.

Dr. Ulrich Fieger, Jahrgang 1955, studierte Medienpsychologie und promovierte zum Thema „Lerntechnologische Innovationen in der betrieblichen Bildungsarbeit" an der Universität Koblenz-Landau. Nach seinem Studium arbeitete er als Redakteur beim NDR und bei SAT 1 und war als Wissenschaftlicher Angestellter an der Universität Koblenz-Landau tätig. Heute ist er Geschäftsführender Gesellschafter des Business Television Marktführers SATCOM GEMINI GmbH in Stuttgart und Frankfurt. Er ist Autor und Herausgeber zahlreicher Fach- und Buchveröffentlichungen, unter anderem des Buches „Business Multimedia – innovative Geschäftsfelder strategisch nutzen“.

Michael Kaschytza M.A. ist Mitglied der Geschäftsleitung von LIVING MEDIA Interact, Agentur für Eventmarketing GmbH, Köln. Die Eventagentur beschäftigt sich seit Anfang der 80er Jahre mit strategisch angelegten und vor allem erlebnisorientierten Marketing-Events. Kaschytza ist besonders die „Gesamtinszenierung“ wichtig; als Theaterwissenschaftler leitet er sie vor allem aus Robert Wilsons und Augusto Boals Gesamtwerk ab. Als Projektleiter (seit 1985) betreute Kaschytza Kunden wie Peugeot (im Auftrag von ABC/EUROCOM Konzeption und Durchführung einer bundesweiten Business-to-Business-Tournee anlässlich der Präsentation des Peugeot 605), Audi (weltweite Aktionierung der Audi-Messeauftritte durch Live-Maßnahmen als Teil der Gesamtkommunikation), MCO/Deutsche Post (zehn Jahre lang Konzeption und Durchführung des Deutschen Direktmarketing-Preises), Steinbock Boss (in die Gesamtkommunikation eingebundene Open-Air-Präsentationsshow auf der Hannover Messe 1998).

Jürgen Kindervater, Jahrgang 1945, ist seit 1990 Geschäftsbereichsleiter Presse und Unternehmenskommunikation der Deutschen Telekom AG. Er war zuvor von 1978 bis 1988 Pressesprecher der Loewe Opta GmbH in Kronach und anschließend Chefredakteur der „Funkschau“.

Alyson Lamb gehört zum leitenden Beraterstab von Synopsis Communication Consulting, London. Früher war sie Geschäftsführerin (Director) bei Lowe Bell Good Relations, dem führenden Kommunikationskonzern in Großbritannien, wo sie in ihren Spezialgebieten Unternehmens- und Marketingkommunikation als Beraterin für eine Vielzahl von Kunden aus dem privaten und öffentlichen Bereich tätig war. Lamb begann ihre Karriere beim Fernsehen, wo sie für die Produktionsfinanzierung von Musik- und Kunstsendungen zuständig war. Anschließend gründete sie ihre eigene Managementberatung für im Kunstbereich tätige Unternehmen und spezialisierte sich auf das Management von Kommunikationsprogrammen und -kampagnen. Seit ihrem Eintritt bei Synopsis 1997 beriet sie BBC, Unilever, Brown & Root und NatWest, deren „Year 2000 IT Awareness Campaign" sie koordinierte und organisierte. Zusammen mit Bill Quirke und Richard Bloomfield verfasste sie die Synopsis-Studien „The Human Factor: New Rules for the Digital Workplace" und „Talking Business – New Rules for Putting Communication to Work".

Karl Miller (59) ist Volljurist. Er ist nicht nur Betriebsratsvorsitzender der Frankfurter Versicherungs-AG, einer Tochtergesellschaft der Allianz Versicherungs-AG, Arbeitnehmervertreter im Aufsichtsrat der Allianz Holding (stellvertretender Vorsitzender) und Mitglied des Direktoriums des Europäischen Betriebsrats, sondern auch Mitglied der großen Tarifkommission Versicherungen der Gewerkschaft HBV.

Professor Dr.-Ing. E.h. Gerhard Neipp, Jahrgang 1939, war nach Lehren und Studium als Werksleiter und Geschäftsführer im Textil- und Werkzeugmaschinenbau tätig. Nach Vorstandspositionen bei der Zahnräderfabrik Renk AG, der M.A.N. Aktiengesellschaft, der Fried. Krupp GmbH und der Hoesch AG war er zuletzt stellvertretender Vorstandsvorsitzender der Fried. Krupp AG Hoesch Krupp. Seit Anfang 1995 ist Gerhard Neipp Vorstandsvorsitzender der RAG Aktiengesellschaft.

Dr. rer. pol. Friedmar Nusch, Jahrgang 1950, ist seit 1994 Leiter der Corporate Communications der Hoechst AG, Frankfurt, nachdem er zuvor unter anderem als Leiter der Presseabteilung der Ford-Werke AG, Köln, und als Leiter der Unternehmenskommunikation der ABB Asea Brown Boveri AG, Mannheim, tätig war.

Dr. Beatrice Pirkham, Jahrgang 1953, studierte an der Universität Salzburg Publizistik und Kommunikationswissenschaft, Politikwissenschaft und Philosophie und promovierte 1981 zum Dr. phil. in Kommunikationswissenschaft. Seit 1991 leitet sie die Öffentlichkeitsarbeit der Bauknecht Hausgeräte GmbH, ein Unternehmen des amerikanischen Konzerns Whirlpool. Als Leiterin der Unternehmenskommunikation ist sie für die gesamte Spannbreite der Öffentlichkeitsarbeit zuständig sowie für die Interne Kommunikation. Bei ihrer Arbeit kommen Pirkham die Erfahrungen zugute, die sie im journalistischen und wirtschaftlichen Bereich gesammelt hat. Nach einem Volontariat beim Presseverlag Bert Schnitzler übernahm sie dort eine Redakteursstelle für die Nachrichten-Informationsdienste „Der Wirtschaftsredakteur“ und „European Economics Editor“. Bald darauf wurde sie Geschäftsführende Redakteurin für den Print-, Hörfunk- und Fernsehbereich. Die Tätigkeit in diesen Sparten baute sie vor allem im Hörfunk- und Fernsehbereich kontinuierlich aus. Moderation und Produktion von Sendungen und Interviews mit Persönlichkeiten aus allen Bereichen der Wirtschaft gehören ebenso zu ihrem Erfahrungshintergrund wie Teamführung und Event-Organisation.

Bill Quirke ist einer der führenden Experten für die Verknüpfung von Interner Kommunikation und Unternehmensstrategien. Er leitet als Geschäftsführender Direktor Synopsis Communication Consulting, London. Bill Quirke ist regelmäßig Vortragsredner bei internationalen Konferenzen und Kundenseminaren über Kommunikation. Neben seinem kürzlich erschienenen Buch „Communicating Corporate Change“ (McGraw Hill, 1996) stammen aus seiner Feder „Internal Communication“ (Strategic Public Relations, Macmillan, 1994) und „Communicating Quality“ (Total Quality Handbook, Butterworth Heinemann, 1992). Darüber hinaus ist er mit einem Beitrag in „Organisational Communications: Lessons from the Recession“ (SUNY Press, 1997) vertreten.

Dr. Cornelia Riechers war in verschiedenen Funktionen eines internationalen Finanzdienstleistungskonzerns tätig, bevor sie 1991 in die Personalberatung wechselte. Erfahrung im betrieblichen Personalwesen sowie langjährige Praxis in der Erwachsenen-Pädagogik sind die Grundlagen ihrer Arbeit als Outplacement- und Karriereberaterin. Seit 1993 leitet sie ein eigenes Beratungsunternehmen in Düsseldorf. Sie veröffentlichte zahlreiche Aufsätze in Fachzeitschriften, unter anderem zu den Themen „Outplacement für Tarifmitarbeiter", „Berufswahl als psychische Wahl", „Leistungsfähigkeit älterer Manager", „Frauen in Führungspositionen".

Dipl.-Volkswirt Arnd Schäfer, Jahrgang 1958, ist Geschäftsführender Gesellschafter von LIVING MEDIA Motivation, Agentur für Seminare und Training GmbH, Köln. Nach dem Studium der Volkswirtschaft, Wirtschaftspsychologie und Philosophie in Köln und Paris 1983 Mitbegründer der Kölner Eventagentur LIVING MEDIA. Anschließend umfangreiche Tätigkeit als Geschäftsführer im Bereich Eventmarketing für nationale und internationale Kunden in Europa. 1992 Aufbau der Auslandsdependancen LIVING MEDIA (Schweiz) AG in Zürich und PromoMedia KFT in Budapest. Seit 1997 Integration von Trainingsmaßnahmen in Events und Tätigkeiten als Managementberater und Trainer. In Kooperation mit dem Personaltrainer und „Vector"-Erfinder Peter Weil realisiert LIVING MEDIA Motivation Involvement-Programme zur Team- und Personalentwicklung. LIVING MEDIA Motivation führt diese bevorzugt an außergewöhnlichen Locations durch, so zum Beispiel im agentureigenen Berghaus Wurzeralm in Oberösterreich. Hier kommt das Lebensmotto des erfahrenen Eventspezialisten und Motivationsstrategen Arnd Schäfer zum Tragen: „Love it, change it or leave it". Schäfer betreut Kunden wie 3 M, Apple, Philips, Triumph, Rothmans, Novell, Du Pont, Linotype-Hell, Reemtsma, H.I.S., Iveco, Nestlé, Swarovski, Quinsa.

Eberhard Schmitt M.A. (42) studierte Publizistik und Kommunikationswissenschaft, Politik und Kunstgeschichte in Bochum und Münster. Er hatte leitende Funktionen im Kommunikationsmanagement von RAG, VEBA und STEAG inne, bevor er 1995 für die Interne Kommunikation und die Managemententwicklung des Essener Energie- und Technologiekonzerns STEAG AG verantwortlich wurde. Seit 1997 ist er Leiter des Bereichs Public Relations der STEAG AG. Lehrtätigkeit: 1995 Lehrbeauftragter an der Ruhr-Universität Bochum zum Thema „Neue Wege der PR in Industrieunternehmen". 1996 Dozent an der Sommeruniversität für Führungskräfte der Verlagsgruppe Handelsblatt, Potsdam, zum Thema „Anforderungen an das Management in Zeiten der Repositionierung". 1998 Vorlesungen an der Freien Universität Berlin zum Thema „Lernende Public Relations". 1999 Lehrbeauftragter an der Freien Universität Berlin zum Thema „Internal Relations". – Auszeichnung mit dem Dr. Martin-Nebe-Preis für innerbetriebliche Kommunikation.

Michael Stäbler, Jahrgang 1967, ist Referent, Projektleiter und Moderator bei der Bertelsmann Stiftung, Gütersloh, im Bereich Wirtschaft. Nach einer kaufmännischen Ausbildung Studium der Verwaltungswissenschaften an den Universitäten Leiden, Rotterdam, Messina und Konstanz. Während des Studiums Praktika in Großbritannien, Frankreich und der Schweiz sowie freier Mitarbeiter in einem Schweizer Ingenieurbüro und in einer deutschen Unternehmensberatung. Nach dem Studium Wissenschaftlicher Angestellter an der Universität Konstanz in einem interdisziplinären Forschungsprojekt über die Auswirkungen des Europäischen Binnenmarkts auf die betriebliche Personalpolitik. Anschließend Assistent des Geschäftsführers am Management Center Innsbruck im Bereich Managementweiterbildung. Seit 1997 bei der Bertelsmann Stiftung mit den Schwerpunkten Unternehmenskultur/Personalmanagement tätig.

Carsten Tilger, Jahrgang 1967, ist seit Mitte 1997 Assistent des Leiters der Corporate Communications der Hoechst AG. Nach einer kaufmännischen Ausbildung und einem Studium der Volkswirtschaftslehre absolvierte er ein Volontariat an der Henri-Nannen-Schule in Hamburg. Als Wirtschaftsjournalist schrieb er unter anderem für die „Frankfurter Allgemeine Zeitung" und „Capital".

Verzeichnis der Abbildungen

Abbildung 1: „Kommunikationsfahrplan TQM 2“ (Auszug aus einer Projektmappe) 61

Abbildung 2: Lernquellen der Internal Relations 67

Abbildung 3: Die Startseite des Corporate News Service (CNS) 79

Abbildung 4: Die Wandzeitung „Infothek“ der Deutschen Telekom AG 90

Abbildung 5: „Monitor express“, Sonderausgabe des „Monitor“ zur Tarifumstellung 1996 . . . 95

Abbildung 6: Erwarten Sie persönlich eher Vorteile durch die Fusion? 110

Abbildung 7: Modell eines Kommunikationsplans 135

Abbildung 8: Der Kommunikationsprozess 208

Abbildung 9: Funktionsschema digitales und interaktives TV 213

Abbildung 10: Event-Maßnahmen-Schleife 240

Weitere Titel der Edition Gabler/F.A.Z.

Willem F. G. Mastenbroek
Verhandeln
Strategie – Technik – Taktik
1992, 263 Seiten, geb., ISBN 3-409-19153-4

Die optimale Verhandlungsstragie führt fast immer zum gewünschten Ziel. Anschaulich und praktisch wird erläutert, wie die richtige Strategie entwickelt und auch bei schwierigen Gesprächspartnern in Anwendung gebracht wird.

Meinolf Dierkes/Klaus Zimmermann (Hrsg.)
Ethik und Geschäft
Dimensionen und Grenzen unternehmerischer Verantwortung
1991, 374 Seiten, geb., ISBN 3-409-19164-X

Die Diskussion um die ethische Verantwortung der Unternehmen ist voll im Gange. Beiträge prominenter Autoren (wie Joschka Fischer und Volker Hauff) bieten nicht nur allen Orientierung, die in und für Unternehmen Verantwortung tragen, sondern auch allen mit einem gesellschaftlichen Auftrag, von dem sie ethische Forderungen an die Wirtschaft herleiten.

Rudolf Beger/Hans-Dieter Gärtner/Rainer Mathes
Unternehmenskommunikation
Grundlagen – Strategien – Elemente
1989, 416 Seiten, geb., ISBN 3-409-19933-0

Unternehmenskommunikation ist ein brandheißes Thema für alle, die in und mit ihrem Unternehmen an die Spitze wollen. Denn nicht nur die Märkte werden immer schwieriger, auch die öffentliche Meinung ist ein bedeutender Erfolgsfaktor, der nur durch die richtige Kommunikation für das Unternehmen und seine Ziele gewonnen wird.